臺灣研究新跨越・歷史研究

李祖基 主編

崧燁文化

目　錄

總序

從古地理學和考古學論大陸與臺灣的地緣關係
　　一、從古地理學論大陸與臺灣的地緣關係
　　（一）古生代時期大陸與臺灣的地緣關係
　　（二）中生代時期大陸與臺灣的地緣關係
　　（三）新生代時期大陸與臺灣的地緣關係
　　二、從考古學看大陸與臺灣的統一性
　　（一）舊石器時期大陸與臺灣的關係
　　（二）新石器時期大陸與臺灣的關係
　　（三）鳳鼻頭文化和圓山文化

論張燮《東番考》的資料來源

明鄭臺灣天興萬年二縣（州）轄境的再探討
　　一
　　二
　　三

季麒光與清初臺灣的媽祖信仰
　　引言
　　一、季麒光其人其事
　　二、《募修天妃宮疏》及其相關資料
　　三、寧靖王「舍宅」與臺南大天后宮的沿革
　　小結

分巡臺灣道「兼督船政」考——兼答林文龍先生
　　一、臺澎水師戰船的設置
　　二、臺澎水師戰船的修造
　　三、臺灣道「兼督船政」的幾個實例
　　（一）「入山採料」事
　　（二）「具稟飭換」事
　　（三）「酌改艍船」事

3

（四）造補臺協右營「澄」字六號趕繒船事
　　（五）福建巡撫王恕參奏尹士俍承修戰船延誤事
　　結語

論二劉之爭對中法臺灣之戰的影響
　　一、劉銘傳入臺的人事安排及其結果
　　二、「撤基援滬」與二劉矛盾的激化
　　三、「攻」抑或「守」：湘淮意見的分歧與劉銘傳的困擾
　　結語：二劉之爭與臺灣保衛戰的進程

試論劉銘傳的臺灣建省方案
　　一
　　二
　　三

臺灣省會選址論——清代臺灣交通與城鎮體系之演變
　　一
　　二
　　三
　　四

清代臺海兩岸航行時間
　　清代前期（1661-1820 年）
　　清代後期（1820-1895 年）

清代臺灣土地開墾、經濟組織與社會經濟形態——評曹樹基《清代臺灣拓墾過程中
　　的股份制經營》一文
　　一
　　二

抗戰時期福建臺灣籍民在崇安的墾荒研究
　　一、崇安縣臺灣籍民的初步安置與生活狀況
　　二、崇安縣臺灣籍民的墾荒及其效果
　　三、臺灣籍民墾荒的終結與評價

臺灣 1937：皇民化運動與林獻堂——以《灌園先生日記》資料為中心
  一、皇民化運動與 1937 年的林獻堂
  二、民族主義與改良主義的交錯
  三、學習日語的林獻堂

1937-1945 年臺灣皇民化運動再論——以總督府臨時情報部《部報》資料為中心
  一、皇民化面紗下的利益糾葛
  二、《地方情報》所見之皇民化運動實態
  三、量化指標下的皇民化運動

試論日據時期的臺籍日本兵——皇民化運動負面影響之再探討
  一、皇民化運動與臺籍日本兵的出籠
  二、臺籍日本兵之複雜背景分析
  三、作為志願者的臺籍日本兵

口述史料所見之日據末期臺灣皇民化運動——以宜蘭地區為中心之個案分析
  一、口述史料所見之皇民化運動細節
  二、民族意識與所謂「日本精神」的交錯
  三、皇民化運動中的臺灣原住民

從昭和 20 年到民國 34 年——1945 年的臺灣歷史變局
  一、1945 年 8 月前——殖民者之風雨掙扎
  二、1945 年 8 至 10 月——真空期之臺灣百態
  三、1945 年 10 月後——國民政府的接收

臺灣光復前後福建對臺灣的支援與幫助
  一
  二

光復初期招商局在臺灣的接收與經營
  一、臺灣光復前招商局的準備工作
  二、臺灣光復後招商局參與接收工作
  三、臺灣光復後招商局的營運
  結語

「二二八事件」中的本省人與外省人
　　一、本省人有沒有毆打、殺害外省人？
　　二、是哪些人毆打、殺害外省人？
　　三、持續了多長時間？死傷多少人？
　　四、本省人怎樣保護外省人？
　　（一）本省籍著名人士
　　（二）平民百姓
　　（三）「集中保護」
　　五、外省人怎樣保護本省人？
　　六、幾點看法

從電文往來看「二二八事件」中的陳儀和蔣介石
　　一
　　二

淺析陳儀對「二二八事件」的危機處理
　　一、二二八事件前的社會危機
　　二、二二八事件中的危機處理
　　三、二二八事件後的危機處理
　　四、二二八事件後的善後處理
　　結語

若使甲兵真可洗，與君同上決天河——記「二·二八」前後的閩臺建設協進會
　　一、「二·二八」事件之前的閩臺建設協進會
　　二、「二·二八」事件發生後的閩臺建設協進會
　　餘論

1949年招商局遷臺述論
　　一、招商局遷臺前船舶情況
　　二、招商局遷臺經過
　　三、臺灣招商局船舶情況
　　結語

連橫的鄭成功研究及其對臺灣民族運動的影響
 一
 二
 三

大陸臺灣史研究的歷史與現狀分析——以《臺灣研究集刊》歷史類論文
 一、概說
 二、歷年來臺灣史各時期歷史類論文的情況
 三、歷年來社會史與經濟史類論文的情況
 四、歷年來史籍、人物研究以及文化史、教育史類論文的情況
 五、《集刊》歷史類論文的特點及其不足

總序

廈門大學臺灣研究院（臺灣研究所）成立30年來，我們先後在10週年慶典、20週年慶典和25週年慶典前出版了《臺灣研究十年》、《臺灣研究論文集》和《臺灣研究25年精粹》，這次又集結出版了「臺灣研究新跨越」系列文集，作為30週年慶典的獻禮。本系列文集的出版，一方面是為了繼續傳承廈門大學臺灣研究院的團隊精神，將過去5年來較具學術創見的研究成果彙總起來，進行集中展示，以便於關心廈門大學臺灣研究院發展的領導、學界同仁在短時期內瞭解本院五年來的研究成果和思想前沿；另一方面則是希望借此有一個新的開始，激勵全體師生在臺灣研究的學術征程中確立新坐標，找到跨越研究難題新的著力點和方向。

1895年清政府被迫割讓臺灣，進一步激發了中國人變法圖強的堅定意志。115年以來，兩岸中國人為此不懈努力，經歷了無數的挫折，也走了許多彎路。回顧過去的歷史，我們可以總結出許多經驗和教訓，其中知識的偏頗和缺乏系統性的思維可能是值得檢討的眾多問題之一。作為政治精英個體，兩岸的許多前輩先賢，他們各自都有對國家和民族問題極其深刻的洞察和體會，他們提出的主張也都有一定的合理性。但是，在如何吸納其他人的觀點，如何採納其他政黨的合理主張方面，我們太需要夠調和鼎鼐、博采眾長的精英。學會欣賞對方的優點，真正做到有容乃大，其實並非易事，除了要有高尚的道德精神外，更需要有全面的知識和能力。這一點對於從事臺灣研究的專家學者來說同樣是適用的，當我們的國家擁有一大批知識淵博且胸懷寬廣的兩岸關係研究精英群體時，我們就有可能實現115年來的夢想。

廈門大學臺灣研究院30位研究人員，分別隸屬5個研究所和政治、經濟、歷史、文學、法律、教育6個不同學科。雖然平時有不少機會一起工作和生活，但跨學科知識整合和合作研究的機會仍然很有限。期待這一系列文集的出版，將再觸動

全體師生研究觀念的變革和跨越，或許5年、10年之後，多學科的知識整合將給我們的研究帶來新的收穫和喜悅。

　　感謝所有關心我們的人，感謝全院教職工不懈的努力和奉獻！

劉國深

從古地理學和考古學論大陸與臺灣的地緣關係

林仁川　黃俊凌

　　臺灣位於大陸之東南，與福建省僅一水之隔，無論從古地理學或考古學的角度來考察，遠古時代的大陸就與臺灣連成一體，臺灣是大陸的一部分。

一、從古地理學論大陸與臺灣的地緣關係

　　中國大陸位於歐亞大陸的東部，大陸邊緣有寬100至200公里的大陸架淺海地帶，臺灣海峽水深一般在50米至100米之間。但臺灣東部的海域地形大不一樣，出現了向太平洋急劇傾斜的趨勢，不到幾公里就深達2000米以上。從海域地形結構來看，臺灣位於中國大陸架的東緣之上，臺灣東海岸才是歐亞大陸的邊緣。臺灣與大陸這種連成一體的地形結構，是漫長的地層變化的結果。

（一）古生代時期大陸與臺灣的地緣關係

　　早在震旦紀前，中國境內已形成三個大陸型地殼區，即華北—塔里木大陸區、揚子大陸區和藏南大陸區，到晚海西印支階段以後，華北地臺與揚子地臺合為一體，形成統一的亞洲東部大陸，二疊紀時在諸廣隆起以東和武夷西側形成幾個矽質沉澱相帶，海西、印支期的花崗岩就分布在這些隆起帶上。近年來在閩東北的福鼎地區已經發現石炭系復理石沉澱，在閩東博坪嶺也發現大量的矽質岩。同時在臺灣

島中央山脈發現了大南澳片岩，大南澳片岩係由石墨、石岩、雲母片石、綠泥片石、石英片石和大理石等變質岩構成，分布很廣，北起蘇花公路和平溪的谷風，南至關山以西，總長150公里，據研究，它們同福建的矽質岩同屬於海西、印支地槽的沉積。

臺灣古生代的生物群屬也與大陸有相同之處，臺灣學者在大南澳片岩中找到屬於蜓科類的擬紡錘蟲、希氏蟲、新希氏蟲等古生物二疊紀的化石，這些生物化石在大陸華中和華南各地的二疊紀棲霞期和茅口期的地層中也經常發現。大陸與臺灣發現同樣的矽質岩和生物群屬這一事實說明，古生代晚期臺灣和華南的海是互相溝通的。

（二）中生代時期大陸與臺灣的地緣關係

中生代期間，中國古地理面貌又發生了重大的變化，從前期的印支運動進入新的階段——燕山構造階段。由於印支運動使巴顏喀喇褶帶升起，古地中海北帶海域封閉，羌塘地塊以北的中國大陸成為一個完整的大陸型地塊，構成歐亞古大陸的主體，大洋型殼見於羌塘地塊以南和喜馬拉雅地塊以北的西藏地區和臺灣的大縱谷以東地區，前者居古地中海的東段，後者為西太平洋的一部分。至此，印支期以前的北方陸緣構造域以及南部大陸及陸緣構造域，隨著其間對接帶的封閉而完全結合在一起。這時由於古太平洋洋塊的影響，在大陸的東部發生強烈的岩漿活動和構造變動，使燕山階段早期在東南沿海地區形成許多小型山區盆地，中期出現了大規模的酸性火山爆發，似為強烈擠壓構造應力作用的產物，這些活動可能和太平洋——柯拉板塊中脊向西消減沒入大陸之下有一定的聯繫。

燕山階段晚期，中國東部的塊斷活動進一步加強，南段廣泛發育成中小型紅色斷陷盆地，並有少量中酸性火山活動。近年來，臺灣雲林北港及澎湖通梁的鑽孔中，挖出一套夾火山岩的陸源沉積，其中發現有白堊紀的菊花化石。因此，有人認為中生代的臺灣應屬於大陸東部的前陸盆地。

（三）新生代時期大陸與臺灣的地緣關係

新生代是古地理史最後一個年代，當時出現的喜馬拉雅構造對中國地質構造產生強大的影響。古地中海的最後消失，青藏高原的聳起，以及中國東部邊緣海域的出現，奠定了中國現代的地勢格局。

在中國西部地區，早期喜馬拉雅運動使海域封閉，沿雅魯藏布江地殼疊接帶出現蛇綠岩帶，並有混岩堆積。在臺灣第三紀地層與時代較早的變質岩系共同組成中部山地，東西兩側形成了坳陷，西部出現了海陸交互含煤沉積，地層厚度大，火山岩不發育，屬冒地槽沉積，中部山地以東的坳陷是典型的優地槽型沉積，沿大縱谷發育著蛇綠岩套藍閃石片岩及混雜岩，時代為上新世。由此可見，在臺灣喜馬拉雅運動發生的時間與大陸西部地區大體一致，即上新世至更新世。

到更新世晚期，大約距今2.5萬年時，氣候急劇變冷，整個東部海面大幅度下降，至距今1.8萬年時，海面下降到最低位置（大約低於現代海面150米左右）。於是華南沿海形成寬達上千公里的遼闊濱海平原，很多河流一直延伸到濱海平原的外緣，並形成許多河谷。這種現象可在臺灣海峽的海底地形中找到證明：臺灣海峽海底河谷有向南及向北二大河系，一系向南流入中國南海海底，一系向北流入東海海底，分水嶺為臺灣海堆，是兩廣南嶺山脈之東端部分。大體言之，濁水溪以北的臺灣西部各河流屬於臺灣海峽的北河系，曾文溪以南的各河流屬於臺灣海峽的南河系。例如，高屏溪河谷由現在的入海口延長入海底，蜿蜒向南流動到南海，與海峽海底的南流谷系會合，這種海底河谷地形，絕不是海水潮流或混濁流沖刷的結果，而是在更新世海退時，臺灣海峽成為陸地，由陸上河谷侵蝕形成的，這就足以證明，臺灣曾是大陸的一部分。

此外，從動物化石看，更新世時期大陸與臺灣同時存在相似的哺乳動物群。近年來在臺灣桃園縣大溪內柵，新竹縣寶山，苗栗縣竹南尖山，苑裡白沙屯、四湖店子街，臺中縣豐原下南坑、大坑，南投縣中寮東勢閣，嘉義縣中埔頂六，臺南縣左鎮菜寮坑，高雄市旗津，屏東縣恆春等地發現中國犀牛、臺灣犀牛、中國劍齒象、

遠東劍齒象和劍虎、野牛、古鹿、野豬等化石，這些化石與大陸的重慶市歌樂山、四川萬縣平壩、浙江江山、安吉、廣西桂林、興安、賀縣、梧州等地洞穴堆積層中發現的動物化石十分相似，同屬於劍齒象、普通象動物群。這是由於新生代第四紀時海水退出臺灣海峽，大陸與臺灣連成一片陸地，華南的劍齒象、犀牛、古鹿、野牛、野豬等不斷從大陸移往臺灣的結果。

二、從考古學看大陸與臺灣的統一性

更新世末次冰河期間，華南沿海形成遼闊濱海平原，海峽變通途。大陸古人類和古動物就從形成的陸橋平原，遷徙至臺灣島。因此，在考古發掘上，臺灣也發現了舊石器、新石器時代一系列的遺址和文物。

（一）舊石器時期大陸與臺灣的關係

臺灣舊石器時代的人類遺址主要有兩處，一是臺南左鎮鄉的頂骨化石，另一處是臺東長濱鄉八仙洞的舊石器。

1970年，臺灣臺南左鎮鄉菜寮溪發現了一塊灰紅色的人類頭骨化石，長約8.5英吋，寬約5英吋，經用氟和錳法的初步測定，年代約在三萬年至一萬年前，被命名為「左鎮人」。這是臺灣最古老的人類化石，經過考古工作者的研究認為，他們與北京山頂洞人屬於同一個年代，學術界普遍認為兩者間有比較密切的血緣關係。近年來，在福建漳州市北郊甘棠東山的臺地和東山縣海域也分別發現距今約一萬年左右的人類脛骨和肱骨化石，證實了漳州地區是遠古人類東遷臺灣的出發地。此外，福建三明和泉州以及華南其他省份也有相同年代的古人類化石出土，特別是1998年，福建泉州的考古工作者在泉州漁民捕魚時從臺灣海峽深處捕撈上來的海底古動物骨骼化石中，發現了一根古人類右肱骨化石，經中國科學院古脊椎動物和古人類研究所專家鑒定，確認這是1—3萬年前由於陸海變遷，在大陸與臺灣之間的谷

地生活的晚期智人留下的遺骨，他們是從大陸向臺灣遷徙的早期人類，並建議將其命名為「海峽人」。「海峽人」化石是在福建發現的已知年代最早的古人類化石，它填補了早期人類從大陸遷移臺灣在福建部分的空白，使得這一遷移鏈條順利連接成環。「海峽人」化石的發現，再次證實了生活在臺灣的土著先民，與大陸古人類有著十分親近的血緣關係。

　　以臺東縣長濱鄉八仙洞遺址為代表的長濱文化，距今二、三萬年至五千年左右，自1968年以來，該遺址進行了五次發掘，出土大量先陶時代的遺物，其中有石質標本數千件，骨角器近百件及許多獸、魚骨等文物。石質標本由矽質砂岩、橄欖岩、安山岩等質地較為粗松的礫石製成，多數石片是直接敲打礫石面加以片解而成，因此一面保全礫石的原來外皮，還有少量的石片有第二步加工的痕跡。如太長的石片將其兩端打掉，握手部位尖銳的石片將其鋒口打去；如果刃口太厚，則從石片的寬面連續進行打剝。另有一批石器是以石英等質地較為密實的石料製作的，形狀一般都較小，但加工方法較為精細。此外還有加工更為細緻的骨角器，如長條尖器和骨針等。長條尖器是將獸類長骨的一端或兩端加以削尖，或者一端作為關節，另一端逐漸削尖；骨針加工比長條尖器精緻。由此可以推斷，長濱文化時期的臺灣原始住民過著穴居、漁獵和採集生活，而其石器製造方法，屬於華南礫石器以及細小石器的傳統。目前，華南地區已經發現的類似「長濱文化」的石器遺存，如江西省萬年縣大源仙人洞洞穴遺址第一期文化的打製石器群、廣西百色上宋村舊石器時代遺址出土的石器群、廣西西樵山出土的打製石器群，福建地區的三明萬壽岩、漳州蓮花池山等舊石器時代遺址所出土的石器和骨器等。可見臺灣的長濱文化和中國華南地區的舊石器時代文化，有著極為深厚的淵源關係。

（二）新石器時期大陸與臺灣的關係

　　在新石器時代，兩岸之間的原始文化依然保持著密切聯繫。以繩紋粗陶為代表的臺北八里鄉大坌坑文化和以印紋細陶為代表的鳳鼻頭文化和圓山文化均與大陸東南、華南地區的新石器文化有很大的一致性。

大坌坑遺址位於臺北八里鄉埤頭村的觀音山後山北麓，1962年進行第一次發掘，後來又進行第二次發掘，出現了多層次的文化層。第一層繩紋陶文化層，第二層赤褐色素面陶文化層，第三層赤褐色方格印紋厚陶文化層，第四層赤褐色網紋硬陶文化層，最下一層約十釐米厚，出土的陶片為棕黃色或紅褐色，質粗含砂，體厚而粗重，手製，少數素面，多數有繩印紋，少數有條印紋。同時出土少量石器，有打製和磨製兩種：打製的有兩頭和腰部打出缺凹的礫石網墜，小型的打製石斧；磨製的有小型石錛及長三角形中心帶孔的板岩石箭頭等。

　　這種以繩紋粗陶及打磨石器並存為主要文化內涵的大坌坑文化，在臺灣分布很廣，例如臺北圓山貝丘下層，高雄林園鄉鳳鼻頭貝丘下層及臺南縣歸仁鄉八甲村遺址下層。八甲村出土的陶器皆為手製，未見有輪製痕跡，腹部有時顯得凹凸不平，口部內外緣常用手抹平，大部分陶器自頸部以下施有繩紋，腹部除了施有繩紋外，有時將拍過繩紋的地方抹平，再施加劃紋，不論腹部或口部，劃紋通常是用兩條或兩條以上並行的線條劃成波折紋或直條紋。同時發現一件打製石斧，四件磨製石斧，四件石錛和二件石鏃。

　　大坌坑文化的遺物不限於臺灣島內，在大陸東南沿海各地也有廣泛發現。如江西東北部萬年的仙人洞遺址下層出土的夾砂粗紅陶，胎質粗糙，全為手製，器形簡單，紋飾單純，內外兩面均飾繩紋，打製石器有刮削器、砍砸器等，磨製石器有石鑿等，與臺灣八甲村遺址屬於同一類型。此外，還有如廣東潮安陳橋村遺址以及福建平潭殼丘頭等遺址，這些遺址出土的粗陶或石器，器物的質料、形制和文化年代都與臺灣大坌坑文化非常類似。上述考古資料表明：新時期時代早期，中國東南沿海各地出現一種以粗糙繩紋陶器為主的古代原始文化，臺灣大坌坑文化便是中國大陸東南沿海原始文化系統的一個地方環節。

（三）鳳鼻頭文化和圓山文化

　　臺灣鳳鼻頭文化，首先發現於高雄縣林園鄉鳳鼻頭遺址，集中分布於臺灣西海

岸的中南部和澎湖列島，距今約五千年至兩千年。該遺址的特點是上層為印紋黑陶文化層，中層為印紋紅陶文化層，下層屬與「大坌坑文化」同類型的「粗繩紋陶文化」。鳳鼻頭中層紅陶文化層主要遺物是泥質磨光紅陶，器型有大口盆、碗、細長頸瓶、小口寬肩罐、穿孔圈足的豆和圓柱形足的鼎，製法屬手製，先用泥條迭成器形，再用手或陶拍抹平，然後拍印上繩紋或席紋，有的飾附刻劃紋和加堆紋，少數的杯片或鉢片還有深紅色的彩繪，紋樣有水平平行線、成組的短斜平行線、山字紋、人字紋等。這些陶器顯然受到大陸東南沿海地區馬家浜——良渚文化的影響，而這種紅陶類型的文化在臺灣中南部擴展時，又受到福建閩江下游曇石山文化的浸潤，鳳鼻頭紅陶的幾何印紋陶及彩陶的紋飾多短斜平行線、山字紋諸特徵，與福建曇石山遺址的出土物很接近。從其文化年代看，距今約六千年至兩千年，正與福建曇石山中層的年代相吻合。因此可以說，臺灣幾何形印紋紅陶的出現，深受福建的影響。鳳鼻頭遺址上層的黑陶文化，主要有鋤、斧、鑿等，仍是磨製的，製作精美。陶器以橙紅陶、黑陶和彩陶為主，橙紅陶有杯、盆、碗和甕，紋飾除刻劃紋外，還有拍印的繩紋、籃紋和席紋。黑陶形制有杯、豆和圓底罐等，仍為手製，但已打磨，色深黑光亮，體薄。彩陶形制有碗、杯、罐、豆，用深棕和深紅色畫在細陶或砂陶上，紋飾有三角形紋、平行直線紋、雲紋等，鳳鼻頭黑陶文化與福建閩侯曇石山遺址中上層的遺物十分相似，此外，根據曇石山有關出土化石的放射性碳元素年代鑒定，與鳳鼻頭文化的放射性碳元素年代吻合。從兩地出土陶器的器形、陶質、印紋紋飾、彩繪紋飾及年代來看，福建曇石山的中上層與臺灣鳳鼻頭的中、上層屬於一個文化類型。

圓山文化主要分布在臺灣東北部海岸和臺北盆地中，其出土的石器多為磨製，有鋤、鏟、圓刃的斧、有段石錛、有肩石斧和小型石鑿等；陶器以細砂棕灰陶為主，器形有碗、壺等，有的口部有流或二三個小口，有的有寬或圓形把手，器表多素面，但也有飾以錐刺紋、小圈形印紋和網形刺劃紋，還有紅色彩繪陶，繪以平行條紋及卵點紋。反映了當時原始住民聚落都在山丘或山麓上，從事漁獵和農耕生產。圓山文化所出土的石器、陶器，與大陸東南沿海同一時期出土的原始遺存極為類似。較為典型的是與福建閩江下游曇石山文化的對比，顯示了兩者之間的淵源關係。例如曇石山文化和圓山文化出土的生產工具都以斧、錛、鑿、鏃為主要器形。在圓山文化中出土最多的是有段石錛和有肩石斧。而有段石錛和有肩石斧，都是發

源於中國大陸東南沿海，圓山文化出土的有段石錛和福建長汀河田遺址、江西修水山背遺址、曇石山遺址出土的有段石錛相似，但曇石山文化的起始時間要比圓山文化早，因此，圓山文化的有段石器很可能是源於福建的曇石山文化，兩者之間有著極為密切的關係。再從陶器方面看，曇石山文化和圓山文化出土的陶器，都是以夾砂灰陶和細泥灰陶為主，並有個別灰褐硬陶，陶器的製法一般是手工製作，器體的主要部位多屬手製，圜底內側常可看到凹凸不平的墊窩，並使器壁厚薄不均衡。在陶器表面的裝飾上，曇石山文化的陶器以拍紋為主，也有少量的刻紋、壓印、錐刺等紋飾，還有少量富有特色的紅彩。圓山文化的陶器也有印紋、錐刺紋、戳點紋，有帶狀紅色塗彩，其中卵點紋與曇石山文化極為一致，而且彩繪位置也同在器物的腹部。此外圓山文化出土的陶片經過復原辨認，大致有罐、碗、壺、鉢等，這也是曇石山文化中的常見器。從福建曇石山文化和臺灣圓山文化的文化內涵來看，兩者有密切的關係。

綜上所述，臺灣地區史前文化出現和發展的過程，說明臺灣古代文明的發展歷程與華南大陸尤其是福建古代文明的發展息息相關，它們有機地組成一個不可分割的民族文化整體，共同為中華民族光輝燦爛的古代文明作出了重大的貢獻。

論張燮《東番考》的資料來源

張彩霞　林仁川

　　有關明代臺灣歷史的中文史料十分缺乏，現存比較完整的僅有以下四種：陳第《東番記》，何喬遠《閩書》卷一百四十六《島夷志》的《東番條》，張燮《東西洋考》卷五所附的《東番考》，以及周嬰的《東番記》。因此，探討這些歷史文獻的資料來源及其可靠性，對於研究早期臺灣原住民的歷史文化尤為重要。

　　史學界普遍認為，由於陳第《東番記》的寫作年代較早，他又曾經跟隨浯嶼將軍沈有容到臺灣剿除倭寇，因此只有《東番記》才是原創本。有的學者甚至認為，「張燮《東西洋考》卷五所附《東番考》都是轉錄『陳文』」的。

　　張燮的《東番考》果真是轉錄陳第《東番記》的嗎？只要我們認真查對這兩本書的異同，同時結合明朝末年臺灣海峽兩岸的形勢進行考察，就會發現歷史事實並非如此。

　　陳第跟隨沈有容的戰船到達臺南，「收泊大員」，因而有機會「親睹其人與事」。由此可見，陳第在《東番記》中對原住民生活的記載範圍，僅侷限於臺灣西南部大員附近地區。他在書中一開頭就寫道：「東番夷人不知所自始，居彭湖外洋海島中；起魍港、加老灣、歷大員、堯港、打狗嶼、小淡水、雙溪口、加哩林、沙巴里、大幫坑，皆其居也。」

　　對於陳第《東番記》的這些地名，清初杜臻撰寫的《澎湖臺灣紀略》有較詳細的考證。他參考當時的地圖指出：臺灣城南有一沙埂，屬於內土，曰「萬丹湖」，湖之旁有港，東入曰「蟯港」，「即陳第所謂堯港也」；城之南有十二街，有文

廟,城之北有花園,旁有港,「疑即陳第所謂大員港也」;自城南行一百四十里,至赤山仔,稍西為鳳山港,又西近海為打狗山,「即陳第所謂打狗嶼也」;自赤山仔又南八十里,至上淡水,又二十里至下淡水,此所謂南淡水,「陳第謂之小淡水」;自城北行,歷大橋、小橋、烏鬼橋一百二十里,至新港社,新港社西行出海口,有目茄洛灣,「即陳第所謂加老灣也」;自新港社西南五十里至麻豆社,水西出,莽港,「即陳第所謂魍港也,其旁有茄哩嶼、雙溪口,皆第記所有」。從杜臻以上的考證及近人的研究,陳第《東番記》記載的地域是以現在的臺南為中心,最北不超過嘉義縣,最南到達高雄縣與屏東縣交界處附近。

而張燮的《東番考》記載的地點,十分明確的是雞籠、淡水一帶。他在書中寫道:「雞籠山、淡水洋,在彭湖嶼之東北,故名北港,又名東番雲。」從臺灣地圖看,只有臺灣北部的雞籠、淡水才是澎湖的東北方向;如果是臺南、嘉義、高雄應在澎湖的正東,甚至東南方向。可見兩本書記載的地點有差異。

其次,從地形來看,《東番考》記載當地是「深山大澤,聚落星散,凡十五社」。臺北地區除了臺北盆地以外,四周都是山區,淡水港北邊是大屯山,南面為觀音山。雞籠港附近的地形,據臺灣最早的府志——蔣毓英的《臺灣府志》卷三《敘川》記載:「雞籠港,其港三面皆山,獨北面瀚海。」具體而言,西邊有三界山,南邊有紅淡山、姜子寮山,東邊更是山巒起伏,連綿不斷,有五分山、草山等。所以,《東番考》記載「深山大澤」的地形,比較符合臺北地區的實際情況。而臺南地區除東部是山區外,大部分是臺南平原和屏東平原。陳第跟隨沈有容到臺灣時,「收泊大員,夷目大彌勒輩率數十人叩謁,獻鹿饋酒,喜為除害也。予親其人與事」。他在大員附近所看見的人和事,應該是生活在臺南平原的新港社、目加溜灣社、大目降社等平埔族的原住民。這也是兩者有明顯差異的地方。

第三,從礦產來看,張燮《東番考》在《形勝》中記載:「璜山(硫璜氣每作火光,沿山躲鑠)。」硫磺一直是臺北的主要礦產,明代末年已有華商到臺北採購硫磺。康熙三十六年(1697年),清政府還專門派郁永河到臺灣的雞籠、淡水採購硫磺。據郁永河的《採硫日記》記述:「四月初七日北上,途經各番社,自斗六門以上皆荒蕪,森林蔽天,麇鹿成群,番亦馴良,不殺人。……既至淡水,命通事張

大先赴北投築屋。五月初二日,率僕役乘舟而入,兩山夾峙,中辟一河,為甘答門,則關渡也。……產磺之處為內北社,永河往探……」。到淡水附近後,「復給布眾番易土,凡布七尺,易土一筐,衡之可得二百七十斤觔。明日,眾番男婦相繼以莽葛載土至,土黃黑不一色,質沉重,有光芒,以指撚之,颯颯有聲者佳,反是則劣」,「余問番人硫土所產,指茅廬後山麓間」。從上可見,當時臺北是盛產硫磺的地方,與張燮《東番考》中記載的「璜山」相吻合。

當然,也許有人會提出雞籠山是臺灣的全稱,《明史‧外國傳》卷三百三十二所記載的雞籠山,就曾經述及臺灣各地的事跡。然而,日本學者安倍明義在《臺灣地名研究》中指出,雞籠山原本是臺灣北部的一個地名,並非全島的總名。回溯其稱呼的來源方知:所謂的「雞籠」也者,乃是居於臺灣北部平埔番稱為「人」Kietangarang省略語Kieran的音譯,再加上具有海島之義的「山」字。

從地理位置、地形、礦產來看,陳第的《東番記》主要是記載臺南地區的原住民生活狀況,而張燮《東番考》主要記載臺灣北部雞籠、淡水一帶的原住民生活狀況。那麼,《東番考》的資料又是從哪裡得到呢?我們必須從張燮生活的地點和時代找答案。張燮,字紹和,別號海濱逸史,福建漳州府龍溪縣人(後將龍溪與海澄縣合併為龍海縣),生於明萬曆二年(1574年),卒於崇禎十三年(1640年)。他的生活年代,正是明代私人海上貿易十分發達的時代,而他生活的漳州月港(現龍海市海澄鎮),又是明朝末年東南沿海最大的貿易商港之一。自隆慶元年(1567年)明穆宗解除海禁,「準販東西二洋」以後,漳州月港進入全盛時期。周起元在《東西洋考》的序中寫道:「我穆廟時除販夷之律,於是五方之賈,熙熙水國,刳艅艎,分市東西路,其捆載珍奇,故異物不足述,而所貿金錢,歲無慮數十萬。公私並賴,其殆天子之南庫也。」當時每年從月港進出的遠洋大船「多以百計,少亦不下六七十只,列艘雲集,且高且深」。明代鄭懷魁《海賦》載:「富商巨賈,捐億萬,駕艨艟,植參天之高桅,懸迷日之大篷,約千尋之修纜」。

明末月港的商船隊航行於東西二洋,遍歷47個國家和地區。其中雞籠、淡水就是月港海商重要的經商地區,明朝政府也給予特殊的照顧,東西洋每張船引要納稅銀三兩,而雞籠、淡水每張船引僅納稅銀一兩。後來,東西洋船引稅銀增加到六

兩，雞籠、淡水只增加到二兩。在發放船引的數量上也特別放寬，除了發放去呂宋的船引多一些以外，其他國家和地區一般只發放二至四張船引，但雞籠、淡水每年發放十張船引。

在明朝政府的鼓勵下，眾多的月港海商紛紛到雞籠、淡水進行商貿活動，帶回許多有關雞籠、淡水的訊息。生於此地，長於此地的張燮，必然會從眾多經常到雞籠、淡水經商的海商中聽到許多關於臺北地區的社會經濟情況，特別是在臺北地區與當地原住民進行商貿的情況。張燮在《東番考》的「交易」節中寫道：「夷人至舟，無長幼皆索微贈。淡水人貧，然售易平直。雞籠人差富而慳，每攜貨易物，次日必來言售價不準，索物補償。後日復至，欲以元物還之，則言物已雜不肯受也，必疊捐少許以塞所請，不則喧嘩不肯歸。至商人上山，諸所營識面者輒踴躍延致彼家，以酒食待我。絕島好客，亦自疎莽有韻。」從張燮這段關於月港海商在雞籠、淡水與不同原住民物物交換的記載，可以看出張燮對雞籠、淡水原住民的社會經濟情況的瞭解是何等的詳細，甚至都讓我們可以大膽推測張燮是否跟隨月港海商去過雞籠、淡水呢！

張燮在《東西洋考‧凡例》中明確指出，他的資料來源「間採於邸報所抄傳，與故老所誦述，下及估客舟人」，綜合了當時的檔案資料、政府邸報、民間傳誦以及海商和漁人等的實際見聞。值得一提的是，張燮《東番考》有四處明確引用《名山記》一書的原文，這些原文都可在陳第《東番記》中查到，《東西洋考》的點校者據此得出張燮《東番考》「就是參考陳第書中所記東番材料而寫成的」論斷。由於意識到「《名山記》的作者不詳，也不見於其他著錄」，點校者小心翼翼地推斷《名山記》的作者「可能就是陳第」。因為沒有確鑿史料根據，陳第是否《名山記》的作者還有待於考證，我們只能說民間流傳著很多寶貴的資料。

透過以上的討論，我們認為張燮《東番考》主要是描述臺北雞籠、淡水原住民的社會經濟情況。除了部分可能參考了陳第的《東番記》外，主要是從到雞籠、淡水經商的月港海商口中得到的，甚至存在著他自己到雞籠、淡水親自蒐集材料的可能。

明鄭臺灣天興萬年二縣（州）轄境的再探討

鄧孔昭

　　清順治十八年（南明永曆十五年，1661年），鄭成功在收復臺灣的過程中，在臺灣設立了承天府和天興、萬年二縣。康熙三年（1664年），鄭經改天興、萬年二縣為州。天興、萬年二縣（州）的轄境如何劃分？當時並無明確的記載保留下來。有的著作認為，天興縣（州）所管轄的地域就是清初諸羅縣的地域，萬年縣（州）的地域清初則分為臺灣縣和鳳山縣，「天興、萬年二縣，以新港溪為縣界」。另有著作卻認為，「清代籍臺，當係改萬年為鳳山縣，而分天興為臺灣、諸羅二縣」。筆者曾經認同前一種說法，甚至還認為，「既然新港溪為天興縣和萬年縣的分界，而承天府的府城在新港溪以南、萬年縣的境內，那麼，萬年縣即為當時承天府的附郭縣，這也是沒有疑義的」。然而，進一步的研究使筆者對自己以前認同的乃至延伸的結論都產生了懷疑，深感這一問題並不如此簡單，有必要進行再探討。

一

　　《重修臺灣省通志》等著作之所以認為天興縣（州）所管轄的地域就是清初諸羅縣的地域，萬年縣（州）的地域清初則分為臺灣縣和鳳山縣，「天興、萬年二縣，以新港溪為縣界」，自然有它的「根據」。

　　根據之一：康熙三十六年（1697年）遊歷臺灣的郁永河在《裨海紀游》中記載，「臺灣既入版圖，改偽承天府為臺灣府，偽天興州為諸羅縣，分偽萬年州為臺灣、鳳山二縣」。

根據之二：蔣毓英的《臺灣府志》記載，臺灣縣治「北至新港溪與諸羅縣交界四十里」。諸羅縣治，「南至新港溪與臺灣縣交界一百四十里」。「臺、鳳、諸三邑，眾水攸歸。郡治在木崗山之陽，夾以兩溪。北為新港，與諸羅界。南納鳳山之崗山溪，西入於臺灣內港，與鳳山界。而臺灣縣治在中焉」。

根據以上兩種資料得出：明鄭時期的天興縣（州）所管轄的地域也就是清初諸羅縣的地域，萬年縣（州）的地域清初則分為臺灣縣和鳳山縣。由於清初臺灣縣和諸羅縣的界水是新港溪（今鹽水溪），所以，明鄭時期天興縣（州）和萬年縣（州）的分界線也就是新港溪。這樣的推論似乎是合乎邏輯的。

其實，持鄭氏的天興縣（州）地域即清初諸羅縣的地域、萬年縣（州）的地域清初分為臺灣縣和鳳山縣說法的，不僅僅只有郁永河的《裨海紀游》。曾先後擔任過臺灣海防同知、臺灣知府、臺灣道員的尹士俍，在他撰寫的《臺灣志略》中也記載說，鄭氏降清後，「廷議設郡建官，制度規模，燦爛更新。改承天府為臺灣府，萬年州為臺灣、鳳山二縣，天興州為諸羅縣」。周鍾瑄的《諸羅縣誌》也記載說，鄭成功「克臺，置一府二縣，縣一曰天興，即今諸羅地也。其明年，成功死，子經嗣，改縣為州，名因之」。

在認定新港溪為天興縣和萬年縣的分界、承天府的府城在萬年縣境內的前提下，得出「萬年縣即為當時承天府的附郭縣」的結論也似乎是合乎邏輯的。

然而，如果認同了「天興、萬年二縣，以新港溪為縣界」、「萬年縣即為當時承天府的附郭縣」的推論，就會產生其他的一些「不合理」的事情：

「不合理」的事情之一：如果說萬年縣是承天府的附郭縣（或稱首縣），為什麼絕大多數文獻記載，在提到天興縣和萬年縣的設置時，都把天興縣列在萬年縣之前？

曾在鄭成功時期任戶都事、鄭經時期任天興州知州和戶官的楊英，在《先王實錄》（或稱《從征實錄》）一書中記載，「改赤崁地方為東都明京，設一府二縣。以府為承天府，天興縣，萬年縣，楊戎政為府尹，以莊文烈知天興縣事，祝敬知萬

年縣事」。被阮旻錫稱為「似是海上幕客曾住臺灣者」夏琳所著的《海紀輯要》（或稱《閩海紀要》，二書內容相同，只有少數字句略有差異）記載，「臺灣既平，賜姓改為安平鎮，赤崁城曰承天府。設縣二：曰天興、曰萬年。總號曰東都」。此外，《臺灣外記》（或稱《臺灣外志》）、《海上見聞錄》等專門記載鄭氏政權史事的書籍，在提到天興縣和萬年縣的設置時，也都是把天興縣列在萬年縣之前。

清初第一任臺灣知府蔣毓英撰寫的《臺灣府志》記載，鄭成功「改臺灣為安平鎮，赤嵌為承天府，總名東都。設一府二縣：府曰承天，縣曰天興、萬年」。其他的清代文獻在記載此事時，也基本上都把天興縣列在萬年縣之前。

如果萬年縣是承天府的附郭縣，就不可能出現上述的情況。因為附郭縣是上一級政區（府）治所所在的縣，它在人們心目中的地位一般高於其他的屬縣。各種文獻在將它與其他屬縣並列時，肯定將它列在其他屬縣之前，就像康熙二十三年以後的文獻，在將臺灣、鳳山、諸羅三縣並列的時候，作為附郭縣的臺灣縣肯定列於鳳山縣和諸羅縣之前一樣。既然萬年縣在所有的文獻記載中都列於天興縣之後，由此可見，萬年縣不可能是承天府的附郭縣。

「不合理」的事情之二：如果說天興縣（州）所管轄的地域就等於清初諸羅縣的地域，萬年縣（州）的地域清初分為臺灣縣和鳳山縣，天興、萬年二縣（州）是以新港溪為界，那麼，為什麼鄭氏政權設置的這兩個縣（州）在人口、耕地、田賦收入、漢族居民基層社區「里」的設置方面會呈現出巨大的不均衡？

從蔣毓英的《臺灣府志》中，可以瞭解到臺灣、鳳山、諸羅這三縣地域中明鄭時期的人口、耕地、田賦收入以及漢族居民基層社區「里」設置的數字。如果將諸羅縣地域上的數字當做天興縣（州）的數字，臺灣縣和鳳山縣的數字加在一起當做萬年縣（州）的數字，看看會有什麼樣的情況出現？

人口：臺灣府「口偽額二萬一千三百二十」。其中，臺灣縣「口偽額一萬一千七百八十二」；鳳山縣「口偽額五千一百二十六」；諸羅縣「口偽額四千四百一十

二」。按上述的認定，那麼，「天興州」的「口」（漢族居民中的成丁男子，不包括軍人，下同）數是4412人，而「萬年州」的「口」數是16908人。「萬年州」的民口是「天興州」的近4倍。

耕地：臺灣府「偽額官佃上、中、下則田園共計九千七百八十二甲八分九釐五毫二絲三忽五微，偽額文武官上、中、下則田園共計二萬零二百七十一甲八分四釐零四絲八忽五微」。其中，臺灣縣「偽額官佃上、中、下則田園共計七千一百零二甲八分九釐九毫二絲三忽九微，偽額文武官上、中、下則田園共計四千五百九十九甲七分四釐零一絲九忽四微」；鳳山縣「偽額官佃上、中、下則田園共計一千八百九十二甲五分六釐二毫一絲九忽，偽額文武官上、中、下則田園共計七千三百一十五甲七分八釐四毫一絲三忽」；諸羅縣「偽額官佃上、中、下則田園共計七百八十七甲四分三釐三毫八絲零六微，偽額文武官上、中、下則田園共計八千三百五十六甲三分一釐六毫一絲六忽一微」。據季麒光《覆議二十四年餉稅文》記載，「偽鄭自給牛種，佃丁輸稅於官，即紅夷之王田，偽冊所謂官佃田園也。文武諸人各招佃丁，給以牛種，收租納稅，偽冊所謂文武官田也」。也就是說「官佃田園」是荷據時期已經開墾的耕地，是鄭成功分設二縣時就必須考慮的一個基礎條件。「文武官田」是明鄭時期開墾的一部分耕地（還有一部分耕地是「營盤田」）。按上述的認定，那麼，「天興縣」在設置時的耕地面積（官佃田園）只有787.4甲，而「萬年縣」卻有8995.5甲，「萬年縣」是「天興縣」的11.7倍。經過20餘年的開墾，「天興州」的耕地面積（官佃田園加上文武官田園）是9143.7甲，而「萬年州」的耕地面積是20910.9甲。「萬年州」的耕地面積是「天興州」的約2.3倍。

田賦收入：臺灣縣「偽時官佃田園租粟共計六萬二千三百零一石四鬥四升二合二勺四抄六撮八圭，偽時文武官田園租粟共計八千八百九十四石八鬥零二合三勺三抄九撮」；鳳山縣「偽時官佃田園租粟共計一萬七千六百一十五石六鬥零七合七勺八抄六撮，偽時文武官田園租粟共計一萬五千五百五十二石九鬥二升五合九勺一抄四撮二圭」；諸羅縣「偽時官佃田園租粟共計五千零三石四鬥三升九合八勺六抄三撮，偽時文武官田園租粟共計一萬六千九百五十五石六鬥四升七合零一抄七撮六圭」。按上述的認定，那麼，「天興縣」設置時的田賦收入（官佃田園的「租粟」）只有5003.4石，而「萬年縣」卻有79917石，「萬年縣」是「天興縣」的16

倍。到鄭氏降清時，「天興州」的田賦收入（官佃田園的「租粟」加上文武官田園的「租粟」）是21959石，而「萬年州」的田賦收入是104364.8石。「萬年州」的田賦收入是「天興州」的約4.8倍。

漢族居民基層社區「里」的設置數：「坊里在（應為「莊」——校注者注）社鎮（各名號皆偽時所遺，今因之，以從俗也——原文注）」。「臺灣縣轄坊四、里十五。坊：東安坊、西定坊、寧南坊、鎮北坊」。15「里」分別為：武定里、永康里、廣儲東里、廣儲西里、長興里、新豐里、歸仁南里、歸仁北里、永豐里、保大東里、保大西里、仁德里、仁和里、文賢里、崇德里。「鳳山縣轄里七、莊二、社十二、鎮一」。7「里」分別為：依仁里、永寧里、新昌里、長治里、嘉祥里、維新里、仁壽里。2「莊」分別是觀音莊和鳳山莊。「鎮」為安平鎮。「諸羅縣轄里四、社三十四」。4「里」分別為：善化里、新化里、安定里、開化里。「坊」、「里」、「莊」、「鎮」都是明鄭時期漢族居民居住的社區，其中的4「坊」、2「莊」、1「鎮」，按上述的認定，均屬於「萬年州」。而其中的「里」，「天興州」只有4個，而「萬年州」卻有22個。「萬年州」設置的「里」數是「天興州」的5.5倍。

古今中外，同級政區之間在人口、耕地面積、田賦收入以及基層社區設置方面存在著較大的差異，這本來是正常的。但是，如果考慮到當時鄭氏政權在臺灣只設置了兩個縣（州），而這兩個縣（州）在上述方面會呈現出如此巨大的不均衡，則肯定是不合理的。

綜上所述，天興縣（州）在當時人的心目中重要性略高於萬年縣（州），如果說它的人口、耕地面積、田賦收入、漢族居民社區的設置數反而都遠遠不如萬年縣（州），那是不可能的。因此，我們有理由懷疑，所謂清初改「天興州為諸羅縣，分萬年州為臺灣、鳳山二縣」、「天興、萬年二縣，以新港溪為縣界」的說法是錯誤的。

二

那麼，黃典權先生所主張的清初系「改萬年為鳳山縣，而分天興為臺灣、諸羅二縣」的說法又是否站得住腳呢？

黃典權先生在《臺南市區古屬天興州考論稿》一文中，根據鄭氏政權的重要人物陳永華為李茂春所寫的「夢蝶園記」、高拱乾《臺灣府志》卷八人物「貞節」「鄭宜娘」傳中的記載，特別是陳文達《臺灣縣誌》卷二「建置志」「公署」條中「臺灣府公署，在東安坊……為偽天興州舊署」的記載，證明東安坊、鎮北坊以及今日臺南市的華法寺一帶鄭氏時期是天興州的轄地。他的文章在論證「臺南市區古屬天興州」、永曆十八年（康熙三年、1664年）升二縣為州時「承天府」已被撤廢方面是有說服力的。但是，在主張清初「當係改萬年為鳳山縣，而分天興為臺灣、諸羅二縣」時，卻缺乏足夠的說服力。天興州的轄地包括了清初臺灣縣治（也是臺灣府治）的所在地，並不等於它也包括了清初臺灣縣所有的轄地。黃典權先生除了上述的三條證明臺南市部分市區古屬天興州的資料之外，沒有舉出其他任何一條可資證明清初系「改萬年為鳳山縣，而分天興為臺灣、諸羅二縣」的資料。

為了說明黃典權先生所主張的清初系「改萬年為鳳山縣，而分天興為臺灣、諸羅二縣」的論點是否站得住腳，我們不妨再根據蔣毓英《臺灣府志》中的有關臺灣、鳳山、諸羅這三縣地域中明鄭時期的人口、耕地、田賦收入以及漢族居民基層社區「里」設置的數字，將鳳山縣的數字當做萬年縣（州）的數字，而將諸羅縣和臺灣縣地域上的數字加在一起作為天興縣（州）的數字，進行一個比較，看看情況又是如何？

人口：按《臺灣府志》的記載和上述的認定，那麼，「天興州」的民「口」數是16194人，而「萬年州」的民「口」數是5126人。「天興州」的民口是「萬年州」的3.2倍。

耕地：按《臺灣府志》的記載和上述的認定，那麼，「天興縣」在設置時的耕地面積（官佃田園）是7890.3甲，而「萬年縣」是1892.6甲，「天興縣」是「萬年縣」的4.2倍。經過20餘年的開墾，「天興州」的耕地面積是20846.3甲，而「萬年州」的耕地面積是9208.3甲。「天興州」的耕地面積是「萬年州」的約2.3倍。

田賦收入：按《臺灣府志》的記載和上述的認定，那麼，「天興縣」設置時的田賦收入（官佃田園的「租粟」）是67304.8石，而「萬年縣」是17615.6石，「萬年縣」是「天興縣」的3.8倍。到鄭氏降清時，「天興州」的田賦收入是93155.24石，而「萬年州」的田賦收入是33168.52石。「天興州」的田賦收入是「萬年州」的約2.8倍。

　　漢族居民基層社區「里」的設置數：按《臺灣府志》的記載和上述的認定，那麼，「天興州」設置的「里」有19個，而「萬年州」只有7個。「天興州」設置的「里」數是「萬年州」的2.7倍。

　　雖然，天興縣（州）的重要性略高於萬年縣（州），但可以肯定，鄭氏政權在將臺灣僅僅劃為兩個政區的情況下，一定會顧及兩個政區在人口、耕地、財政收入等方面的大致平衡。而兩個政區在短短20年中，發展差異也不會有太大的不同。這種「天興縣（州）」在各方面都超過「萬年縣（州）」1倍以上的情況，應當也是不會出現的。

三

　　在排除了上述的兩種可能之後，正確的說法只能是：清初臺灣縣的轄境，既不是全部屬於明鄭時期的萬年縣（州），也不是全部屬於天興縣（州），而是分屬於天興縣（州）和萬年縣（州）。

　　諸羅縣第一任知縣季麒光在《修建臺灣府堂碑文》中記載，清初設一府三縣之時，「就當日承天舊號改為臺灣，隸首縣臺灣，仍土名也。分偽萬年州土吉城以南為鳳山縣，分偽天興州新港以北為諸羅縣，各因其邑之山以名之也」。「分偽萬年州土吉城以南為鳳山縣，分偽天興州新港以北為諸羅縣」的意思非常明白：鳳山縣不是明鄭時期萬年縣（州）的全部，諸羅縣也不是天興縣（州）的全部，它們只是萬年縣（州）和天興縣（州）各自「分」出去的一部分。

而陳文達的《臺灣縣誌》說得更加清楚，鄭成功在臺灣「設一府、二縣：府曰承天，縣曰天興、曰萬年。天興轄北路（今屬諸羅轄），萬年轄南路（今屬鳳山轄），中路之地隸在二縣之內」。所謂「中路之地隸在二縣之內」，也就是說，清初臺灣縣的轄境明鄭時期是分屬於天興縣（州）和萬年縣（州）的。陳文達的這一說法最為可信，因為其所謂的「中路之地」（即清初臺灣縣的轄境），是臺灣在荷據時期開發最有基礎的地區，也是鄭成功到臺灣後漢人居住最為集中的地區。鄭成功僅在臺灣設兩個縣，肯定不會將這整個地區都劃給其中的一個縣，而造成這兩縣之間在人口、耕地、田賦收入和其他資源等方面巨大的不平衡。因此，把這一區域分劃給天興縣（州）和萬年縣（州）是最為可能的。

既然清初臺灣縣的轄境明鄭時期分屬於天興縣（州）和萬年縣（州），剩下的問題是，天興縣（州）和萬年縣（州）之間的轄境如何劃分？由於沒有確鑿的史料記載，我們只能根據其他的資料進行一些合理的推斷。

上述蔣毓英《臺灣府志》記載，清初臺灣漢族居民基層社區，「各名號皆偽時所遺」，臺灣縣轄4坊、15里，鳳山縣轄7里、2莊、1鎮，諸羅縣轄4里。根據季麒光「分偽萬年州土吉城以南為鳳山縣，分偽天興州新港以北為諸羅縣」、陳文達「天興轄北路（今屬諸羅轄），萬年轄南路（今屬鳳山轄），中路之地隸在二縣之內」的記載，我們可以先確定清初諸羅縣所轄的4里，明鄭時期屬天興縣（州）；鳳山縣所轄的7里、2莊、1鎮屬萬年縣（州）。根據黃典權先生《臺南市區古屬天興州考論稿》的論述，我們還可以確定臺灣縣所轄的4坊屬天興縣（州）。餘下的臺灣縣所轄的15里，我們可以根據它們所處的地理位置以及天興縣（州）和萬年縣（州）所設坊里應大致平衡的考慮，對它們在明鄭時期究竟是屬於天興縣（州）還是萬年縣（州）作一個推論。

應當看出，季麒光「分偽萬年州土吉城以南為鳳山縣」的說法，與蔣毓英《臺灣府志》中「崗山溪，出自崗山北，西流過嘉祥里、依仁里，為二贊（層）行溪。又西過長治里，為竹滬塭，西至永寧里，流入於海（此臺、鳳界水也——原文注）」的說法具有很大的不同。按季麒光的說法，土吉城（土墼埕）以南即為鳳山縣的轄境，而據謝金鑾《續修臺灣縣志》「城池圖」所示，「土墼埕」在臺灣縣城

內小西門往東不遠之處（約在今臺南市中西區府前路與永福路交叉路口一帶）；而蔣毓英所說的臺灣和鳳山二縣乃以「二層行溪」（今二仁溪）為界，二者之間隔有大片的區域。那麼，兩人的說法誰對誰錯呢？其實，兩人說的都沒有錯，只是都不夠完整和準確。參照王必昌《重修臺灣縣志》中的「臺灣縣境圖」（附圖1）、「城池圖」（附圖2）以及陳文達的《鳳山縣志》中的「山川圖」，可以發現：清初鳳山縣的7里，只有長治、維新、嘉祥、仁壽4里在二層行溪以南，而新昌、永寧、依仁3里卻在二層行溪以北、土墼埕以南的區域。如果從土墼埕劃一條往東的延長線，那麼，臺灣縣的歸仁北、歸仁南、仁和、仁德、文賢、崇德、永豐7里也在這條延長線以南、二層行溪以北的區域。也就是說，土墼埕以南至二層行溪之間的區域，是清初臺灣、鳳山兩縣轄地互有交錯的區域。

根據季麒光「分偽萬年州土吉城以南為鳳山縣」的說法，土墼埕在鄭氏時期為萬年縣（州）的轄地自然沒有疑義。又根據王必昌《重修臺灣縣誌》中的「城池圖」和謝金鑾《續修臺灣縣誌》中的「城池圖」（附圖3）所示，土墼埕十分靠近西定坊和寧南坊，之間僅隔一條小水道（水道無名，所在位置大約在今臺南市府前路一段，靠東的部分或許略為偏南一些）。這條小水道下游的出口原是臺灣縣城的「水門」。後來在這條小水道出口偏南之處修建了「小西門」。這條小水道的上游最遠之處僅到大埔街和小南門的西南方。明鄭時期，西定坊和寧南坊屬天興縣（州），而土墼埕屬萬年縣（州），它們之間的這條小水道應該就是當時天興縣（州）和萬年縣（州）的一段分界線。並且可以推論：天興縣（州）和萬年縣（州）東段的分界線也在這條小水道的延長線上。

如果假定當時天興縣（州）和萬年縣（州）的分界線，是從這條小水道上游的延長線筆直往東，那麼，清初屬於臺灣縣的歸仁北、歸仁南、仁和、仁德、文賢、崇德、永豐7里，鄭氏時期就應當屬於萬年縣（州）。這樣，就等於當時的天興縣（州）轄4坊12里，而萬年縣（州）轄14里、2莊、1鎮。兩縣（州）所轄坊、里、莊、鎮大致相當，但天興縣（州）轄12里，比萬年縣（州）所轄的14里還少2里。因當時天興縣（州）的重要性略高於萬年縣（州），估計天興縣（州）的里數不會少於萬年縣（州）。因此，當時天興縣（州）和萬年縣（州）的分界線，應是從土墼埕以北的這條小水道上游的延長線略為偏南、蜿蜒往東。這樣，清初屬於臺灣縣

的仁德、歸仁北、歸仁南3里,明鄭時期就有可能屬於天興縣(州),而天興縣(州)所轄的里數就將略高於萬年縣(州)了。

　　根據以上的分析,可以大致肯定,明鄭時期天興縣(州)和萬年縣(州)分界線的走嚮應該是:最西的分界線在安平鎮與北線尾之間的水道(大約在今臺南市安平區區公所一帶),經臺江內海,經土墼埕以北小水道的入海口(今臺南市中西區小西門圓環附近),經這條小水道及其延長線偏南蜿蜒往東(與現在臺南市的府前路一段、東門路、中山路的走向大致相當,略為偏南)。

季麒光與清初臺灣的媽祖信仰

李祖基

引言

　　媽祖信仰是當今臺灣最有影響的民間信仰之一，其神廟與信眾的數量遠遠超出其他民間信仰，這從大甲鎮瀾宮的每年聲勢浩大的繞境遊行和北港朝天宮旺盛的香火中可見一斑。實際上，媽祖信仰在臺灣廣為傳播並非始自今天，據尹士俍《臺灣志略》的記載，早在清雍正、乾隆年間，媽祖就與關帝、大道公等同為臺灣「靈異最著而為民所咸奉」的神明。至嘉慶年間，媽祖神廟已遍布臺灣各地，謝金鑾《續修臺灣縣志》記載：「天后廟祀，所在多有。官建者尚有鹿耳門廟；康熙五十八年，文武官公建，經歷王士勷董其事。今總鎮愛新泰重修。又，道署、府同知署皆有廟。其附郭者，如鎮北坊水仔尾，俗呼小媽祖宮；則始初廟祀也。郡守蔣允焄、蔣元樞皆嘗修焉。又寧南坊上橫街廟，名曰溫陵祖廟；泉人建。又西門外鎮北坊有媽祖樓，其街以樓得名。又海邊礱米街船廠、磚仔橋及武定里洲仔尾、新昌里瀨北場皆有廟，他如澎湖各澳，有不勝載者」。清代媽祖信仰在臺灣的廣為傳播，除了大陸移民渡海往來，無不祈求海神的保佑之外，地方官員的積極推動也是一個主要的原因。清代臺灣的方志以及保存下來的碑刻資料中有不少地方官員倡建、重修媽祖神廟的記載，這一點筆者以前在《清代臺灣邊疆移民社會之特點與媽祖信仰》一文中已經提到。但這些資料基本上都是間接的，直接的資料已很難見到。筆者最近在整理季麒光《蓉洲詩文稿》時，意外地發現了季麒光撰寫的《募修天妃宮疏》等幾則資料，這些資料對研究清代臺灣地方官員在媽祖信仰傳播中的角色以及閩臺地區第一級古蹟——臺南大天后宮的沿革都有一定價值。

一、季麒光其人其事

　　季麒光，字聖昭，江蘇無錫人，康熙丙辰（十五）年進士。康熙二十二年，施琅平臺，鄭克塽投降。翌年，清政府在臺灣設立一府三縣，季麒光由福建閩清縣令簡調赴臺，任諸羅縣首任縣令，於康熙二十三年十一月初八日到任。其時諸羅以新辟之邑，諸事俱費經營，季麒光「往來籌劃，日無停晷」，「凡民間利弊，有所指畫，不為強方者少屈。以一宰而綜三縣之煩賾，條議詳明，為臺灣定億萬年之規制」。另外，季氏還草創諸邑文廟、設立養濟院，並與宛陵韓又琦、關中趙行可、無錫華袞、鄭廷桂、榕城林御輕、丹霞吳衣芙、輪山楊載南、莆陽王際慧等結「東吟詩社」，相與唱和。康熙二十四年後，季麒光以丁憂去職，其在臺時間雖不長，但宦績顯著，所以臺灣的府、縣誌乃至福建通志中都為其立傳。《諸羅縣誌》的傳文稱：

　　季麒光，無錫人，康熙丙辰進士。二十三年，知縣事。時縣治初設，人未向學；麒光至，首課儒童，拔尤者而禮之，親為辨難。士被其容光者，如坐春風。博涉群書，為詩文清麗整贍。工臨池。在任踰年，首創《臺灣郡志》，綜其山川、風物、戶口、土田、阨塞；未及終編，以憂去。三十五年，副使高拱乾因其稿纂而成之。人知《臺郡志》自拱乾始，而不知始於麒光也。

　　《重纂福建通志》中的傳文則更為詳細：

　　季麒光，榜姓趙，江南無錫人，康熙丙辰進士。二十三年，由閩清縣移任。縣初設，無城郭，無街市都聚之會，一望蓁茅，民雜而貧，地疏而曠。所隸土番，皆文項雕題，重譯始通一語，驟設官吏，束以法律，則日夕驚怖，若鷙獸入檻，觸藩躑躅，不有其生。麒光推心循拊，異其辭命，使之自化。初定制丁田賦役，如理亂絲，為之條分縷析，寧簡無苛。方謀經始，而遭外難，大吏以岩疆難得其人，檄令節哀視事候代。乃定賦額丁數，課士招商，綏番墾荒，拔儒童才質之佳者接禮之。於是此中人始知有禮教之樂，文物之美比於內縣。爰輯有臺灣府志，綜其山川、風物、戶口、土田、阨塞以佐治理，未成而代者至。三十五年，副使高拱乾踵成之。

臺灣有志，自麒光始也。

季麒光離臺返回大陸後，其著作於康熙三十三年付梓刊行，筆者所見的玉鑑堂藏書第八九四號有《蓉洲詩文稿》一部，其中《蓉洲詩稿》七卷、《蓉洲文稿》四卷，另附有《三國史論》和《東寧政事集》，這些資料塵封湮沒近三百年，至今很少有人見過。如近年由臺灣遠流出版社出版的《全臺詩》所收入的季麒光的詩作僅《題天妃宮》一首。而據筆者的初步統計，《蓉洲詩稿》中與臺灣有關的詩作就不下150首，其體裁有「五言古詩」、「七言古詩」、「五言律詩」、「七言律詩」及絕句、排律等，還有流寓在臺的明太僕寺少卿沈光文（斯庵）所作的《題梁溪季蓉洲先生海外詩序》等序文凡十篇。這也許就是《臺灣輿地匯鈔》「弁言」中所說的季麒光已經散佚的《海外集》中的主要內容。此外，《蓉洲文稿》中也保存了大量與清初臺灣有關的珍貴史料。如以往人們根據《諸羅縣志》等書的記載，一直認為季麒光曾「首創臺灣郡志」。然而，從《蓉洲文稿》所載《臺灣志書前序（代周又文憲副）》及《臺灣志序》來看，季麒光實際上是參與了首任臺灣知府蔣毓英主修的第一部《臺灣府志》的編纂工作而已，所謂首創的《臺灣郡志》就是蔣毓英的《臺灣府志》，《諸羅縣志》的相關記載是錯誤的。《東寧政事集》共有文章近五十篇，大部分是季麒光在臺任職期間寫給上司的公文，小部分為告示和斷案的審語，更是研究清初臺灣社會政治經濟最為珍貴的第一手資料。

二、《募修天妃宮疏》及其相關資料

《募修天妃宮疏》收在《蓉洲文稿》卷之三，是季麒光應當時天妃宮住持僧寄漚之請而撰寫的，其全文為：

東寧天妃宮者，經始於寧靖王之舍宅，而觀成於吳總戎之鳩工也。天妃泉湄神女，生有奇征，長多靈異，迄今遂為海神，其功德及人，則又在泰山陳州之上，直與普陀大士同其濟渡。蓋海天巨浸，淼淼湯湯，生死安危，關於俄頃，非若擊江中之楫，揚湖上之帆者，所可同語。若夫雲迷大壑，日落荒洋，月黑星黃，渺不知其

所之，一針失向，即為歧路。從來估商販舶，走死趨利，以其身深試波濤，然往來無恐。雖曰人為，實由神護。故每當潛蛟嘯風，驕鯨鼓浪之時，輒呼天妃神號，無不聲聞感應，怒潮為柔，所不魚鱉吾人者，神之功也。環海內外建立祠廟，皆敬神如天，而親神如母。蓋以慈悲之願力，運廣大之神通，無禱不應也。夫神以血肉佛心，救人世險風駭浪之艱，即當以土木佛身，享人世金碧丹檀之奉。住僧寄漚以臨濟橫支，發大弘願力，欲就宮傍餘地，作左右廊舍三間，位置僧寮前，樹山門一層，廓戲樓舊址而大之。庶幾有門有殿，有廊廡，有維摩室，有香積廚。神所憑依，神其饗之矣。獨是工匠之資、木石之費，斷非彼小乘人能作大因緣事，因授簡於余，申言倡導。凡在東寧宰官長者，皆由渡海而來，必思渡海而去，各隨分力，以襄盛事；下至商販估漁，凡往來資息於重洋巨浪之中者，各發歡喜心，共助勝因。夫神之赫赫不可盡者，固不繫於宮之大小。蓋人之嚮往而崇奉之不足者，非廟祀之輝煌無以致其敬也。神之恩固足以感人，況瞻拜而如親炙之者歟，寄漚勉乎哉。願力既堅，機緣自興，飛樓湧閣，故當一彈指頃移兜率於人世矣。

另外還有一篇《募修天妃宮戲臺小引》，其文為：

嘗論人之生死，自疾病而外，莫甚於水火。蓋雷霆狼虎，百不一遭；而刀兵饑饉，則毒霧殭坑，黃煙血路，為二子沉淪大劫，非人所及料，亦非人所及避。獨於水火，往往患之。然火猛烈，人知遠焉。即祖龍一炬，崑岡灰燼，而燎原之焰起於星星，未聞有抱薪而就焚者。若夫水，則茫茫萬頃，水也；涓涓一勺，亦水也。一經沉溺，貴賤賢愚，同歸魚鱉，可不畏哉。況大海汪洋，萬里一黑，蛟龍鼉鼉之所窟宅，風颶波濤，不可測度，亦無所趨避，非恃天妃之護持拯濟，何以使士大夫之乘軒露冕者，來焉去焉；行旅商賈之腰纏捆載者，往焉復焉？則舟航之內依恃天妃者，如嬰兒之依恃慈母也。考河神自謝王張將軍而下，有蕭柳三十六部而統之於天妃海神。自順應、孚應、廣順、惠順海王而外，又有靈應、昭應、嘉應三龍王及天吳海若諸神，而亦統之於天妃。豈非以駭浪驚波之上，必藉慈悲感應，具有鞠育之誠如天妃者，始隨在而普度也哉。

人既食神之德，無以報神之恩，雖瓣香明燭，亦足以將誠敬而求神之愉悅。詩曰：神之聽之，終和且平。周禮大司樂，分樂而用之，以祭以祀以饗，乃歌巫鐘舞

大夏,以祭山川,而後神祇皆降可得而禮焉。則是黎園雜部,固非雲門空桑之奏,所以娛神聽而邀福利者,未嘗不在乎此也。天妃宮舊有戲樓營建未久,為海風潮雨所摧剝,漸見傾欹,且制度狹小,不足以肅觀瞻。今欲廓而大之,以隆崇祀,以彰愛敬,俾遏雲裂石之歌、摩天貼地之舞與馨香黍稷同進而薦神之歆也,當亦天妃之所鑒佑者矣。伏願無論宰官,無論善信,凡生全覆被於天妃神者,財施力施,各隨分願。則一粟一銖,一工一匠,皆為歡喜因緣,將平波迅渡,緩浪輕馳,受神之陰扶默佑者,視以銖兩,而獲百千,其歡欣禱祝為何如耶?偈曰:「何妨暗裡舍燈油,莫待急來偎佛腳」。吾請持此以勸募焉。

　　臺灣海峽素以風大浪高,潮流湍急而著稱,中間更有「黑水溝」,亦稱「黑水洋」,自北流南,廣約百里,深不可測,海水濁黑如墨,驚濤鼎沸,險冠諸海。臺灣東南隅有「萬水朝東」之名,往往過黑水溝時,遇風暴難抵澎湖,舟遭飄蕩,渺不知其所之。在抵臺時還有鹿耳門天險,水闊而淺,「鐵板沙潛伏水底,最為險惡」,船隻進出必須極為小心,「否則,沙沖舟滯,立為浪碎」。或已抵鹿耳門,為東風所逆,舟不得入,而門外鐵板沙又不可泊,勢必仍返澎湖。若遇天黑,嶼澳莫辨,又不得徑泊澎湖,計唯重回廈門矣。康熙五十二年春,臺灣知府馮協一上任時,自廈門乘官船赴臺,舟過澎湖時,船老大謂風順可直抵臺灣,「及舟近鹿耳門,浪高如山,一湧而退。如此者三,又忽颶風大作,天氣昏黑,無從下椗,直至天明風稍緩,回向澎湖而來。復各嶼做浪,舟不進,再至鹿耳門,仍為浪阻」,只得又重回澎湖。所以,在帆船時代橫渡臺灣海峽要冒相當大的風險,如若不幸遇上臺風那更是九死一生了。明萬曆三十年臘月(1603年1月),沈有容率明軍水師前往東番(今臺灣西南部一帶)剿倭,艦隊航經澎湖時遇上大風,巨浪滔天,二十四艘戰艦被風漂散,僅剩十四艘,有的甚至漂到粵東洋面。1651年,明太僕寺少卿沈光文從肇慶至潮州,由海道抵金門,七月,挈眷買舟欲入泉州,過圍頭洋時遭遇颶風,漂泊至臺灣。清代臺灣文武官員均由內地選調,大海茫茫,風濤變幻莫測,官員不論上任離任,渡海前均要祭拜天妃海神,祈求媽祖保佑其海途平安。廈門草仔垵的龍泉宮即專為清代官員渡臺時祭拜媽祖進行迎送的廟宇。據史料記載,祭天妃海神時,「先要備牲醴,……每人預做紅袖香袋,上寫天妃寶號。至進香時取爐內香灰實袋,縫於帽上,以昭頂戴之誠」。季麒光在疏文中以「大海汪洋,萬里一黑,蛟龍蜃虺之所窟宅,風颶波濤,不可測度,亦無所趨避,非恃天妃之護持拯

濟,何以使士大夫之乘軒露冕者,來焉去焉;行旅商賈之腰纏捆載者,往焉復焉?則舟航之內依恃天妃者,如嬰兒之依恃慈母也」;「凡在東寧宰官長者,皆由渡海而來,必思渡海而去」等作為勸募理由,加上他超人的文學天賦,妙筆生花,文章精彩生動,有很強的感染力。

從文中可以看出,季麒光主要是以在臺為官者為勸募對象,但清初臺灣草萊初辟,規制簡單,全臺文職官員連教諭在內也不滿二十名,人數有限。所以季麒光又把勸募對象擴大到普通的「商販估漁」以及所有「往來資息於重洋巨浪之中者」。季麒光不僅為住持僧寄漚作文勸募,而且還以身作則,帶頭倡捐荒園二十七甲,以其每年所收租粟一百二十五石,交僧掌收,作為天妃宮的燈香錢。季氏在《天妃宮僧田小引》一文中記載了這件事,其文為:

支硎大師有言:「佛法壽命,唯在常住;常住不存,我法安寄」。此言供佛供僧,必恃布施因緣也。臺灣海外番島,原非如來眷屬。鄭氏以來,逋逃僭竊之餘,殺難除,貪嗔易種。家無結蔓之文,地無灌頂之侶,不知教典為何物,而僧伽為何人也。值茲中外蕩平,光天日月,將令象罼雞彝,咸歸佛土;蜃樓蛟市,共暢皇風。則欲明心地之心,須早證法王之法。天妃一宮,前祀海神聖母,後奉觀音大士,皆以慈航普度,故而供養法應平等。住僧寄漚焚修祇侍,晨昏讚頌,氤氳煙篆,曆落鐘魚,庶使殃業淵藪,發深省於朝歌,迴慈腸於夜夢。風旱以消,刀兵可禳,誠為廣大願力。但香積常空,緇衣莫續,則香火誰資?弟子麒光以招墾荒園二十七甲,永為常住執持之業。在弟子焦茅鈍根,少於首楞,曾有宿緣,愧異地浮蹤,身為窮子,財施法施,一切無有,唯從楮墨,倡導四眾,寄漚勉之。願力既堅,機緣自來,當有智覺善人,乘願護持,為大導師弘開佛境。自此東土劫波,即為西方樂國。豈慮黃頭外道、青眼邪師,與我佛爭此布金片地者哉?是用書之,以傳於後。

關於季麒光為天后宮捐置香燈園之事,臺灣方志多有記載,只是其中園的面積均為二十一甲,與季氏所記略有不同,如范咸《重修臺灣府志》載:「天后廟:一在西定坊,即寧靖王故居;康熙二十三年,靖海將軍施琅改建為廟(有碑記)。雍正四年,御賜扁曰『神昭海表』。乾隆二年,敕封『護國庇民、妙靈昭應、弘仁普

濟、福佑群生天后廟」。有香燈園二十一甲，在安定里，年得租粟一百二十五石；諸邑令季麒光置，交廟僧掌收」。

三、寧靖王「舍宅」與臺南大天后宮的沿革

季麒光在《募修天妃宮疏》中還提到臺南大天后宮的歷史沿革，其開宗明義第一句就說：「東寧天妃宮者，經始於寧靖王之舍宅，而觀成於吳總戎之鳩工也」。這裡的寧靖王，即朱術桂，為明高祖九世孫遼王之後，南明隆武帝曾賜封其「寧靖監國」。鄭成功收復臺灣後，王隨鄭軍入臺。吳總戎，即總兵吳英。英祖籍莆田，清初任興化鎮總兵。《福建通志》載施琅征臺時，吳英「統陸師為副，誓眾登舟，先取八罩，選精銳焚賊巨艦，奮勇直前，立克澎湖」[2]。鄭氏政權投降，施琅自臺班師後，吳英留下鎮守臺灣。其他的臺灣府、縣志中在提到大天后宮的歷史時則僅稱施琅等就明寧靖王故宅改建而成，而將寧靖王「舍宅」一事隱去不提。如蔣毓英的第一部《臺灣府志》記道：天妃宮，「一在府治鎮北坊赤嵌城南。康熙二十三年，臺灣底定，將軍侯施同諸鎮以神有效順功，各捐俸鼎建，廟址即寧靖王故宅也」[3]。1980年林衡道主編的《臺灣古蹟全集》以及1986年臺「行政院」文建會編《臺閩地區第一級古蹟圖集》在介紹臺南大天后宮的歷史沿革時均未提及寧靖王「舍宅」一事。

考諸史實，寧靖王以身殉國是早有準備的。康熙二十二年六月二十六日，明鄭水師在澎湖戰敗，王聞訊後即命袁氏、蔡氏等五妃先縊於堂。待其殞後，自己龍袍冠帶，佩印綬，將寧靖王麟紐印送鄭克塽，拜辭天地祖宗及里中耆士老幼後才從容自縊的。臨死前還留有絕命詩：「艱辛游海外，總為幾莖髮；於今事畢已，祖宗應容納」。季麒光在《寧靖王傳》中也提到「舍宅」一事，稱：寧靖王殉難後，「其遺宅為天妃神祠，住僧於後楹大士旁奉王為舍宅主云」。筆者最近又查閱了清初一些私人的筆記文集，吳桭臣的《閩遊偶記》也提到寧靖王「舍宅」之事，云：「媽祖廟（即天妃也），在寧南坊。有住持僧字聖知者，廣東人，自幼居臺，頗好文墨。嘗與寧靖王交最厚，王殉難時許以所居改廟，即此也。天妃廟甚多，唯此為

盛」，此條資料恰好可與季麒光的疏文相印證。所以，我認為寧靖王「舍宅改廟」一事應是可信的，季麒光《募修天妃宮疏》中相關的記載為臺南大天后宮的歷史沿革提供了一個重要的補充。

小結

自清初靖海侯施琅平臺時因獲媽祖神助而奏請朝廷褒封，一直至後來歷朝的倡建、重修媽祖廟等行為，地方官員在媽祖信仰在臺灣的傳播中扮演了一個重要的角色。本文所提《募修天妃宮疏》等三篇資料在這方面給我們提供了直接的證據，同時這些文獻也是研究臺灣媽祖信仰傳播發展史的重要史料。實際上，《蓉洲詩文稿》及《東寧政事集》中還有更多與清初臺灣有關的資料，具有很高的價值，筆者希望能盡快將其整理出版，為臺灣歷史的研究提供更多的方便。

分巡臺灣道「兼督船政」考——兼答林文龍先生

李祖基

《臺灣志略》是分巡臺灣道尹士俍於乾隆初年編纂完成的一部「非典型」臺灣府志，在塵封湮沒達二百五十載之後，被發掘出來，經過點校、整理，由九州出版社於2003年3月重新出版發行，引起了海峽兩岸學者的濃厚興趣與熱烈關注。《臺灣文獻》季刊於2003年第四期推出「尹士俍《臺灣志略》」專輯，發表了海峽兩岸學者的四篇論文，從史料價值及編纂體例等不同角度對該書進行了深入的探討和研究。

尹士俍在臺任職達十年之久，由同知而知府，由知府而巡道，在志書編纂的過程中，除了充分利用官方的文書檔案之外，還注重實地調查。蒞臺之初，就「於全臺事宜並形勢、風俗，時加諮詢」；又於公務旅行的途中，「采之父老，問之番黎，悉心焉志之」，因而「書中記載，大多具有較高之史料價值，亦不乏相當珍貴者」。如在上卷「文員定制」中記道：「巡道一員，舊係臺廈兵備道，今專巡臺灣，以資彈壓，兼督船政」。臺灣學者林文龍先生認為：「清代臺灣巡道『兼督船政』一事，前所未聞，似為『兼督學政』之誤；……此處一字之差，關係甚大」。經筆者核對乾隆刊本，原文即是「兼督船政」，並非點校本之誤。實際上，自雍正五年起，清廷已下旨將原屬臺灣道兼理的「提督學政」一職改歸巡臺漢御史兼管，一直到乾隆中後期巡臺御史被裁撤為止，所以，這期間臺灣道不可能「兼督學政」。另外，尹士俍本人於雍正十三年至乾隆三年間任分巡臺灣道，對於自己所履行的職責，斷不會無中生有或誤記，因此，《臺灣志略》關於臺灣巡道「兼督船政」之記載的正確性毋庸置疑。其他文獻從未提到臺灣巡道「兼督船政」一事，則更顯現出尹著《臺灣志略》的史料價值。不過，從林文龍的「前所未聞」一語也可以反映出此前歷史文獻中對臺灣道「兼督船政」的記載十分罕見，人們對臺灣道

「兼督船政」一事知之甚少，本文擬根據相關史料，對此一問題作一番考察與探究，同時兼就林文龍先生的質疑作一回答。

一、臺澎水師戰船的設置

臺灣巡道「兼督船政」一事緣於臺澎水師戰船的設置。

康熙二十二年鄭克塽投降之後，清廷即於第二年（1684）在臺灣設立一府三縣，並派水陸官兵駐守。其中陸師由臺灣鎮總兵統轄，下設中、左、右及北路、南路共五個營，每營兵力一千員。水師則分為臺灣水師與澎湖水師兩個部分，各由副將（又稱副總兵官）一員統轄，歸福建水師提督節制。臺灣水師協鎮駐安平，下轄中、左、右三營，每營兵力一千員，配大小戰船一十六只，三營共船四十八只。澎湖水師協鎮駐媽宮，下轄左、右二營，每營兵力一千員，配大小戰船一十六只，二營共船三十二只。兩地計共有大小戰船八十只，這是臺澎水師戰船最初的配備情形。

十年後，臺澎水師戰船的配備數量有了增加。據高拱乾《臺灣府志》記載，臺灣及澎湖水師每營的戰船配備各為一十八只，五個營戰船的總數達到九十只。

後來臺澎水師戰船的數量繼續擴增，其中臺灣北部淡水營新設水師戰船六只，臺灣水師中營、右營又各增加戰船一只，臺澎水師戰船的總數達到九十八只。乾隆十二年，裁淡水營戰船四只。二十五年，裁澎湖水師左營戰船一只、右營戰船二只。臺灣水師中營、右營又各減戰船一只。臺澎水師戰船總數為八十九只。三十三年，奉旨查明閩、廣、浙江海口戰船，並酌量進行裁改。臺灣協標中、左、右三營裁汰戰船八只，統計臺澎水師實共戰船八十一只，各營具體配備如下：

臺灣協標中營：趕繒船十只、雙篷艍船三只，編為「平」字號；

臺灣協標左營：趕繒船八只、雙篷艍船三只，編為「定」字號；

臺灣協標右營：趕繒船十只、雙篷艍船四只，編為「澄」字號；

澎湖協標左營：趕繒船十只、雙篷艍船七只，編為「綏」字號；

澎湖協標右營：趕繒船十只、雙篷艍船六只，編為「寧」字號。

淡水營：趕繒船二只，編為「波」字號；

另臺灣協標中、左、右營並有杉板頭哨船八只。

嘉慶以前，趕繒船和雙篷艍船一直是福建省外海戰船的主力，前者以面闊底深身長，利涉外洋；後者面狹底淺身短，利駛內洋。兩者相互配合，內外接應，緩急相濟，遠近咸宜，各適其用。

乾隆後期，蔡牽等私人武裝集團（文獻中稱為「洋盜」）開始在東南海上活動，聲勢很大，清軍水師圍追堵截，疲於應付。六十年，署理閩浙總督長麟以趕繒、雙篷艍等船笨重，出洋緝捕，駕駛不甚得力，奏請擇其已屆拆造、大修及將屆拆造、大修者，仿照同安梭商船式，分別大小一、二、三號，通省改造八十只。嘉慶四年以後，復令將未改造各船，陸續改造成同安梭式。此後，同安梭遂取代了趕繒和艍船成為閩海水師的主力戰船。

嘉慶九年，蔡牽海上武裝集團數度從海上進攻臺灣。為了加強防衛力量，閩浙總督玉德於十年奏請添募水兵，增強臺灣水師兵力，並由內地福州省廠添造「善」字號大同安梭船三十只，「與臺灣營兵船聯幫戰守，分派臺協中、左、右三營承管」。十三年，福州將軍賽沖阿奏准將臺協水師三營應行造補梭船十七只裁汰，另擬改造樑頭二丈三四尺大船八只，以為追捕「洋匪」之用。次年秋，蔡牽集團被清軍殲滅，海上形勢漸趨平靜。十五年，閩浙總督方維甸、福建巡撫張師誠會奏大船八只，毋庸建造，並請將歷次攻盜擊壞及在洋遭風失水之「善」字號船二十一只裁汰。另議添造守港平底船、八槳快船各十六只，分撥臺灣、鹿港、淡水三口配用。船式由福建水師提督王得祿親自擬定，於十九年間興工建造，至二十一年完竣。平底船十六只，編為「知」字號；八槳快船十六只編為「方」字號。以上三十二船，

派歸臺協中、左、右及淡水四營，每營分管「知」字號四只，「方」字號四只，統計臺、澎、淡各營哨船總數達到一百零五只。

道光六年，臺灣道孔昭虔以臺地港門淤淺，「知」、「方」兩字號三十二船及前次裁剩之「善」字號九船，配用不甚得力，詳請閩浙總督孫爾準奏准裁汰，臺澎各營實剩戰船六十四只。同時，為了彌補缺額，又另議改造一、二號白底艍船三十二只，分撥臺、鹿、淡三口，仍歸各營配用。據道光年間陳壽祺所纂《福建通志》所載，臺澎水師戰船總數為九十六只，其中臺灣協標中營十九只，左營十四只，右營十六只；澎湖協左營十七只，右營十六只，艋舺營十四只。

道光以降，隨著西方列強的東來，中國的海防形勢出現了嚴重的危機。兩次鴉片戰爭期間，清朝水師舊式的木質風帆戰船在與英、法海軍艦船的對抗之中，不堪一擊，劣勢盡顯。在列強的堅船利炮面前，魏源等有識之士提出了「師夷之長技以制夷」的主張。同治年間，江南製造局、福州船政局等近代軍工企業相繼開辦，舊式的戰船逐漸為新式的蒸汽艦船所取代而退出歷史舞臺。

二、臺澎水師戰船的修造

清代前期水師戰船均為木質帆船，為了保持駕駛之安全，必須按期小修、大修或拆造。康熙十三年，定限各省戰船，三年小修，五年大修。二十九年題準：自新造之年為始，屆三年準其小修，小修後三年大修。再屆三年，如船隻尚堪修理，仍令再次大修；如不堪修理，由督、撫等題明拆造。此外，戰船海上遇風漂沒，或沖礁擊碎之事故也時有發生，亦需及時補造。至於修造限期，原定小修限三個月完工，大修、拆造限四個月完工。雍正六年，九卿議定，小修展限四個月，大修、拆造展限六個月完工。

臺澎水師戰船，初俱分派通省內地廳員修造。康熙三十四年，改歸內地州縣，令其通省按糧議派，臺屬三縣亦在勻派之內，分修數船。三十九年，復又議閩省船

隻勻派通省道、府承修，乃將臺澎九十八船內派臺灣道、府各十八只，餘俱派入內地。四十七年，閩浙總督梁鼎飭令將臺澎戰艦九十八只內，派定七十七只由臺灣府與福州府對半分修，餘船二十一只令臺廈道承修。然而，臺灣僻在海外，修船所需桅木、大吉、杉木等料並釘、鐵、油、麻、絲、網紗、篾片、篷葉等均須遠購於福州，重洋迂迴，運費不貲。雖然樟枋、厚力木為臺灣所產，但在鳳山、諸羅內山，鳥道羊腸，澗溪阻隔，雇匠砍鋸，僱夫肩運，動輒經月，雨天泥淖尤難計日。況其地逼近「野番」，最易啟釁。其次，臺郡工匠稀少，遇三、兩船猶可足用，如船隻數多，勢必遠募內地。如漳、泉各府有同時屆修之船，則雖有重價，恆苦應募無人。其三，每遇修船，將備兵目恣意苛求，或將完固勒令修改，或稍有損裂故行殘毀，或將板木藏匿，致累多費工料。興工時，又於配定丈尺，將大　小，將長截短；又於修整合式之工搜剔拆換，逼使加添；又或押船赴修之兵，乘夜伺隙偷竊料物。則是臺地修造戰船既苦辦料、募匠之難外，又苦弁兵之擾累。部定戰船修造經費，小修自三十兩至一百五、六十兩，大修自四十兩至二百三十餘兩，拆造自五十兩至三百六十兩不等，不足銀兩，由地方協貼。「臺地船工領價貼運，必賠貼兩倍而後得竣」。修造戰船成為臺灣地方的一項沉重負擔，每逢船隻屆期修造，相關官員便叫苦不迭。

　　康熙四十八年，臺灣知府周元文情願於部價津貼之外，以每只船另捐貼銀七十兩，通共貼銀八百四十兩的代價，將臺廈道衙門承修之船十二只，「以同寅之誼，暫煩福州府代為修葺」。四十九年，又有屆期應修造戰船四十五只，周氏又提出情願將拆造船每只幫貼銀八十兩，大修船每只幫貼銀六十兩，小修船每只幫貼銀四十兩，共銀一千三百六十兩，將其中應由自己承修的二十三船，「或歸併福府、或令福府廳員、或閩、侯二縣代為修理」。同時還提出：嗣後臺灣道、府應修之船，每歲無論有無承修，幫貼在省代修之員一千兩。內臺廈道出銀三百兩、臺灣府出銀三百兩；臺灣縣地方窄小，出銀一百兩；鳳山、諸羅二縣各出銀一百五十兩，每歲夏季解赴藩憲衙門轉發代修之員承領。

　　康熙六十年，臺灣知府高鐸上任後，又詳請閩浙總督，「請查照往例，將船身朽爛者內廠補造，尚堪駕駛而應修者駕赴內港興修，其尚可修整而不堪駕駛者留在臺灣交營興修；文員仍遵例監視，將府莊遞年所收官租為津貼修船之資」。對此方

案，首任巡臺御史黃叔璥認為「不唯節費，且易於集事，重工務而保殘疆，實於臺地有益」，予以充分肯定。

　　康熙以後，戰船承修制度又有變更。為了鳩工辦料較為省便起見，雍正三年，兩江總督查弼納題準設立總廠於通達江湖、百貨聚集之所，歲派道員監督，再派副將或參將一員一同監視。部價不敷銀兩，向來州、縣協貼者，仍應如舊。同年，閩浙總督覺羅滿保疏稱：「福、浙二省設廠之處，福省自南澳起北至烽火鎮下門，延袤二千餘里，地方遼闊，已蒙聖鑒，不便設立一廠；今福州府、漳州府二處地方俱通海口，百貨雲集，應於此二處各設一廠，將海壇鎮標二營等營戰船歸於福州廠，委糧驛、興泉二道輪年監督修造；將水師提標等營戰船歸於漳州廠，委汀漳道監督修造。其兩廠監督之副、參將，每年酌量挑選派委報部。所有臺灣水師等營戰船，遠隔重洋，應於臺灣府設廠，文員委臺廈道，武員委臺協副將會同監督修造」。臺澎戰船九十八隻，就臺灣設廠，令臺灣道監修，遂為定例。可以說臺灣道「兼督船政」正是從此時開始的。

　　由於福州船匠不多，經常調派泉州府屬船匠幫修，道遠不便。雍正七年，福建總督高其倬題改「分金門、海壇二鎮戰船五十三隻，另在泉州設廠，專委興泉道承修」。乾隆元年，閩浙總督郝玉麟以泉廠興泉永道承修五十三隻，漳廠汀漳道承修九十九隻，二廠多寡不均。且興泉永道久經改駐廈門，亦為百貨聚集之區，原有舊廠可以修整，奏請應將水師提標中、右二營戰船二十六隻改歸泉廠。同年舊廠修復後，泉州軍工戰船廠遂移設廈門。

　　臺灣的軍工戰船廠，設在郡治之小北門外。乾隆十七年王必昌編纂的《重修臺灣縣志》「城池圖」在府城外水門的北側，標有臺灣軍工戰船廠的位置。舊時僅建小屋二進，規模卑陋；不但儲物無地，而且驗船時文武官僚竟無托足之所。乾隆四十二年，護理臺灣道蔣元樞「捐資建造頭門一進、大堂一進；堂之左右環建廂房十四間，以為釘、鐵、油、麻諸庫。堂後建屋一進，計七楹，為司稽察廠務者住宿之所。廠在城外，向無關閉；茲繞廠另建木柵並設廠門一座，撥役以司啟閉」。經過此一番修葺與擴建，原來簡陋的廠房成為「規模宏敞、鎖鑰嚴密」的軍工重地。

三、臺灣道「兼督船政」的幾個實例

　　凡補造或修造任何戰船，按例先由督、撫查明該船長闊丈尺，一面估報應需工料銀數，一面支給船廠購料，限期興工。報竣之後，再由督、撫專案題報，經工部核銷。雍正十年議準：凡屆修造之年，各該營於五月前將小修、大修之船分析呈報該上司照例題咨，由承修官照額定小修、大修及拆造價值，備具冊結支領。江南、江西、福建、浙江、湖南、廣東等省於屆修兩月之前領銀備料；臺灣、瓊州路途較遠，於四月前領銀備料。各該營均於屆修前一月底將船駕赴廠所，承修官即於次月興工，依限報竣。

　　根據上述有關規定，臺灣道「兼督船政」的主要職責與任務，是承領銀兩，購備材料，召募工匠，監督修造過程以及竣工後的驗收等等。雍正十年起任臺灣道的張嗣昌在其撰寫的《巡臺錄》中記載了自己「兼督船政」的幾個事例，筆者又從清宮檔案中找到了其繼任者尹士俍承修戰船的兩個文件，透過這些具體的事例與文獻，我們可以對雍乾之際臺灣道「兼督船政」的整體工作有一個較為全面的認識。

（一）「入山採料」事

　　「入山採料」是張嗣昌寫給省憲上司的一篇報告。張氏在報告中提到「厚力一樹多產鳳山，其性辛，其肉堅。故自設廠以來，凡修造戰艦悉用是木為水底」。但其產地接近「生番」，深山溪澗，挽運維艱，工力繁費。省憲上司對此問題也相當關切，建議「將應用船工木植，令督理船之官，逐一開明長短、尺寸、圍圓，派一巡檢或典史同本汛千總，先與通事，令其入山與番人講明何等木料若干，給何等賞項若干，運交一宗木料，即同所派文武三面交給一宗賞項，令番人親自領回，可沾實惠」。張嗣昌雖稱此「洵為有益軍工，保全民命之良策」，但又認為「船工木料內外俱要堅實，長短務求合式。生番實在不諳斧斤，又未能相木取材，且其性亦不願得此勞苦之利，若徒委之於彼，恐致轉有貽誤」。故提出「莫若於產木之社，擇

番性頗良者,即委誠實通事為匠首,令其招募誠實小匠數名,照例開報花名冊,發縣會營給與腰牌,仍於小匠中擇一善能相木者,與通事為幫理,復買備番物,照憲諭委巡檢一員,千、把一員,協同該通事、小匠入山看木,與番議明量值,給番賞項。在通事熟知番性自然得番之心;在生番無砍運之勞又有實得物件莫不欣從。如遇廠料緊迫之時,即可飭該員弁催該通事督匠辦應,當不至遲誤生端」。張嗣昌在報告中還提到了紅柴及樟木等其他木料採伐的情況,稱:「紅柴桅舵等木出在謝不一與大龜文等社,查此兩處雖屬內山,但歸化日久,與熟番無異,自辦料以來,並無生事。其含檀、鹿耳樟木等料多出於諸邑內山,桅舵亦有時採之彰化外山,取辦以來,亦無生事。照舊著誠實匠首,同該社土官、通事備物與番貿易,亦委員弁監查,更為妥協。」

(二)「具稟飭換」事

張嗣昌在「具稟飭換」中提到「綏」字四號戰船(屬澎湖水師左營)前屆在福廠拆造時新換桅木有砍傷三處,然係在山當日本有之痕,傷在木皮,而無深入。桅頭之孔夾在鹿耳之內,俱無害於事。三年後在臺廠小修時,張嗣昌「同臺協將原桅細行查看,果係良木,唯桅尾鑲幫之內木皮注水處稍有微朽。即令船匠削去朽皮,仍然堅固,實屬堪用。然所用原幫乃係橡木,恐不耐久」。張嗣昌於是「不惜重費,將購到桅材三七開作兩片,將七分督匠制幫,欲配該船之用,時把總陳捷與管隊龔春均稱『堪用』」。詎料在修工將竣之時,該把總、管隊「以舊傷為嫌,膠執勒換」,其時「廠中又無額外之桅可換,以致擱延莫能豎交」。

另「寧」字九號戰船大修時,據看修把總陳捷同管隊江清稱:「原桅堅實,自願配用」。張嗣昌「照依制配完固,孰意臨豎之頃,又捏稟不堪,必勒換新。致澎協詳鎮移咨到道」;張嗣昌「再令該弁目細驗,又曰:『堪用』,始將原桅配豎。似此一桅,忽而堪用,忽而不堪,又忽而堪用,反覆三次,方得豎起」。

（三）「酌改艍船」事

張嗣昌在「酌改艍船」的請示中提到有澎湖協水師雙篷艍船一十三只，要求「請照提督奏請龍骨每丈配合檀三尺六寸之法更改」，以此計算，則「艍船之闊、深皆與大趕繒船同，而長各皆減丈餘」。張嗣昌認為：「艍船之設原為港道紆淺，趕繒船遇潮退不能出入，故製艍船以為退潮涉淺之用。今若加闊加深，似非艍船，又非趕繒船，恐內港不能涉淺，外洋不能破浪，將欲何用？」但張嗣昌又無法貿然拒絕澎湖協水師營的要求，只好「將十三船更改與趕繒船同闊減長之處，逐船註明造冊，同確估十三船更改加闊加深工料冊一併妥議，詳請憲裁，……批示遵行」。

以上二事均與戰船修造過程中交備弁兵的恣意苛求和刁難有關。

（四）造補臺協右營「澄」字六號趕繒船事

臺灣水師右營「澄」字六號趕繒船一只，派撥赴廈，渡載福州城守班兵九十一名，於乾隆元年十一月二十八日放洋，至三十晚駛至外洋，將到西嶼頭洋面，突遭颶風，沖礁擊碎。此次海難共造成班兵三十六名、臺協水兵三名，共三十九名溺斃（其中一名係重傷後死亡）。其餘班兵五十五名，並水兵二十二名，扶板得生。所有各兵配執器械及防船軍械，俱各沉失。事後除了按例給予溺斃、受傷及生還的士兵相應的撫卹、賞給外，還應動支錢糧對臺灣水師右營「澄」字六號趕繒船補造。該趕繒船，長七丈二尺，闊一丈八尺，援照經製船隻不敷等事案內，康熙三十四年間造補水師提標前營「年」字二號趕繒船長七丈、闊一丈八尺，準銷工料銀五百九十二兩五錢六分二釐之例，就於庫儲乾隆二年分地丁銀內照數支給臺灣道、協承領，移令作速購料成造補額，依限趕竣，交營領駕，取具興竣日期，造冊詳送題銷。續後據臺灣道尹士俍報告稱：「會同臺灣協副將高得志造補臺協右營『澄』字六號趕繒船一只，遵即公同召匠購料，於乾隆三年正月二十二日興工，星夜趕造，至乾隆三年七月初九日完竣，交營領駕巡防」。從尹氏的報告中，我們知道臺灣船

廠新造一只趕繒船的大約需要將近半年的時間；而且，從其「星夜趕造」一語中，我們也感覺到修造戰船確實不是一件輕鬆易舉之事。

（五）福建巡撫王恕參奏尹士俍承修戰船延誤事

尹士俍在臺灣道任內承修臺廠乾隆二、三年兩年屆修戰舡共九十一只，除陸續依限完竣曁桅交營外，唯估報三十四只案內臺協中營大修平字六號、又估報三十六只案大修臺協中營平字二號、定字二號、淡水營定字七號、定字八號、右營澄字二號、拆造澎湖協右營寧字五號、寧字九號、又估報一十一只案內臺協左營大修定字一號、又估報二十五只案內澎湖左營小修綏字三號、拆造綏字五號、右營大修寧字四號、又奏請酌改案內澎湖協右營改造寧字十五號共一十三舡雖已修竣，因無桅木，尚未配舡交營領駕。士俍即先報完工，領咨赴部引見，補授湖北安襄鄖道抵任，僅留家人在廠辦理。嗣後因民人周佳失延燒，料廠所儲楨桅等物悉為灰燼，士俍先遣家丁攜銀赴臺料理。至乾隆六年四月內士俍丁憂離任，亦親自來閩購桅辦料，俱於未奉飭審之前陸續修竣豎桅，照例會驗，將平字六號、寧字四號、九號、十五號四舡於乾隆六年十月初三日交營。澄字二號、寧字五號二舡於六年十二月初十日交營。定字一號、七號二船於乾隆七年三月初七日交營。平字二號、定字二號、八號三舡於七年四月初八日交營。綏字三號、五號二於七年六月十二日交營。

儘管如此，尹士俍承修戰船延期已是事實。乾隆七年二月初九日，福建巡撫臣王恕對此予以參奏，稱：「前任臺灣道調任湖北省襄鄖道尹士俍於乾隆二三等年承修戰船內有十三只並未修竣，互相捏報題銷，即赴新任。至乾隆六年，尹士俍丁憂離任復來閩辦理。迄今尚有『平』字二號、『定』字一號、二號、七號、八號、『綏』字三號、五號七船未竣。自捏報竣工之後，計今復延擱二三載，又屆修期，玩誤軍工莫此為甚」；「相應據實參奏請旨，將承修之前任臺灣道、今丁憂湖北省襄鄖道尹士俍革職，以便嚴審有無侵蝕情弊。臣等一面動撥銀兩，委員趕修交營，所用銀兩，仍著落尹士俍名下追出歸款。其協修澎湖協副將高得志、臺灣協水師副將王清並請交部嚴加議處。前任署福建布政使喬學尹、前督臣郝玉麟、德沛、撫臣

王士任等既捏報於前,又不查參於後,殊有不合」。乾隆七年三月初五日,奉硃批:「該部嚴察議奏。欽此」。

查《欽定大清會典事例》規定:凡修造戰船不能堅固,未至應修年限損壞者,著落承修官賠修六分,督修官賠修四分;仍將承修官革職,督修官降二級調用。如承修官將未經修完之船捏以完工轉報,承修官革職,督修官降二級調用,督、撫降一級調用。如承修官申報未完,督修官作完申報者,督修官革職,承修官照限議處;如承修、督修官申報未完,督、撫捏報完工者,督、撫革職,承修、督修官照限議處。尹士俍承修戰船捏報題銷一案又經過乾隆皇帝親自批示,有關方面自然不敢掉以輕心,最後查處的結果是除臺灣協水師副將王清已經病故毋庸議外,協修之澎湖水師協副將高得志照例降二級調用,因高得志任內有恩詔加一級軍功紀錄二次,應銷去加一級軍功紀錄二次抵降二級,免其降調;丁憂布政司喬學尹照例於補官日,降二級用;巡撫王士任、總督郝玉麟、德沛均照例降一級調用。因郝玉麟已補刑部右侍郎,又經休致,應降去頂帶一級。德沛已調兩江總督,應於現任內降一級調用。王士任已經革職,應照例降一級注冊。因郝玉麟有加七級,應銷去加一級,抵降一級,免其降去頂戴。德沛有紀錄四次,抵降一級,免其降調。至王士任身為巡撫,於未經修竣戰船捏報題銷之後,不能早為參奏,亦屬不合,應將福建巡撫王士任比照州縣官干沒侵欺,督撫預先不行查出,罰俸一年例,罰俸一年。王已奉旨解任來京,應於補官日,罰俸一年。有紀錄八次,應銷去紀錄二次免其罰俸。

至於本案的主要當事人尹士俍則被當做侵吞公款的嫌犯,接受臺灣縣、府以及福建省布政司會同按察司的層層審查,最後由閩浙總督那蘇圖親加研訊,雖查「無侵蝕情弊」,但因承修戰舡,捏報完工,還是受到革職的嚴厲處分。

結語

分巡臺灣道「兼督船政」一事最早由尹士俍的《臺灣志略》所記錄,所謂「船政」,主要是承擔臺澎水師戰船修造的任務。以後修纂的臺灣方志,如劉良璧的

《重修福建臺灣府志》及范咸的《重修臺灣府志》等均沿用尹士俍的記載，在「職官」「分巡臺灣道」條下註上「兼督船政」字樣。乾隆中葉以後，分巡臺灣道修造戰船的資料漸漸多了起來，單臺灣文獻叢刊第179種《臺案匯錄戊集》所載的相關檔案就有六七十件，且船政制度也迭有變更。如修造經費大幅提高，臺廠修造工料銀在部價、津貼之外，再加津貼銀，還再加上二成的運費等等。後來，為了節省費用，船隻修造的年限週期也更有彈性。因篇幅所限，此類問題於茲不贅，容後另文論述。

論二劉之爭對中法臺灣之戰的影響

陳忠純

　　中法臺灣之戰期間，負責臺灣防務的督辦臺灣軍務劉銘傳與臺灣道劉璈及其所依靠的湘系間，因個人意氣與權力鬥爭產生激烈矛盾衝突，此事向來為海內外學界所關注。但以往研究習慣追究矛盾雙方誰是誰非，而於二劉之爭與臺灣保衛戰間的關係，著墨反倒不多。事實上，二劉間的恩怨，加上清廷人事安排的失當，導致了臺灣出現「將帥參商」、「事權不一」，很大程度上阻礙了清軍的備戰與戰略選擇。釐清清軍內部的矛盾爭鬥與戰爭間的關係，才能更加準確地理解和評價清軍在臺灣保衛戰中的表現。

一、劉銘傳入臺的人事安排及其結果

　　1884年，中法在越南激戰正酣。為了迫使清政府放棄對越南的宗主權，並謀取更大的權益，法國政府認為必須把戰火燃到中國本土，直接占領中國的某地，以此作為向中國要挾的「有效擔保品」，這就是所謂的「據地為質」政策。而法國對臺灣垂涎已久，1883年底，法國輿論界就鼓動法國政府派兵占領海南、臺灣、舟山三島，作為「將來賠補軍需之用」。經過一番調查與研究後，法國政府正式把基隆列為「抵押品」的首選地點，這就是基隆之戰的由來。

　　法國的動向引起清政府的警惕，1883年12月17日即下諭，「法人侵占越南，外患日亟」，「閩省臺澎等處，在在堪虞」，著閩省督撫「同心籌劃，籌備不虞」。884年6月，中法因誤會導致在越南北黎發生衝突（即觀音橋事件）後，法國開始公

開訛詐。法國議和代表福祿諾中校聲言「和局不成，將取臺灣、福州」，臺防的壓力陡增。而此時負責臺防的臺灣兵備道劉璈因倚仗左宗棠的支持，排擠臺灣鎮總兵吳光亮，引起在京言官的不滿。1884年5月13日，翰林院編修朱一新上奏稱：「臺灣地大物博，得之可以控制南陲，故東西洋人莫不垂涎其地。臺灣道劉璈前守浙之臺州，尚稱果敢。近聞鎮道意見不合，閩督駕馭失宜。古未有上下不和而可共兵事者，應請飭查更調，以免貽誤。」都察院左副都御史張佩綸也曾上書恭親王：「臺灣鎮道不和，防務一切閣置。一旦海波偶揚，恐臺、澎、廈、澳尤不足恃」，他建議早日另派員鎮守臺灣，「別簡賢臣以為更代，或起用宿將以建軍屯，均宜從速施行，俾得從容展布。」由此，清廷對劉璈的態度也由評價甚高轉為信任不足，決定另派將領負責臺灣防務。1884年6月26日，清廷正式任命劉銘傳以巡撫銜督辦臺灣事務，負責臺灣防務，「所有臺灣鎮道以下各官均歸節制」。劉銘傳受命後急赴臺灣，於7月16日抵達基隆。

劉銘傳乃淮系幹將，久經戎陣，戰功卓著，清廷對其寄予厚望。由於情況緊急，劉銘傳來不及調遣分散於各地的銘軍，可謂隻身赴臺，能否處理好與在臺的湘軍關係，至關重要。劉銘傳與不少湘系將領關係並不好，尤其與駐紮臺北的孫開華多少還有歷史恩怨。對此，清廷也存有顧慮，在其蒞臺初始總理衙門即有言：「若所部銘軍合之臺灣原紮各營，均無主客門戶之見，諒可得力。」老上司李鴻章也擔心劉銘傳「孤身無助，不克妥籌防務，且恐難控臺軍。」為改善劉銘傳孤身赴臺的窘迫處境，李鴻章儘量抽調教習陸操、炮隊、水雷的軍官一百三十四人，並派銘軍舊將王貴揚等十餘人同赴臺灣。另外，配給火炮、水雷等槍支彈藥，「可勉為目前基隆一處防守之用。」除此之外，清廷在人事安排方面也動了腦筋。新任福建海疆事宜並署船政大臣的張佩綸，已著手調換臺灣的布防。在劉未到任前，先行彈劾臺灣鎮總兵楊在元。他還計劃把孫開華調至泉州，然後再由劉銘傳決定是否撤換劉璈。

可能因受朝議影響，在赴臺前，劉銘傳對劉璈及其所負責的臺防印象已不佳，他上奏朝廷，稱臺防駐軍「器械不精，操練不力」，因此「將來必須選用將領，切實整頓，方能得力」，但卻又擔心「卻非一時所能猝辦」。這一奏摺其實就有要撤換劉璈的意思，後來被李鴻章認為是二劉不和的起因。總之，若按清廷及劉銘傳等

人赴臺初始的安排，要避免臺灣島上的湘淮派系之爭，營造一個相對集中的領導權，是有可能的。然而，局勢的發展超出他們的預料。由於法軍威脅馬尾，張佩綸無暇處理臺灣的事務。劉銘傳到臺後，也即刻致力於布置防務，不得已把人事調整放在一邊。人事安排的缺陷，給後來二劉間的衝突埋下隱患。

二、「撤基援滬」與二劉矛盾的激化

　　人事安排的失當，使劉銘傳入臺後，與劉璈形成並立的局面。劉銘傳雖掛巡撫銜督辦臺灣軍務，究非實授巡撫。劉璈經營臺灣多年，長期集軍政經大權於一身，並不甘心屈從於武將出身的劉銘傳。就個人背景和性格而言，二劉各為湘淮得意幹將，頗為自負，素尚意氣，且對湘淮又互有成見，不利於二人同心協力，共同抗敵。

　　果不其然，由於戰略布局上的分歧，二劉接觸初始便讓劉璈不快。劉銘傳接手臺灣防務後，認為「全臺防務，臺南以澎湖為鎖鑰，臺北以基隆咽喉」。劉璈的原有布局反以臺南為重，全臺防軍四十營，僅有九營駐紮臺北，致使「南北緩急懸殊，輕重尤須妥置」。因此，劉銘傳著力對不合理的海防布局進行調整，加強基隆、淡水的防禦。他下令在基隆外海口門扼要的岸鱗墩、社寮島兩山對峙之處，築炮臺、建護營，使基隆炮壘火力增強兩倍。並從臺南調來舊部章高元武毅淮勇兩營，增加防守兵力。這一系列調整糾正了原有布局的重大缺漏，使清軍在法軍發動對基隆的進攻時，免遭措手不及的打擊。事實上，劉銘傳幾乎全盤推翻了劉璈精心構劃的部署，招致了後者的不滿。楊昌浚後來曾為劉璈叫冤：「劉璈數月來，布置並不錯，眾論僉同，而劉帥惡之。強敵在前，若竟易生手，恐臺南亦將不保。」

　　劉銘傳面臨的另一難題是如何處理好與孫開華等湘系將領的關係。劉銘傳入臺後，曾主動向孫開華等湘系將領示好，並在給清廷的奏摺中稱其「精明強幹」，「穩慎過人」，劉銘傳與之「連日接談，簡器練兵之法，類皆鼓舞歡欣」。在歷次戰鬥中，劉銘傳也往往先為湘軍將士請功，努力表明他試圖一視同仁，消除湘淮畛

域。但是，就總體而言，劉與孫開華等人之間仍是不和的。表面上的示好，沒能掩蓋劉銘傳內心對湘軍的輕視。劉銘傳一直希望能調派淮系親軍援臺，除了便於指揮調度外，還與他懷疑在臺湘軍的戰鬥力有關。如前所述，劉銘傳赴臺前便認定劉璈治下的駐軍「器械不精，操練不力」，抵臺之後，看到孫開華等人平日不注意講求器械操練，雖連日與之傳授「簡器練兵之法」，但時間倉促，一時難以提高，這使得他對臺防的現狀更為悲觀。這種內心不信任自然無法贏得孫開華等人的支持，雙方的關係始終都存在隔閡，孫開華後來回憶說：「比以軍務孔亟，滬防各營餉糈、槍械皆取給於伊，未便與之齟齬，致有掣肘，轉誤大局。」這些潛在的矛盾，隨著戰局的發展，逐漸顯露出來。

　　導致矛盾激化的事件是發生在第二次基隆之戰中的「撤基援滬」。第一次基隆之戰後，劉銘傳一直擔心法軍會在短期內再次進攻，一面向清廷請求速派援軍，一面改變了基隆的防禦布局。他被法軍的海上優勢所震懾，下令放棄近海工事，僅讓曹志忠、章高元派少量士兵在臨海的港口前山據守，主力則移扎後山以保存實力。甚至主動拆卸八門煤礦機器，焚燬煤礦，以免法軍奪煤。由於法軍封鎖基隆，直至第二次基隆之戰前，大陸的援軍僅劉朝祜所率銘軍舊營首批二百餘人於9月20日在淡水登陸，另一批三百餘人於28日在新竹登陸，未能及時趕赴臺北。為緩解兵力不足的困境，劉銘傳一面請調臺南守軍赴臺北協防，一面令士紳林維源招募團練。但從臺南調兵並不順利，「調臺南兩營，廿餘日始到一營」。劉銘傳認為負責臺南防務的劉璈故意拖延，遂上書請調淮系將領周盛波赴臺南統辦防務，以奪劉璈兵權，此事終未辦成，卻讓二劉的關係更為緊張。招募土勇也因林維源已避走，趕辦不及，僅招募數百人守城。由於請援沒有得到滿足，劉銘傳對臺防信心不足，這對其在第二次基隆戰役中的指揮有直接的影響。

　　1884年10月1日，法軍統帥孤拔親自率軍進犯基隆，經過一日激戰，法軍搶占了岸邊的仙洞及附近高地，清軍退入第二道防線。此時，清軍的防禦重心已轉移到陸上，岸防陣地雖失守但尚無礙大局，決定性的戰鬥是陸路的攻防戰。然而，滬尾即將遭到法軍攻擊的消息傳來，使得劉銘傳匆忙間臨時改變了計劃。是日夜，劉銘傳正召集部將準備第二日的作戰，突接到駐守滬尾的李彤恩兩度飛書，稱法軍明日攻滬尾，而「滬尾兵單，孫軍門之勇萬不可靠」，若不派兵救援，滬尾必失。劉銘

傳起初不為所動，覆函孫開華、李彤恩稱：「基隆兵尚不敷，不能派隊馳救，現已飛調甫到新竹之武毅右軍左營赴滬助戰。基隆今日甫獲勝仗，諸將不肯拔隊，萬難分兵，請堅忍一兩日之守，以顧威名，而全大局。」但到半夜，李彤恩又一次「八百里排單」飛書告急，此時劉銘傳「方寸已亂」，不顧諸將反對，傳令連夜拔隊撤回臺北府，僅留曹志忠部三百人在獅球嶺與法軍對峙。

　　清軍撤退後，法軍輕易占領基隆，法國政府「據地為質」的計劃得以實現。由於法軍占據了基隆險要的山地陣地，給清軍的進攻造成很大困難，始終無法收復基隆。如何看待劉銘傳的「撤基援滬」，成為當時乃至以後評價整個臺灣抗法鬥爭的重要問題。劉銘傳在事後解釋道：「滬尾為基隆後路，離府城只三十里，僅恃一線之口，借商船稍通聲問，軍裝、糧餉盡在府城，該口除沉船外，臺脆兵少，萬不足恃，倘根本一失，則前軍不戰立潰，必至全局瓦解，不可收拾，不得已只有先其所急，移師顧守後路。」兵力不足，難以同時應付基隆和滬尾兩地的法軍，而迫不得已「撤基援滬」，全力守護戰略地位更為重大的滬尾，以保證全局。劉銘傳的策略並無不妥，甚至稱得上高明，但問題是劉銘傳對當時的情況判斷有誤，誇大了滬尾面臨的危機。實際上，滬尾並非法軍的主攻方向，單靠滬尾守軍就可逼退法軍的侵襲。劉銘傳撤軍臺北後，也僅派幾百人援助滬尾。因此，在滬尾險情並不十分危急的情況下，劉銘傳輕率捨棄基隆顯然是嚴重的錯誤。事後，為了證明「撤基援滬」的正當，劉銘傳沒有如實向清廷奏報，故意把滬尾開戰的時間提前一日，即10月1日，與基隆之戰同日，虛構「三次飛書告急即係孫開華、李彤恩、劉朝祜三人三次之書，非李彤恩一人之書」，並聲稱從基隆撤軍是事先與部將商議好的。這些做法說明劉銘傳自己也意識到從基隆撤軍的決定難以服眾。戰後，劉銘傳為「撤基援滬」提出一個更為「恰當」的解釋：「當法船之兵迸集也，基隆炮臺既為敵毀，臣深見敵人船堅炮利，巨炮環布鐵船，非避船炮，縱得基隆，終難據守。不得不退居滬尾，添築炮臺，另築土牆，深挖濠窟，隔山堅守，以老敵師。隔山則巨炮不克移攻，登岸則堅船已歸無用。非若死守基隆，彼長我短，勝算無可自操也。」有學者據此認為劉銘傳早有「揚長避短」，進行持久戰的意圖。但這恐怕是種「後見之明」，戰爭的進程並非先前所能如此精準的預料，劉銘傳在戰時備受責備時也並沒有做過類似的解釋。

劉銘傳對局勢判斷為何會出現失誤？首先，是法軍叫囂要攻占全臺，給劉銘傳造成巨大壓力。法國政府內部對進攻計劃雖然有分歧，但對外則一再表示要占據臺灣。加之第一次基隆戰役法軍展示的強大戰鬥力，使得劉銘傳不得不考慮整個臺北的防禦形勢。其次，除了高估法軍的實力外，還與劉銘傳不信任駐守滬尾的湘軍、土勇有關。如上文所說，劉銘傳對劉璈的不滿間接影響了他對臺防與駐臺湘軍的戰鬥力評價。而劉銘傳與孫開華又礙於個人歷史恩怨難以默契地合作。劉銘傳到臺後，特別提拔了無湘淮背景的李彤恩與孫開華合作負責淡水防務。以往有學者認為，劉銘傳是基於緩和淮湘矛盾才重用李彤恩，但李彤恩跟孫開華關係不佳，並不能很好地充當劉孫之間的溝通橋樑。劉銘傳在「撤基援滬」中，寧願輕信不諳戎機的李彤恩的請援，導致對實際情況的判斷出現致命失誤。並且，李彤恩顯然是私自飛書求援，並沒有和孫開華商量。劉銘傳給李彤恩二次飛書回信同時也是給孫開華的，但孫開華卻表示不知情。劉銘傳所做出的「撤基援滬」決定，李彤恩似乎早已預知，孫開華等部將則毫無準備，這一切都說明劉銘傳與湘系將領缺乏必要溝通。溝通不足也導致劉銘傳對孫開華及其湘勇的能力認識不夠，認定孫開華部難以抵擋法軍的進攻。基隆首戰，孫開華部將楊龍標未戰即逃，更加深劉銘傳對孫軍的輕視。劉銘傳對臺軍的不滿，影響了李鴻章等人。李鴻章在為劉銘傳求援時，稱「該提督親軍太單，臺營多不得力」。劉銘傳雖有豐富的實戰經驗，但短短數月間，單靠一己之力，實難透徹地把握臺灣的形勢，如吏科給事中萬培因所指出：「劉銘傳歷臺未久，人情風尚猶未盡，故不能就地取材，因勢利導。臣謂與其上下猜憤，將同室以操戈；不若兵團相資，化鬩牆為禦侮。」戰後部將要求追究李彤恩搖惑軍心，貽誤軍情的罪責，又被劉銘傳所拒，更激起湘系將領的不解與憤懣。基隆通判梁純夫曾回憶說：「此事之誤，皆由李彤恩不滿意於孫軍門，專講孫軍門壞語，甚至謂孫軍門三營之勇不及五百人，且斷不能戰守，致將帥之心搖惑，直令數月苦守、苦戰之功廢於一旦，真合九州鐵不能鑄此一大錯矣！」他向劉璈申訴說，「不斬李彤恩無以謝臺北及基隆之百姓矣。」孫開華則直白表達對劉銘傳的不滿：「為保李革守彤恩；不獨將滬尾戰功一筆抹殺，且欲將輕棄基隆之罪，硬坐防滬之人。」而劉璈也得以借此聯絡孫開華等湘系將領，煽動對劉銘傳的不滿，向清廷揭發基隆失守的內情，動搖清廷對劉銘傳的信任。二劉的矛盾至此激化。由此，「撤基援滬」不但改變了整個臺防的形勢，也對劉銘傳與劉璈，淮系與湘系的關係產生

了消極的影響。

三、「攻」抑或「守」：湘淮意見的分歧與劉銘傳的困擾

就在劉銘傳因「撤基援滬」暴露了對湘系的輕視，與孫開華等部將的關係惡化之際，清廷的新一輪人事變動使湘系勢力一時獨霸閩臺，劉銘傳的處境更為艱難。馬尾之役後，原本支持劉銘傳的張佩綸被參革，左宗棠督辦福建軍務，前陝甘總督楊岳斌幫辦軍務，楊昌濬為閩浙總督。滬尾之戰後，清廷實授劉銘傳巡撫銜，以利於劉銘傳在臺調度，爭取收復基隆。同時，清廷令左宗棠飭令劉璈應服從劉銘傳調度。但劉銘傳在臺灣的處境並沒有因此得到改善。自馬江一戰後，清廷任命左宗棠為欽差大臣督辦福建軍務，福州將軍穆圖善、閩浙總督楊昌濬幫辦福建軍務，在臺海一帶，重成湘軍勢力範圍，無形中給劉銘傳以強大的壓力，以劉璈為首的湘軍勢力的不斷挑戰，嚴重干擾了劉銘傳，使其不能專心對法作戰，二劉矛盾與日俱增。劉銘傳曾向李鴻章哀嘆：「內廷調度用左相督師御法，時事可知。」

獲悉基隆被占後，清廷即下令劉銘傳趁法軍立腳未穩，把法軍驅逐出基隆。劉璈借左宗棠的支持，力圖一舉否定「撤基援滬」，力迫劉銘傳轉守為攻，收復基隆。鎮守基隆外圍的曹志忠等將領，也屢請兵進攻。但顧慮重重的劉銘傳卻採取「固守待援，相機進取」的戰略，拒絕進攻，以致沒能利用臺防的有利時機收復基隆。劉銘傳為何堅守不出？他的解釋是立足於臺北乃至全臺的防禦考量，他再三告誡部將不可「圖攻輕進」，「若為基隆一隅之地而失臺北大局，獲咎更重」。可以看出，這個思路與其「撤基援滬」的戰略主張是一致的。但劉璈對劉銘傳更為不屑，「更跋扈，自行發折奏事」。他不與劉銘傳商議，私自與英人交涉，抗議法人封臺之事，反引起法軍再度加強對臺南的封鎖。更嚴重的是，他利用劉銘傳「撤基援滬」引發的爭議反戈一擊，聯合部分不滿的湘軍將領向清廷告發劉銘傳奏摺的不實之處，聲稱撤出基隆是受李彤恩的誤導，製造對劉銘傳不利的輿論。原本清廷就對劉銘傳遲遲未能收復基隆不滿，經劉璈的密報，批評更加尖銳。

慈禧曾令在京言官大臣查閱中法交涉相關諭旨和來往電報，共謀解決危機的策略。不少朝臣看出臺灣將帥間存有矛盾，甚至認為基隆之失根本原因在於湘淮畛域，將帥不和。禮部左侍郎徐致祥便稱：「臺灣督辦劉銘傳與劉璈不和，將帥參商，患非淺鮮。」日講起居注官左春坊左庶子錫鈞也奏稱：「左宗棠與李鴻章不和，劉銘傳與李鴻章相善，劉璈與左宗棠相善，則劉銘傳、劉璈亦不和；臺灣之將帥若此。」劉銘傳輕視湘軍，倚重淮系親軍的做法，招致朝臣非議。國子監祭酒盛昱便稱：「劉銘傳專恃淮人，與官不和，與紳不和。其所謂兵單者，乃淮軍之單，非臺兵之單也；所為危者，乃劉銘傳之危，非全臺之危也。」國子監司業治麟也認為：劉銘傳失基隆源於不能發揮臺灣的地利，「苟不專恃淮軍，開誠布公，待臺人如子弟……縱不能破敵，亦足以自守。」由於湘淮兩系首領李鴻章與左宗棠對中法戰爭主張不同，劉銘傳所持「固守待援」的主張很容易被人認為與一意主和的李鴻章有關：「劉銘傳與李鴻章相契至厚，當此時勢窘急，宜何如激發天良，力圖補救。乃往覆電報，唯有相對痛哭，並無一語議及卻敵援救等事，其日盼和議，莫有鬥心，已可想見……且李鴻章之居心，安知不日望臺灣之失以冀其言之驗而和議終成也。」鴻臚寺卿鄧承脩還奏請調查劉銘傳是否因受李鴻章指示，而主動放棄基隆。還有言官為劉璈鳴不平，如理藩院尚書崑岡評價劉璈說：「臺灣道劉璈在任最久，大小洋面諒所周知……地利人和，兼則制勝，取材近而收效捷，是又劉璈之責也。」

恰此時，周德潤、左宗棠等再據劉璈的稟報入奏朝廷，一面稱基隆之失乃李彤恩所誤，彈劾李彤恩；一面稱臺北兵力盈萬，認為「劉銘傳始則為李彤恩所誤，繼又坐守臺北不圖進取，皆機宜之坐失者也」，要求清廷飭令劉銘傳速派兵收復基隆。劉璈順勢稟請開缺赴基隆，「專辦克復基隆」。主動進攻收復基隆，或是「固守待援」，成為左宗棠等人與劉銘傳提出的兩種截然不同的主張。

清廷急於收復基隆，對劉銘傳的「固守待援」十分不滿，下旨將李彤恩革職查辦，並申斥劉銘傳：「法人久踞基隆，亟應迅圖進取。若云攻堅為難，何以竟被彼族攻據？該撫當竭力設法聯絡土勇，出奇制勝，剋期攻復，毋得稍存退沮，貽誤事機。」劉銘傳的兵權受到節制，清廷令孫開華「幫辦臺灣軍務」，與劉銘傳共同負責臺防。不久，清廷又任命楊岳斌為「幫辦福建軍務」，赴臺北協同駐防，分割劉

銘傳的兵權。由於楊岳斌屬湘系，起用楊會進一步增強在臺湘系的勢力，實際於緩和湘淮矛盾並無助益。清廷這一系列舉動意在迫使劉銘傳主動收復基隆，卻無助於改善臺灣嚴重的派系紛爭，這一問題當時已被不少官員所預見，醇親王奕　便擔心淮楚將領混雜，不利統一指揮，「將帥愈集，事權愈歧」。萬培因也指出：楊岳斌與劉銘傳勢難相下，一旦茬臺「則事權不一，彼此牽制，雖多奚為？」建議改派淮系的張景春，以免湘淮不和，惜不被採納。

　　處在湘系圍困中的劉銘傳因實權逐步被侵蝕，倍感困擾。他上書辯稱臺北形勢吃緊，而左宗棠到閩後，「未曾派兵來援」，反倒聽信劉璈，催促進攻，是「欲擠臺北速失」。劉銘傳奏稱：「閩兵既多，請旨飭令速撥楚軍三千渡臺北，歸孫開華節制，庶資得力。」暗示湘軍不聽節制，要求調舊部援臺。接著，又上書彈劾記名道朱守謨造謠生事，維護李彤恩。此外，劉銘傳再次請求調龔照瑗來臺替代劉璈，但因曾國荃的阻撓仍未成功。無奈之下，劉銘傳請由沈應奎總辦全臺糧臺，削弱劉璈對臺灣糧餉的控制。清廷雖不滿劉銘傳的「固守待援」，但對於左宗棠等人的彈劾大多採取置之不理的態度，並且多次下旨斥責左宗棠、楊昌濬的「畛域之見」，駁斥左宗棠與楊昌濬等人對劉璈回護之詞。

　　二劉矛盾不單圍繞「撤基援滬」、「固守待援」的是非對錯，在劉銘傳面臨疫病襲擊造成兵力銳減和軍餉短缺雙重困難時，手握糧餉大權的劉璈明知劉銘傳為此發愁，不僅「絲毫不濟」，反而單獨給臺北的湘系加餉，似乎存心讓劉銘傳難堪。劉銘傳認為此舉「意在誘脅各營嘩潰」，對劉璈的不滿愈發強烈。

　　如此種種的內部紛爭使得臺防形勢複雜化。在與法軍對峙的同時，劉銘傳還需抵擋湘系的威脅，後者的壓力甚至更為急迫，「孤島久困，內哄外患，萬難久支，一旦決裂，不可收拾」。瑏瑠他哀嘆「內潰重於外患，傳實無法支持」，待楊岳斌赴臺後，他乾脆上書請辭，稱由楊接替，「彼無內掣之憂，上下一氣，或可勉支危局。」基隆失守後，劉銘傳一再拒絕左宗棠主動進攻的要求，究其原因，除了實力有限，還和他堅持與左不同的策略有關係。如果屈從左宗棠的命令主動進攻，就等於承認左先前對其批評有理，即使僥倖攻下基隆，也未必是好事。因此，當大陸的援軍源源不斷地抵達臺灣時，劉銘傳仍遲遲不願策劃進攻。

為強調臺防危急，劉銘傳不止一次地稱法軍得到增援，臺北若無援兵，將無法抵禦。但劉銘傳實屬過於誇大法軍的威脅，因此時駐守基隆的法軍，同樣陷入進退兩難的境地，若清軍齊心協力，是有收復基隆的把握的。滬尾的挫折讓孤拔不得不放棄進攻北直隸，鞏固基隆，封鎖臺灣海峽。法國政府為扭轉滬尾敗戰帶來的不利局面，意圖讓孤拔重新設法攻取滬尾，卻又無法滿足孤拔的大規模增援要求，只得接受放棄占領滬尾的建議，同意孤拔僅鞏固對基隆及其附近煤礦的占領即可。就此，法軍由進攻轉為防禦。此後，法軍兵力不足的問題愈發突出，12個步兵中隊中的8個，以及幾乎所有的砲兵都布置於防禦圈內，僅剩下4個步兵中隊和四門火炮可以作為機動力量。「這樣的兵力不足，迫使占領軍在新的援軍到來以前只能從事幾乎屬於被動的抵抗，只有新的援軍到來才能使它脫出無為的狀態。」雪上加霜的是，由於水土不服，病疫流行，占領軍的總數減少到1750人。法軍焦急地等待援軍，擔心遭到清軍的反攻。但清軍卻沒有抓住戰機，這讓法軍暗自慶幸。

　　法軍的困境逐漸為清軍將領獲悉，臺北知府陳星聚聞駐守基隆的法軍病死甚多，多次向劉銘傳請戰未果，便私下與駐守五堵的曹志忠商議，決定孤身冒險進攻。884年11月1日夜，曹志忠匆匆率本部兩千餘人向獅頭嶺進發，試圖占領前幾日法軍因傳染病爆發被迫放棄的陣地。次日清晨，曹軍抵達獅頭嶺下，被防守嚴密的法軍發覺，隨即遭到猛烈的炮火襲擊，被迫撤退。心有不甘的曹志忠率隊對另一法軍陣地發動攻擊，並一度包圍了法軍陣地。但法軍在其他陣地的炮火支持下，守住了陣地。經過半小時的激戰，曹志忠部被迫放棄進攻，借地形掩護撤出了戰鬥。此次戰鬥，曹志忠部損失慘重，「精銳只千餘人」，只能勉強支撐淡水東路的防守。經此一敗，陳星聚等人不敢再提進攻之事。劉銘傳也趁此強調冒險進攻並不明智，「用兵之道，最難攻堅，尤難仰攻。基隆山勢險峻，道路崎嶇，敵營皆依山傍海，兵輪守護，明攻甚難。」但應該強調的是，此仗之所以敗，與曹志忠準備不夠充分，且孤軍深入有很大關係，並不意味著清軍根本無力進攻。曹志忠趁法軍疲憊之機，進攻防備空虛的陣地，無可厚非。如果劉銘傳能精心設計作戰計劃，集中優勢力量發動進攻，清軍並非絕對沒有勝機。

　　依據「固守待援」的策略，劉銘傳把防禦重心放在滬尾，孫開華、章高元所部楚、淮主力共七營仍駐紮在此，另有土勇三營，共有五千餘人。附近臺北、新竹兩

處兩千餘人也是滬尾的後備兵力。基隆外圍則由曹志忠所部六營和孫得勝、林朝棟所率土勇五營約五千人分紮在五堵、暖暖、六堵、水返腳各處。這種布置分散了清軍的兵力，「敵聚我分，彼此不能救應」，更無力組織力量反攻。此時，疫病也襲擊了清軍。章高元所部兩營1000人，傷亡病故後只剩200餘人；曹志忠所部六營3000人，除去傷病，能戰的士兵只有千餘人。將官染病的也不少，「提臣孫開華、署臺灣鎮總兵章高元、總兵柳泰和等俱抱重病。曹志忠六營營官，無不病者」，甚至劉銘傳本人也不能倖免。為了緩解兵力不足的困難，劉銘傳接受清廷的建議，准許部下招募土勇，並發動臺灣本地紳董招募團勇。到1885年1月，劉銘傳奏稱所添募的土勇已有「五千餘名」。土勇在作戰中，愈戰愈勇，起了很大的作用，劉銘傳還曾為其奏請獎賞。法軍在戰鬥中，也認識到土勇的戰鬥力不可小覷。但是，即使如此，劉銘傳仍沒有根本改變輕視土勇的態度，堅持認為土勇「器械不精，難當大敵」，而寄望於其他省的援軍。

　　相較於清軍的保守，法軍的活動更為主動與靈活。法軍從清軍突然襲擊中看到「前所未見的勇氣與自信」，懷疑清軍已經獲得強大的支援，為此，法軍集合了所有能夠調動的兵員，組成一支具備強有力攻擊性的偵察隊前去試探。很快，他們發現前線的清軍只是一些監視哨，而非進攻的策略，大隊清軍仍在六堵與水返腳一帶。他們先前的擔憂也就暫時消失了。從11月中旬後的一個月，雙方前沿戰地間偵察與反偵察的接觸時斷時續，而局勢對法軍更為不利。法軍由於傷病不斷增多，每況愈下。至12月23日，整個法軍的作戰人員更銳減到1000人以下。而清軍情況稍好，加上有土勇的協助，日夜不停地騷擾法軍營地。劉銘傳特選勇敢之士，懸以重賞，「乘夜襲其邊營」，讓法軍寢食難安，只能龜縮於防禦圈內，甚至一些微雜的活動都必須派專門的衛兵守衛。巴德諾這樣描述法軍的困境：「在同一星期內，我們兵士中三人在兵營附近散步，相繼被埋伏兵所獲，並當白晝在他們的同伴們目睹之下，遭受殺戮。照這樣看來，我們在基隆的據點是不穩固的。我們所派給提督薄弱的兵力，恐至多僅可能維持現狀而已。」孤拔也哀嘆：「此仗如此打法，後果不堪設想。」2月中旬後，大陸各省的援臺軍餉陸續抵達，法軍意識到處境更加危險。但基隆的清軍並沒有展開大規模的進攻，這讓孤拔感到奇怪，他愈發懷疑占領基隆是個錯誤的選擇：「至於目前，準備激戰的敵人，其主要目的也許不在將我們逐出基隆，而是要迫使我們將海陸軍都固定在這地方；因為我們的海陸軍在中國其

他地方會更加有效地使敵人受到威脅，敵人便竭其所能地來將我們牽制在這地方。從這最後的觀點說來，最近的發展已使敵人感到『正中下懷』。」

1885年1月，法軍期盼中的援軍終於抵達，這些援軍的數量「雖還不足使遠征軍從事一次大規模的出擊，卻至少可使它將基隆附近的敵人加以掃蕩」。清軍在優勢敵人面前，只能陷入苦守。很快地，法軍便重新組織起一支一定規模的機動部隊，突破了清軍的圍困，占領基隆煤礦，但法軍的進攻也到此為止，「新堡壘的防守有著將一月間到來的兩個大隊的援軍幾乎全部吸住的弊害」，按計劃，他們把目標轉向了澎湖群島。不久，清軍在諒山等地大敗法軍，清政府決定乘勝議和。4月4日，中法正式簽訂停戰協議。4月16日，法軍解除對基隆與淡水的封鎖。至此，臺灣之戰在事實上已經結束。

結語：二劉之爭與臺灣保衛戰的進程

湘淮兩系將領間的合作與衝突貫穿於整個中法戰爭之中，劉銘傳與劉璈為首的湘系間的矛盾衝突，尤為典型，並且很大程度上直接影響了臺灣保衛戰的進程。

由於清廷人事安排的失當，致使臺灣島上湘淮混雜，將領間「不獨湘、淮各存意見，蓋腹心指臂之用，非所素習，亦實有難於調馭者」，統兵將領劉銘傳處處受到劉璈、左宗棠等人掣肘，無法集中全力於抗法鬥爭。這一干擾隨著戰事的演進，越發嚴重。「撤基援滬」後，劉銘傳戰略趨於保守，以「親軍過單，志在固守待救」，未能乘法軍兵力空虛之機，精心策劃反攻，以驅逐法軍。為了強調兵力的困難，劉銘傳不止一次地聲稱基隆法軍不斷得到援軍，形勢危急。待戰事結束，事實澄清，劉銘傳又推翻了先前的奏報：「疊據降酋供稱，孤拔率兵到基隆後，死亡相繼，杳無捷音，屢向本國請兵請餉，法議院深咎孤酋不應爭基隆煙瘴之荒山，喪師糜餉，無傷中國，徒傷法兵。正月以來，無餉接濟，二月，法兵饑苦異常，紛紛降附。連日法兵艦譯人密稱，停戰後，孤拔意甚怏怏，屢梗和議，議院斥之……查孤拔自上年八月親將水陸大軍，遠侵臺北，大言一月定取全臺，法國軍民皆知其說；

乃竟困於基隆瘴惡之地,進有山河之險,退無以踐息壤之言,坐守一隅,喪師糜餉,徘徊海上,力竭就和。」這種前後不一,雖很可能是受制於戰時情報的侷限,但也可以說明劉銘傳戰時戰略偏於保守。如楊昌濬所言:「臺事可憂,半在法寇,半在將帥不和。」在各省援軍抵達時,全臺的防軍達四、五萬之多,而法軍頂多五千左右,二劉若能同心協力,以占絕對優勢的兵力和日漸更新的裝備,收復基隆並非不可能。

然而,歷史的詭異就在於,劉銘傳的保守無意間把法軍困於基隆,牽制住了孤拔的遠征軍,使其失去進攻其他地區的契機。但即便如此,待諒山慘敗後,基隆又成為法軍手中屈指可數的「擔保品」。基隆遲遲無法收復,給清政府造成很大壓力,成為被迫接受和議的原因之一。中法停戰後,軍機處給反對議和的張之洞的電告即可為證:「現在桂甫復諒,法即據澎湖,馮、王若不乘勝即收,不唯全局敗壞,且孤軍深入,戰事益無把握;縱再有進步,越地終非我有;而全臺隸我版圖,援斷餉絕,一失難復,彼時和戰兩難,更將何以為計?」

試論劉銘傳的臺灣建省方案

鄧孔昭

　　1885年,清政府下令臺灣建省,劉銘傳由福建巡撫改為臺灣巡撫。作為被清政府任命的臺灣第一任巡撫,劉銘傳在接到臺灣建省的諭旨之後,卻上了一個《臺灣暫難改省折》,提出了他自己的臺灣建省主張。他認為,無論從臺灣內部原住民的教化,還是從對外的防禦能力來說,臺灣都還不足以自成一省。應當讓福建巡撫「以臺灣為行臺,一切規模無須更動。全臺兵政吏治,由巡撫主持,內地由總督兼管。如此分而不分,不合而合,一俟全番歸化,再行改省」。劉銘傳的「臺灣暫難改省」的主張,雖然遭到清廷的駁回,但隨後他提出的臺灣建省方案,卻仍然秉持了一貫的務實的思想,強調臺灣建省之後與福建的特殊關係,強調臺灣加強自身實力的清賦、撫「番」、設防等基礎性工作的重要性,而將改省之後的城垣、衙署等建設工作暫緩一步。在劉銘傳臺灣建省方案的主導下,建省工作扎扎實實地進行,使一個新建的省份在不長的時間裡成為全國比較先進的省。

一

　　1885年,清政府關於在臺灣建省的決定是一個政治性的決定。在此之前,有關在臺灣是否建省的問題已經經歷了長時間的討論。

　　早在清乾隆二年(1737年),就有禮部侍郎吳金提出,宜將臺灣「另分一省,專設巡撫一員,……於海防重地大有裨益」。吳金題奏後,清廷很快就有了批示:「以彈丸之地,□(所)屬不過一府四縣,而竟改為省制,於體不可,於事無益。

吳金此奏應無庸議」。吳金建議在臺灣建省，其出發點在於加強海防，而當時海防的對象主要是內部的「奸民」。這種想法的產生和康熙末年臺灣發生的朱一貴起義、雍正年間的「番亂」以及吳福生事件有關。清政府駁回吳金建議的理由也是充分的，因為這時的臺灣開發程度還比較低。根據1738年（乾隆三年）尹士俍的《臺灣志略》記載，當時，全臺灣一府四縣二廳，男女總共454872丁口，每年徵收田賦、官莊、地種、雜稅等各項錢糧共銀43483兩、糧169267石。以這樣的人口和財政規模，要建立一個行省，確實還為時過早。

　　同治十三年（1874年），發生了日本侵犯臺灣的「牡丹社事件」。這個事件給了清政府以很大的刺激。事件過後，先後又有一些大臣提出將福建巡撫移駐臺灣或在臺灣建省的建議。作為清政府派往處理「牡丹社事件」的福建船政大臣沈葆楨，向清廷上了《請移駐巡撫折》，主張將福建巡撫移駐臺灣，但不主張臺灣別建一省。沈葆楨當時不主張臺灣建省的理由，是認為臺灣建省的「器局未成」，特別是「閩省向需臺米接濟，臺餉向由省城轉輸，彼此相依，不能離而為二」。其中最主要的還是「臺餉向由省城轉輸」，臺灣財政上無法獨立。

　　光緒二年（1876年），刑部侍郎袁保恆奏請將福建巡撫改為臺灣巡撫，主張臺灣另建一省，但北洋大臣李鴻章卻反對。李鴻章認為，「袁保恆請改福建巡撫為臺灣巡撫，雖事有專屬，而臺地兵事、餉源實與省城呼應一氣，分而為二，則緩急難恃，臺防必將坐困」。李鴻章此時反對臺灣建省，也是以臺灣的餉需必須由福建內地接濟為其主要的理由。

　　光緒十年（1884年）的中法戰爭，法軍先後占領了臺灣的基隆和澎湖，並且封鎖了臺灣的海面，以此作為他們向中國勒索賠款的抵押品，其中基隆被法軍占領達九個月之久。這件事再一次強烈地刺激了清政府，有了這次教訓，清政府中的許多人對經理臺灣以及臺灣建省問題又有了更新的認識。

　　光緒十一年六月十八日，大學士左宗棠首先上奏，「唯有如袁保恆所請，將福建巡撫改為臺灣巡撫，所有臺澎一切應辦事宜，概歸該撫一手經理，庶事有專責，於臺防善後大有　益」。左宗棠的建議，不但闡明了臺灣建省的必要性，而且指明

了臺灣的物產關稅已經超過了廣西、貴州等省，經濟上已經形成了一定的規模，並且特別針對沈葆楨、李鴻章認為臺灣難以建省的意見進行了反駁，提出瞭解決臺灣建省後財政困難的具體辦法。這個建議，在臺灣建省的必要性和可行性方面都進行了充分的論證，得到了朝中大臣們的支持。九月五日，醇親王奕　和李鴻章等16名大臣聯銜上奏，稱「若以福建巡撫改為臺灣巡撫，以專責成，似屬相宜」。這時，包括李鴻章在內的大臣們都贊成臺灣建省，確實是因為情況有了新的變化，臺灣作為海防重地應該加強經營，主要還是從政治層面考慮臺灣建省的問題。同日，慈禧太后下旨：「臺灣為南洋門戶，關係緊要，自應因時變通，以資控制。著將福建巡撫改為臺灣巡撫，常川駐紮。福建巡撫事，即著閩浙總督兼管。所有一切改設事宜，該督撫詳細籌議，奏明辦理」。至此，臺灣建省作為清政府的一項重大決策乃正式確定下來。

然而，作為被清政府由福建巡撫改任為臺灣第一任巡撫的劉銘傳，在接到清廷的諭旨之後，卻在光緒十一年十月二十七日上了一個《臺灣暫難改省折》，其中指出：「臺灣所出財賦，較之貴州、新疆則有餘，唯沿海八縣之地，番居其六，民居其四，重洋遠隔，倚傍一空，猝有難端，全恃閩疆為根本，聲氣聯絡，痛癢相關，以助孤危之境。……若改設臺灣巡撫，與閩省劃界分疆，即督臣顧全大局，一視同仁，司道以下，畛域分明，勢必不相關顧。即以餉論，以後仍須閩省照常接濟，方能養兵辦防。現在籌餉艱難，除不得不用之費，萬難減省，以誤要需。其稍可緩減者，即須力求撙節，唯視事之緩急輕重，次第分籌。臣前陳善後折，以辦防、練兵、清賦、撫番為急圖。現既詔設臺灣巡撫，必先漸撫生番，清除內患，擴疆招墾，廣布耕民，方足自成一省。臣查臺番與雲貴苗民、甘肅番回迥異。臺番不相統屬，各社所占膏腴之地，高山宜茶，平地宜谷，一旦教之耕種，皆成富區。……以臣度之，若認真招撫，示以恩威，五年之間，全臺生番，計可盡行歸化。然後再籌分省，土地既廣，財富自充，庶可無勞內地。刻下外辦防務，內撫生番，巨款難籌，時形竭蹶。……但臺灣重地，經醇親王等統籌全局，冀保海疆，自應派大員駐紮。似可仿照江寧、江蘇規制，添設藩司一員，巡撫以臺灣為行臺，一切規模無須更動。全臺兵政吏治，由巡撫主持，內地由總督兼管。如此分而不分，不合而合，一俟全番歸化，再行改省，以重岩疆。既可寬此數年，從容籌辦，目下又可節省巨款，騰出資財撫番、設防，先其所急。此臣審度事勢，擬從緩設巡撫之大略也。如

蒙採擇，應請飭令王大臣等公同議奏，以期萬全」。劉銘傳從臺灣建省工作具體主持者的角度，提出臺灣暫難改省的理由，不是沒有道理的。他的理由主要有兩點：一是居住在臺灣百分之六十土地上的臺灣原住民還沒有歸化，臺灣的開發程度還不夠。二是臺灣的財政需要福建的接濟，生怕這種接濟在臺灣建省以後會遇到阻礙。因此，他的意見是，5年之內，臺灣暫不改省，福建巡撫以臺灣為行臺，加強臺灣的治理。5年之後，待全臺原住民歸化，臺灣「財富自充」，再籌分省。

儘管劉銘傳的建議有許多合理的成分，但由於清政府已作出了臺灣建省的決定，劉銘傳提出的「臺灣暫難改省」的建議，無法得到清廷的認可。光緒十一年十二月十二日，「諭軍機大臣等：據劉銘傳奏，籌度臺灣情形，暫難改設省會。又據楊昌濬奏，籌議臺灣改設事宜，請添設藩司各一折。臺灣為南洋門戶。業經欽奉懿旨，將福建巡撫改為臺灣巡撫，劉銘傳所請從緩改設巡撫，著毋庸議。……臺灣雖設行省，必須與福建聯成一氣，如甘肅新疆之制。庶可內外相維。著楊昌濬、劉銘傳詳細會商，奏明辦理」。清廷雖然駁回了劉銘傳臺灣從緩設省的建議，但強調了臺灣建省之後與福建的特殊關係，實際上，是採納了劉銘傳建議中的閩臺「分而不分，不合而合」的原則。這個原則，對以後閩浙總督楊昌濬和劉銘傳會商臺灣建省的具體方案有著重要的影響。

二

劉銘傳在臺灣從緩建省的建議被駁回之後，經與閩浙總督楊昌濬反覆協商，首先在光緒十二年六月十三日與楊昌濬聯銜上奏《遵議臺灣建省事宜折》，歸納有關臺灣建省的事宜16項，提出了一個基本的方案。此後，又陸續補充，逐步充實了這一方案。概括劉銘傳的臺灣建省方案，主要有以下的內容：

臺灣建省之後必須保持與福建省的特殊關係，福建省在臺灣建省初期必須每年給予臺灣以財政上的支持。劉銘傳提出，「臺灣奉旨改設行省，必須與福建聯成一氣，如甘肅、新疆之制，……查新疆新設巡撫關防內稱『甘肅新疆巡撫』，臺灣本

隸福建，巡撫應照新疆名曰『福建臺灣巡撫』。凡司道以下各官，考核大計，閩省由總督主政，臺灣由巡撫主政，照舊會銜。巡撫一切賞罰之權，仍巡撫自主，庶可聯成一氣，內外相維，不致明分畛域」。臺灣「文武鄉闈，援照安徽赴江南匯考之例，仍歸福建應試，中額亦仍舊例。將來生聚日繁，文風日盛，再行酌核增加」。臺灣「改設行省，經費浩繁，……由閩海關每年照舊協銀二十萬兩，……閩省各庫，無論如何，每年協銀二十四萬兩」，以5年為期，共協銀220萬兩。本來，在劉銘傳的臺灣建省方案中，還有「請旨敕下粵海、江海、浙江、九江、江漢五關，每年協濟銀三十六萬兩」，也是以5年為期的要求。但沒有得到清政府的批准。

撫「番」——讓臺灣全島政令通行，得到更加有效的管理。劉銘傳指出，「臺灣生番，橫亘南北七百餘里，盡占腹心之地，犬牙錯處，無一不與民地為鄰，歲殺居民至千餘人之多。匪盜藉番地以為巢，聚眾搶劫，土豪藉防番以斂費，養勇抗官，官令不行，民糧紛擾，……當此強鄰迭伺，一島孤懸，內患不除，何由禦外？……臣渡臺以來，即奏請以辦防、清賦、撫番為急務」。他把撫「番」看成是比辦防、清賦更為艱難的事情，計劃以5年的時間，讓全臺的「生番」盡行歸化。光緒十二年（1886）四月，設全臺撫墾總局於大料崁，下設7個撫墾局，分別是：大料崁撫墾局、東勢角撫墾局、埔里撫墾局、叭哩沙撫墾局、林圯埔撫墾局、蕃薯寮撫墾局、恆春撫墾局，各撫墾局下設立若干分局。各地撫墾局人員編制，除總辦、委員、幕賓、司事、局勇、醫生外，還給各社配置教耕、教讀各一名，以教「番」人耕田和讀書。撫墾總局並且頒發了五教和五禁。五教是：教正朔、教恆業、教體制、教法度、教善行。五禁是：禁做饗（「番」人舊俗，因災病而殺人作祭）、禁仇殺、禁爭占、禁佩帶（武器）、禁遷避。經過3年的努力，期間不但運用了招撫的策略，並且也運用了殘酷鎮壓的手段。到光緒十五年（1889）二月，劉銘傳奏稱，全臺「生番一律就撫」。共招撫「歸化生番806社，男婦大小丁口148479人」。「生番」全部歸化之後，政令得以通行，臺灣全島不論是平埔還是後山，都得到了更加有效的管理。

清賦——使田園賦稅，率土輸將，擴大財源。劉銘傳提出，「臺灣為海疆險要之區，奉詔改為行省，事繁費巨，今昔懸殊。……值此財用坐匱之際，百廢待舉之時，不能不就地籌劃，期於三、五年後，以臺地自有之財，供臺地經常之用，庶可

自成一省,永保岩疆」。在諸多擴大財源的辦法中,清賦對臺灣來說是十分重要的。它可以「為朝廷經久之謀,除地方吞欺之弊,便民裕國,莫大於斯」。光緒十二年（1886）六月,臺灣、臺北兩府分別設立了清賦總局。七、八月,開始清賦,分4個階段進行:編制保甲、清丈土地、改革賦率、發給丈單。經過3年多的努力,光緒十五年十二月,劉銘傳奏稱「全臺清丈給單完竣」,清丈前,臺灣的「有賦之地」僅七萬餘甲,清丈後,僅「民業田園」就有432008甲之多。田賦總額,由原來的183366兩,猛增到674868兩,增加了491502兩。清賦後每年增加的這近50萬兩銀子的收入,對建省後的臺灣財政來說,就像是注入了源源不斷的活水。

設防——建立一個相對較為獨立的防禦體系。劉銘傳提出,「臺灣一島,久為外人所窺,朝廷視為重地,改設巡撫,無非保固岩疆。……今須百廢俱興,事事草創。……唯辦防以禦外侮,撫番以清內患,清賦以裕餉需,此三事均為急不可緩。……唯辦防一事,尤為臺灣最重最急之需」。要辦好臺灣的防務,建立一個相對較為獨立的防禦體系是十分必要的。這個防禦體系必須包含3個層次:一是堅固的防禦工事和禦敵的利器,二是可以生產補充槍械和彈藥的軍火工廠,三是建立島內以及與大陸之間通暢、便捷的運輸和通訊聯絡系統。

鑒於中法戰爭中基隆和澎湖被法軍占領、臺灣被封鎖這樣一個慘痛的教訓,從光緒十二年正月開始,劉銘傳仿效西法,在澎湖、基隆、滬尾、安平、旗後5個重要海口,興修10座新式炮臺,其中澎湖修建4座,基隆和滬尾各修建2座。購置「阿馬士莊新式後腔鋼炮31尊」。這些炮臺的興建和大砲的購置,加強了這些重要海口的防禦能力。

可以補充彈藥的軍火生產,對於臺灣來說,具有更加明顯的重要性和緊迫性。劉銘傳指出,「臺灣先後購買後膛洋槍萬餘桿,各種彈子不自仿造,子盡則槍皆廢棄。且孤懸海外,有事運濟艱難。機器局廠工程雖較繁重,為善後計,不能不設法急籌」。光緒十一年,劉銘傳引進生產技術,在臺北設立機器局廠,先建成製造槍彈的小機器廠和軍械所各一座。光緒十四年,又對機器局廠進行了擴建,興建能生產各種砲彈的大機器廠和汽爐房、打鐵房工程等。儘管由於各種因素,大機器廠的興建不太順利,直到劉銘傳去任之後,他的繼任者邵友濂繼續努力,才於光緒十九

年建成。據《北華捷報》1893年12月8日報導,「依本島最高當局之命,從去年起即已起建的擴大的火藥局現已完工,……這火藥局建立後,臺灣便不再需要外邊的援助了。此局每日可產火藥五百磅」。

要建立一個相對獨立的防禦體系,通暢、便捷的運輸和通訊系統也是必不可少的。劉銘傳指出,「臺灣一島孤懸海外,來往文報,波濤阻滯,每至匝月兼旬,不通音信。水陸電線,實為目前萬不可緩之急圖」。「電報關係海防交涉重務,……今海外孤懸之地,一旦與內地息息相通,所裨於海疆甚巨」。「臺灣四面皆海,除後山無須辦防外,其餘防不勝防。基、滬、安、旗四口,現已購炮築臺,可資守禦,其餘新竹、彰化一帶,海口分歧,萬難遍布軍隊概行設守,……若修鐵路既成,調兵極便,何處有警,瞬息長驅,不慮敵兵斷我中路」。光緒十二年,劉銘傳在臺北設立電報總局,先後架設了滬尾至福州川石山、安平至澎湖、基隆至臺北至臺南等通訊線路,全長共一千四百餘里。臺灣鐵路工程於光緒十三年六月動工,由於經費困難和工程艱巨,計劃幾經調整,最後,於光緒十九年十一月,建成了基隆至新竹間的鐵路,全長約185里。這是中國最早建成通車的鐵路之一。

確定省會,增設郡縣,興建城垣、衙署。

首先是確定省會。光緒十二年六月,劉銘傳在《遵議臺灣建省事宜折》中指出,「臺灣改設行省,必須以彰化中路為省垣,方可南北兼顧。另造城池衙署,需費浩繁,一時萬難猝辦」。劉銘傳將省城確定在彰化的橋孜圖(現臺中市南區),是考慮到這個地方「山環水復,中開平原,氣象宏開,又當全臺適中之地」。「且地距海口較遠,立省於此,可杜窺視」。對於這個地方目前只是一個小村落,交通不便,周圍地區的經濟也不發達,倘要建成全臺的政治中心,尚需大量的人力、物力和長久的時間,並不操之過急。

其次是增設郡縣。光緒十三年八月,劉銘傳上《臺灣郡縣添改裁撤折》,提出了臺灣建省後行政區劃的調整方案。這個方案是「分彰化東北之境,設首府曰臺灣府,附郭首縣曰臺灣縣。將原有之臺灣府縣改為臺南府、安平縣。嘉義之東,彰化之南,……擬添設一縣曰雲林縣。……擬分新竹西南各境,添設一縣曰苗栗縣。

……擬添設……臺東直隸州，左界宜蘭，右界恆春」。這樣，臺灣的行政區劃就由建省前的2府（臺灣、臺北）8縣（臺灣、鳳山、嘉義、恆春、彰化、新竹、淡水、宜蘭）4廳（澎湖、基隆、卑南、埔里社），改為3府（臺灣、臺北、臺南）1直隸州（臺東）11縣（臺灣、彰化、雲林、苗栗、淡水、新竹、宜蘭、安平、鳳山、嘉義、恆春）3廳（埔里社、基隆、澎湖）。光緒二十年，又增設了南雅廳。

最後是興建城垣、衙署。光緒十六年二月，劉銘傳上《新設郡縣興造城署工程立案折》，提出「臺灣建立省城，添設郡縣，一應城垣衙署，工程重大，需費浩繁。前於鐵路改歸官辦案內，曾請俟鐵路工竣，再行辦理省城工役。現經該處官紳籌議，先築土城，就地運用卵石為基，外栽刺竹，僅用磚石建築城門、炮臺、水關閘壩，較之全城純用磚石，所省實多，自應及時興辦。該司道等請就錢糧項下，自十六年起，分年提撥，將省會及雲林、苗栗兩縣城垣衙署，次第造修。以臺地自有之財，辦臺灣之事，亦與分治原議相符，應懇恩准敕部立案」。然而，省城的建設，由於經費「無從籌措，是以分治多年，迄未移駐該處，自今以往，亦恐舉辦無期」。因此，繼任巡撫邵友濂於光緒二十年正月與閩浙總督譚鍾麟會銜具奏，請將臺灣省城移設實際上已成為臺灣政治、經濟、文化中心的臺北，從而解決了久拖不決的省城建設的問題。

三

綜觀劉銘傳的臺灣建省方案，有一個指導思想是非常明確的，那就是：臺灣建省，像撫「番」、清賦、設防這些基礎性的建設必須優先，把這些事情做好了，建省才有一個堅實的基礎。在提到這些問題的時候，劉銘傳用的都是「急務」、「急不可緩」、「最重最急之需」、「萬不可緩之急圖」這樣的語彙。而對於像設官分治、興建城垣衙署這些事情則不要急於一時。劉銘傳在提到這些問題的時候，說法也變成了「另造城池衙署，需費浩繁，一時萬難猝辦，所有官制，暫仍舊章，將來添設廳縣，改派營防，再行奏辦」等等。

劉銘傳的臺灣建省方案是務實的，在這個方案的主導下，臺灣建省在社會發展和經濟開發都不夠充分、財政極端困難的條件下，實現了平穩地過渡。在短短的10年時間裡，臺灣從一個新建的省份，很快發展成為在全國比較先進的一個省，這和劉銘傳的臺灣建省方案中先打社會經濟基礎後建城垣衙署的指導思想有著很大的關係。

　　以臺灣鐵路的修建為例。光緒十三年六月，臺灣鐵路工程開工興建。原計劃從基隆修到臺南，先召集商股承修，以後再以鐵路的收益償還，無須動員公款。可是到了第二年十月，由於商股觀望不前，資金無從措手，劉銘傳只好奏請改由官辦。官辦的經費從何而來呢？劉銘傳在《臺灣鐵路改歸官辦折》中說，「臣同藩司邵友濂籌商至再，唯有自本年秋季以後，閩省每年協濟銀四十四萬兩，至十七年春季止，尚存未解銀一百零四萬兩。此項本擬節存備充建造省城經費，現省工尚堪稍緩，路工在急，非一時所可驟成，擬請暫挪先修鐵路，俟竣工後，即將所收腳價，歸還成本，再籌建城分治」。也就是說，劉銘傳是把修建臺灣省城的經費拿來先修臺灣鐵路的。

　　正是在這種務實思想的主導下，臺灣建省以後的近代化建設取得了驕人的成績，「臺灣出現了全國最早自辦的電報業和新式郵政，……全省出現了第一條鐵路、第一臺電話、第一枚郵票、第一盞電燈、第一所新式學校，出現了自己經營並敢於與外人競爭的輪船，……許多新式事業集中於一省，成效蔚然可觀，使邊疆海島新建的行省，後來居上，……成為中國先進的省份之一」。

臺灣省會選址論——清代臺灣交通與城鎮體系之演變

周翔鶴

一

　　光緒十三年（1887年）臺灣建省（自1885年10月清廷下詔臺灣建省至1888年閩臺分治，臺灣成為中國第二十個省份）。建省過程中，省會選址自為最重要的事情之一。

　　臺灣首任巡撫劉銘傳係照其前任岑毓英之議，調整臺灣的政區，將臺灣劃為三府，原臺灣府降格為臺南府，與臺北府分據南北二端，而於中部設立臺灣府及首縣臺灣縣，擇定彰化橋孜圖地方為省會及首府、首縣所在地。橋孜圖本為一籍籍無名之小地方，一下子擢為省垣，一切都得重新打造。光緒十五年八月，臺灣知縣黃承乙奉命設計、監造城垣、衙署、廟宇等，建成了八門四樓及文廟和一些廟宇。翌年，林朝棟繼修城垣，所費近二十萬兩之巨。該年十月劉銘傳去職，次年三月以邵友濂接任。邵以經費難籌等原因停止橋孜圖修城事，將省會移至臺北，臺北乃成為省會至今。臺北之成為省會，似有偶然因素，然偶然之中包含著必然。

　　一般而言，從古至今，作為中心，無論上至國都或下至縣治，都要把地理環境及交通條件作為選址的首要條件之一。範蠡為勾踐定都選址時說「今大王欲國樹都，並敵國之境，不處於平易之都，據四達之地，將焉立霸王之業？」勾踐採納範蠡之議，定都大越城（紹興市）。大越城水陸交通均十分方便，《越絕書》卷八載：「山陰古故陸道，城出東郭，隨直瀆；山陰古水道，出東郭，從郡陽春亭，去

縣五十里。」陳橋驛指出，這是從大越城到今曹娥江邊的兩條平行水陸通道。此外，大越城離海岸不遠，越國曾造木筏漂海而行，大越城也是一個海洋航行的重要基地。但「據四達之地」有多重涵義，一是以理民為中心的行政考慮；一是軍事上的防禦功能；一是經濟上的功能；等等。中心的多重功能的互動，是中國歷史上城鎮體系演變的重要決定因素，而這種決定因素是以地理環境和交通條件為基礎的。

論者多以為，歷史上（尤其早期歷史）中國城鎮的形成發展，政治職能是首要因素。如墨菲認為「除少數例外，行政機能支配了中國城鎮的盛衰，不論這些城市是否具有貿易或製造機能，」「大都市的唯一機能顯然是行政，即使位居樞紐地位的重要貿易城市，亦受官府或衙門的支配⋯⋯（官府、衙門一旦遷離）儘管貿易、製造機能仍在，但市況將一落千丈。」章生道亦認為「中國城市的機能基本上是行政的，中國歷代王朝的都市階層和行政階層是互相平行的。京城是國內人口最為稠密的都市中心，就整個帝國而言，京城是首善之區，也是經濟、文化和交通中心。省城是每一省人口最稠密的都市，而縣城是最低層級的行政中心，朝廷透過這些中心以控制和管理廣大的鄉村地區。」但施堅雅認為，情況在晚唐至北宋時期發生了變化，他稱此為中國城市發展史上的「中世紀城市革命」，從這一時期開始，某些城市迅速擴大，市郊商業區蓬勃發展，「出現了具有重要職能的大批中心城鎮」。這樣，原有的基於行政職能的城鎮與基於經濟功能的城鎮就形成了兩個體系，並在演變的過程中互動。其結果，是基於行政職能的城鎮體系成為基於經濟功能城鎮體系的子集。他對晚清中國城鎮的歸納得出結論：「在經濟層級上，列為地方都市或以上的中國中心地，大部分亦為行政首府和中心」，大部分的都會都是省會，而省會大部分也是都會。同樣，一般來說，道衙所在地的城市大部分為區域性都市或大都市，府治多為大都市或地方性都市；而縣治或為地方性都市或為中央市鎮和中介市鎮。大部分的集市和墟市都缺乏政府行政機構。假如行政性的城市只是經濟性城市的子集的話，那麼，按照施堅雅的說法，就是各級行政中心的選擇是以經濟中心為基礎的。施堅雅認為，這種情況的出現，其原因是社會經濟的發展。至於經濟性城鎮體系層級結構的形成，施堅雅採用德國學者的中心地理論，其理想形態為一蜂窩狀的六邊形結構，每一最基層中心（六邊形的頂點）向其周圍的鄉村提供消費品，而若干個基層中心又圍繞一個高一級中心（同樣是六邊形頂點），從它那裡獲得高一級的消費品，如此往上推而達到最高級的中心。現實當中當然沒有這種純粹

的理想形態，而要根據所研究地區的地文情況加以修正。在施堅雅，這種修正是以水路運輸為基礎的，在前近代中國，大規模的、經濟的運輸只有水運才有可能，另外，消費品向低級中心直至鄉村腹地的輸散也可轉換為鄉村農產品的輸出和消費品的輸入。檢驗研究的範例——成都平原以及長江中下游地區，寬廣的平原和密集的河網，為城鎮體系的層級結構的形成提供了基礎。

現在我們回到臺灣省會定址問題上來，究竟臺灣省會之定址，是行政職能考慮的結果呢，還是經濟功能發揮的結果？毫無疑問，我們的分析應當以社會經濟發展史以及地理環境惡化交通條件為基礎。

二

臺灣省包括臺灣本島、離島及澎湖列島，本文不涉及澎湖。由於臺灣島的土地資源主要位於島的西部，東部除東北角的宜蘭平原以外，花蓮平原和臺東縱谷平原的土地資源僅占極小部分，所以本文的論述以臺灣島西部為主。

臺島西部習慣上可以分為三部分，斗六以下為南部，斗六至大安溪為中部，大安溪以北為北部。南部包括嘉南平原、屏東平原及恆春半島平原等，是臺灣最大的平原地帶。但嘉南平原水資源不足，農作物構成包括稻米以及甘蔗、蕃薯、花生、豆子等旱作。旱作中以甘蔗最為重要。臺灣中部主要包括彰化平原、臺中盆地、埔里社盆地等。這裡水資源充足，土壤肥沃，是臺灣最重要的稻米產區。臺灣北部由新竹沿海平原、桃園臺地、臺北盆地、基隆丘陵以及宜蘭平原構成。北部降雨充沛，其平原地帶是良好的稻米產區，而丘陵地帶適合於經濟作物。清代前中期，藍靛是重要的經濟作物，晚清則生產茶葉，並成為最重要的農作物之一。此外，中部、北部的山地出產的樟腦也是臺灣最重要的物產之一。

臺灣與閩南隔海相望，氣候溫和，雨量充沛，土壤肥沃，是閩粵尤其是閩南一帶爭相移民拓墾的地區。荷蘭人占據時期及鄭氏政權時期，臺灣的開發以今米‧臺

南周圍為主，南及鳳山（今屏東、高雄一帶），北至斗六一帶，此外，廣大的地域基本尚處於荒蕪狀態，或為平埔族的「鹿場」。清廷將臺灣收歸版圖後，閩粵移民大量湧到，迅速越過斗六門北上，拓墾中部、北部的平原、丘陵。至乾隆末期，除宜蘭平原和臺東地區以外，臺島西部大部分已被開墾。移民們種植稻米、甘蔗和其他經濟作物，向大陸輸出大量的米、糖及其他農產品。由於臺灣是一個新開發區，手工業極不發達，因此，一應消費品均從大陸輸入，因此，清代臺灣的貿易商業極為發達。農業經濟的發展和商貿的發達，使清代臺灣發展出了許多鄉街市鎮，但這些鄉街市鎮的形成、發展和布局，不但取決於社會經濟的成長，還要受到地理環境的制約。

臺灣地形的主要特點是中央山脈、玉山山脈、阿里山山脈等幾乎從南到北貫穿全島，形成脊樑山脈，3000米-4000米高的山峰連接不斷。島小山高，使得河流比降極大，且河流大部分為東西走向，臺灣西部河川基本都是由東向西流入臺灣海峽（北部雙溪流域是唯一不屬於臺灣海峽水系的一個例外）。由於臺灣雨量充沛，陸地面積南北長、東西窄，使得臺灣河川形成「流路短促，水勢急湍。在山間，下切極深，形成峽谷；出山外，則奔流不羈，每成亂流。水勢漲落無常，呈暴流性質。」這種河川毫無舟楫之利，非但如此，每逢山洪暴發，輒阻斷南北交通。清代臺灣唯一有通航價值的，是臺北盆地的淡水河，我們後面還要說到它。將臺灣的情況拿來和成都平原等大陸地區作一個對比，可以發現臺灣的交通毫無河川之利，非但如此，臺灣本島亦無沿岸航行之利。臺灣作為一個海島，海岸線1140多公里，但西部沿岸灘塗平鋪，最寬處竟可達五六公里。且沙汕極為發達，凡此，皆使沿岸航行極為困難。因此，本島內部各區域之間的交通主要依賴陸路，貨物依靠肩挑車運，而這和河網的水路運輸能力根本是無法相比的。因此，臺灣島內部要形成層級式的經濟城鎮體系是相當困難的。

清代前中期，經移民的拓墾，臺灣的農業經濟和商品經濟都得到充足的發展，封建經濟繁榮，形成了許多鄉街市鎮，但由於受地理環境之限制，這些城鎮都只能是小型的，用層級式結構的話語來說，它們只相當於低層級的中心。

陳正祥曾歸納臺灣鄉街的形成：「所有此等鄉街，概見於沿海平原與局部盆

地，也就是產業比較發達的地區。鄉街間的互相距離，絕大部分在5—10公里之間，平均約為7.7公里。就其所在位置說，約可分為五類，第一是位於海岸者，如蘇澳、淡水、後　、梧棲、布袋、安平、馬公與東港等，多為過時之海港。第二是位於河邊者，如新莊、板橋、汐止、大溪、北港、樸子、鹽水港與麻豆等，多為舊時之河港。第三為坐落平原地帶之衝要位置者，如中壢、大甲、員林、北、斗六、佳里、岡山與潮州等，多為局部之交通中心與行政中心。第四是見於山區局部平地者，如竹東、東勢、埔里與集集等。第五是見於山坡而賦有天然資源者，如九分與金瓜等。」除去第五類不論外，上述鄉街均為低層級的經濟中心，為農產品的集散地與手工業品等消費品的供應地。由於其物資的集散主要靠人挑車運，因此，其對鄉村腹地的輻射範圍有限。

上面所說的主要是經濟中心的形成，除此之外，還有行政中心的形成問題。

除了嘉南平原和屏東平地一帶，臺灣大部分地區是在清代拓墾的。隨著土地的開墾和人口的增加，需要不斷地設置和劃分新的政區，設立新的行政中心。同時，臺灣歷史上有「三年一小反，五年一大反」之稱，清末並有日軍入侵，法軍入侵等外患，政區的重新劃分和行政中心的設置都要考慮到政治和軍事上的功能。陳正祥指出：「綜觀清廷治臺211年間（1684-1895年），地方行政區劃的調整，主要者計有五次，而每次皆與政局改變及外患有關。第一次在鄭氏投降之後決定收入版圖之初（1684年），就原有行政區劃稍加更改；第二次係在朱一貴事變平定之後（1723年）；第三次係在蔡牽、朱事變平定之後（1812年）；第四次係在日本藉故侵擾臺灣之後（1875年）；第五次係在法軍侵擾臺灣之後（1885年）。」對於行政區劃調整等原因及設置新的行政中心的原則，施添福認為：「清代對縣治區位的選擇標準，就是盡量將其置於人文交互作用的最大點，或可能的最大點，以便從這一點能以最少的時間或最短的距離接近轄區內的人民。」「即為了便於治事理民，以盡廳縣之責，縣廳治選擇不但考慮其相對於轄區的中心性，即使後來的發展，使原來的縣治區位漸失中心位置，亦透過諸如：析土另立新縣廳、調整縣界、縣廳印官以權宜方式在兩地處理公事，遷移縣廳治，以及設置或調整分守縣丞和巡檢等手段，以保持區位的中心性。由於縣廳治在其轄區內，大多能居於人文發展中心的優越位置，因而使其具有發展成縣廳境內最高級中心的潛力。」「以最少的時間或最短

距離接近轄區內的人民」，這是傳統官方設置行政中心時所遵循的「理民治事」原則，我們在後面還要談到這一原則，現在問題是，如果把清代臺灣縣廳治的設置放在中國城市發展史的總體背景中來考慮，那麼，究竟是行政中心促進了城鎮的成長並衍生了其他城市功能（經濟、文化中心）呢，還是行政中心遷就、適應了因經濟、商業的成長而形成的經濟中心呢？我們來看幾個例子。

清廷將臺灣收歸版圖時設立一府三縣：首縣臺灣（今臺南），其次為諸羅、鳳山二縣。鳳山縣治承鄭氏舊址設立於興隆莊。興隆莊「南即打鼓海口，控制水陸，實際自然險要。」但興隆莊雖然位置險要，卻僻處海隅，難以成為一個地區的經濟中心。隨著清代臺灣農業經濟的成長，鳳山縣裡形成了一個新的經濟中心——埤頭街。埤頭街在雍正年間已是「居民輻輳，行旅往來之孔道」。雖然自雍正年間知府沈起元就建議遷縣治於埤頭街，但一直未被獲准。乾隆五十一年，興隆莊毀於林爽文事變，縣治遷埤頭街，嘉慶十一年（1680年）埤頭街毀於蔡牽事件，縣治又遷回興隆莊。鳳山縣治之遷來遷去，雖直接繫於戰火，卻也反映了行政性城鎮與經濟性城鎮的互動。最後是經濟型城鎮獲勝，道光二十七年（1847年），清廷終於採納臺灣知府全卜年、閩浙總督劉韻可的奏請而將鳳山縣治定於埤頭街。

其次是建省時分劃出來的雲林縣縣治，其最終選定斗六門。雖然該地「地屬中央，西螺、塗庫、他里霧、林圮埔環其四隅，為雲林扼要之區。南至嘉義，北抵彰化；東入山，西到海，道塗遠近相若，足資控制」。但斗六門早已是「村落相連，人煙稠密，田土膏潤，形勢適中」。已是一個經濟中心。

以上兩例為縣廳級治所的情況，府治的設立也存在與經濟中心相適應的例子，這便是光緒初臺北府治的設置。我們知道，沈葆楨所區劃的臺北府，卜治於艋舺，而將竹塹分治，設立一個新縣，卜縣治於塹城。其時艋舺早已成為最繁華的經濟中心，乾隆後期便有「一府二鹿三艋舺」之稱了。在臺北府設立之前，北臺的政治中心在竹塹。雍正九年（1731年）設立淡水廳，廳治定於竹塹，其時竹塹尚為「番社」。之所以卜治竹塹，乃新竹平原開發較早，鄭氏晚期，王世杰已率族人入墾該地，而臺北盆地之拓墾一般以康熙後期陳賴章墾號的土地文書為標誌性年代。但後來臺北盆地的經濟發展勢頭在新竹平原之上，艋舺作為經濟中心，也很快超過竹

塹,「一府二鹿三艋舺」為時人所津津樂道。道光年間「艋舺民居鋪戶約四、五千家。……淡水倉在焉。(淡水)同知歲中半居此,蓋民富而事繁也。」在行政性城鎮和經濟性城鎮的互動中,經濟性城鎮佔了上風,沈葆楨已看到竹塹作為廳治造成「同知半年駐竹塹衙門,半年駐艋舺公所,相去百二十里,因奔馳而曠廢,勢所必然」的弊端,所以在籌劃臺北府時,乃將艋舺定為府治,而竹塹僅得為縣治。塹城紳商雖希望借助行政中心的功用來推動商業經濟的發展而上書沈葆楨,請求將府治設立於塹城,然最終不可得,此亦為中國城市革命後的中華帝國晚期城市發展中行政中心適應經濟中心發展之一例證。

總的說來,基於臺灣本島內部的地理環境和交通條件,只能形成一些低層級的經濟中心,而這些低層級的經濟中心和行政中心(縣廳級或以下)是相適應的,很多低層級的行政中心是以這些經濟中心為依託的,在陳正祥所舉例的鄉街中,設置過府、縣、廳治的有淡水、安平、斗六、佳里、員林、埔里、大溪(大科坎);設置過縣丞的有北港(笨港)、斗六、新莊等;設置過巡檢的有佳里興、新莊、大甲、斗六,等等。

三

我們前面說過,層級性的經濟性城鎮體系的形成,是以具有密集河網的平原地帶為典型架構的。以這個修正過後的中心地原理架構來觀察臺灣的自然地理環境和交通條件,就可以發現前近代的臺灣確實難以形成層級性中心地結構中的高層級中心。高層級的經濟中心的形成,有賴於臺灣與大陸的經濟關係及海上交通。

相對於臺灣島內部交通條件的嚴重侷限,它和大陸之間的海運交通倒是十分方便。對於傳統中國所掌握的造船和航海技術來說,臺灣海峽的航渡是毫不困難的。康熙年間,黃叔璥已記載:「商旅貿易,乘澎仔等平地船,在洪濤巨浪中往來如織。」

由於清代臺灣和大陸之間存在著產業上的分工，臺灣向大陸輸出米、糖、藍靛、麻、豆等農產品，而從大陸輸入一應手工業品等消費品，與大陸貿易的重要港口遂有成為地區性中心的可能。

清廷收復臺灣後，以府城（今臺南）為對渡廈門的正口。乾隆四十九年（1784年）又開放鹿仔港與泉州晉江的蚶江口對渡通商，乾隆五十七年（1792年）又開放淡水廳與蚶江、福州五虎門對渡。府城、鹿港、淡水（艋舺）遂成為對渡大陸的三個正口，其本身也繁盛發展起來，儼然有成為地區性的經濟中心之勢。米、糖等農產品從這裡運往大陸，而手工業品從大陸運到這裡再分銷到各低層級的經濟中心。雖然本島沿海還有一些海港、河港，但他們遠不能和「一府二鹿三艋舺」相比。但這三個中心的情況也是有些不同的。如果以「一府二鹿三艋舺」作為三個地區的經濟中心的話，艋舺因淡水河（基隆河，大科坎溪）可航行木船，可以溝通整個臺北盆地並達到基隆丘陵，其情況是最好的；而鹿港、府城的情況要差一些，面對廣大的腹地，無舟楫之利，難以充分發揮經濟中心的功能。這其間，府城和鹿港的情況又有一些不同。府城一向是臺灣的行政中心兼經濟中心，在中部地區和北部地區開發後，成為南部的經濟中心兼全島的行政中心。雖然從行政職能上來講，它對中、北部有鞭長莫及之感，在中、北部經濟持續增長（中、北部的農業自然條件要優於南部，具有超過南部的潛力），人口也不斷增長的情況下，府城作為全島的行政中心的地位是很勉強的。但在府城行政中心地位尚未改變之前，它對府城作為南部地區的經濟中心的地位是有幫助的。鹿港則不同，它是純粹作為經濟中心發展起來的，在和腹地溝通有困難的情況下，它的前景未可樂觀。當然，鹿港的最終衰落是港口淤淺的緣故，但即使不淤淺，它的發展空間也不十分寬廣。進入晚清，地理環境和交通條件對鹿港的限制就完全暴露出來了。

晚清時，臺灣的經濟格局發生變化，由於開港，臺灣農產品進入世界市場，茶、糖、樟腦成為最重要的農產品輸出。茶、樟腦輸出到世界市場，糖保持原有的大陸市場、日本市場，部分也曾進入世界市場。而西方的棉布、煤油燈消費品與鴉片也大量進入臺灣。而稻米，由於臺灣本身人口的增長，輸出已不及清代中期那麼旺盛。這樣，臺灣經濟中心就分別置於南北兩端，由於茶葉的總產值高及主要進入世界市場，北部的地位要顯得比南部重要，和臺島這種新經濟格局相適應的是基隆

和打狗兩個港口發展起來，形成打狗—府城，淡水—基隆這樣兩個港口體系，這兩個體系同時也是南北兩個經濟中心，而中部則沒有中心了。

　　晚清臺灣形成南北兩個中心的形勢也從中法戰爭中臺灣防務的部署上表現出來。在劉銘傳接篆之前，臺灣防務掌於劉璈之手，由於兵力有限，他布防重點在於府城，臺北的防務則比較薄弱。劉銘傳到任後，雖然對這種布防不滿，但他除了努力部署北部防務以外，並未削弱府城兵力。實際上，法軍於臺灣海戰前亦曾窺探府城，因清軍防備嚴密遂折回北部。二劉雖不和，劉銘傳為封疆大吏，但在中法戰爭中，他並未削弱府城防務而是在兵力不足的情況下撐持北臺防務，戰後劉銘傳劾劉璈亦未涉及這一點。蓋二劉皆能兵，知南北二端並重，皆為臺島中心，皆當嚴加密防。臺灣籌劃建省和建省後，岑毓英、劉銘傳對省會選址都是基於理民這樣一種行政中心的思想，即施添福所指出的「以最少時間或最短的距離接近轄區內的人民」這一原則，為此，岑、劉擇定於中部（不僅是縱向的中部，同時在橫向上也是中部）的橋孜圖，並對臺灣政區作調整以使選定的省會的地址處於中樞的區位。劉銘傳的奏疏稱：「臣等公同商酌，竊謂建置之法，形勢為先；制治之方，均平為要。臺疆治法，視內地為獨難，各縣之幅員，反較多於內地，如彰化、嘉義、鳳山、新竹、淡水等縣，縱橫多至二、三百里，鞭長莫及、治化何由？且防務為治臺要領，轄境太廣，則耳目難周，控制太寬，則聲氣多阻。……現改設伊始，百廢俱興，若非量予變通，何從定責成而錘久遠？……彰化橋孜圖地方，山環水復，中開平原，氣象宏開，又當全臺適中之地，擬照前撫臣岑毓英原議，建立省城。分彰化東北之境，設首府曰臺灣府，附郭首縣曰臺灣縣。將原有之臺灣府縣改為臺南府、安平縣。嘉義之東，彰化之南，自濁水溪始，石圭溪止，截長補短，方長約百餘里，擬添設一縣曰雲林縣。新竹苗栗街一帶，扼內山之沖，東連大湖，沿山新墾荒地甚多，擬分新竹西南各境，添設一縣曰苗栗縣。合原有之彰化縣及埔里社通判，四縣、一廳，均隸臺灣府屬。其鹿港通知一缺，應即裁撤。淡水之北，東抵三貂嶺，番社紛歧，距城過遠；基隆為臺北第一門戶通商建埠，交涉紛繁，現值開採煤礦，修造鐵路，商民麇集，尤賴撫綏；擬分淡水東北四保之地撥歸基隆廳管轄，將原設通判改為撫民理事同知，以重事權，此前路添改之大略也。後山形勢，北以蘇澳為總隘，南以埤南為要區，扼控中權，厥唯水尾。其地與擬設之雲林縣東西相宜，聲氣未通。現開山路百八十餘里，山丹社嶺，集集街經達彰化，將來省城建立，中路

前後脈絡，呼吸相通，實為臺東鎖鑰，擬添設直隸州知州一員，曰臺東直隸州。左界宜蘭，右界恆春，計長五百里，寬三、四十里，十餘里不等，統歸該州管轄，仍隸於臺灣兵備道。其埤南廳舊治，擬改設直隸州同知一員。水尾迤北，為花蓮港，所墾熟田約數千畝，其外海口，水深數丈，稽查商船，彈壓民番，擬請添設直隸州通判一員，長川駐紮，均隸臺東直隸州。此後路添改之大略也。」

劉銘傳對臺灣政區的重新劃分，使得橋孜圖位於各政區的中間區位，完全體現了城市發展史上以理民為第一，傳統的行政考慮優先於經濟的思想。然而，臺灣的地理環境和交通條件使他的這種思想無法實現。如前所述，臺灣的河流由於比降大，不僅湍急，而且雨季洪水量大，無法渡越。臺灣的河流絕大部分為東西走向（西部流入臺灣海峽的河流自東向西流，東部流入太平洋的河流自西向東流，僅北部及南部個別河流呈偏南或偏北的流向），在洪水季節形成一道道屏障，使得在最短時間內達到所需治事地點的設想無法實現。

另一方面，由於中部地區缺少一個高層級的經濟中心，使得行政中心依託既有經濟中心的可能性也不存在（值得一提的是，鹿港的紳商意識到行政中心有促進經濟中心的可能性，遂積極上書劉銘傳，懇請將省會設置於鹿港，遭到劉氏的斷然否定）。因此，晚清的狀況表明，省會定址在中部是不現實的。

邵友濂把省會定在臺北尤其有其客觀必然性。如前所述，臺北與臺南此時已成為南北兩個經濟中心兼行政中心，晚清北部經濟有超越南部之勢，既然長期以來全島的行政中心可以置於南部，現在亦不妨置於北部，在橋孜圖不可能成為省會之後，臺北是一個最好的選擇。

四

在前近代，水運是最重要的交通運輸手段，由於臺灣本島內部基本缺乏水路交通條件，所以形成高層級的經濟中心是很困難的，而只能在陸路交通的基礎上，形

成一些低層級的經濟中心。這些低層級的經濟中心適於作為縣廳級及其以下級別的行政中心。然而，由於臺灣與大陸的產業分工，在海上交通發達的基礎上形成了南北兩個重要港口體系，並成為臺灣兩個高層級的經濟中心，全島的行政中心只能依託於其中之一，清代前中期乃依託於臺南（府城），後期遂依託於臺北，這是臺北成為省會的根本原因。

就橋孜圖而言，它居中的區位並非沒有優勢，而且中部地區也需要一個中心，只是在前近代的條件下不可能實現。在鐵路、公路運輸發達以後，橋孜圖作為地區中心的設想才有可能實現，而今天，臺中市確實也成長為中部的經濟、行政中心。

清代臺海兩岸航行時間

陳孔立

臺灣海峽，最近的距離只有130公里，大陸到澎湖的航程則更短。現在貨輪從廈門到高雄大約13小時，從福州到澎湖15小時；最近臺灣「海洋拉拉」號從臺中至廈門只要4個多小時，而福州到基隆估計則更快。那麼100年前、200年前乃至300年前需要多少時間呢？清代前期兩岸之間的距離以「更」為單位，有的說一更為60里，或稱一晝夜為10更。廈門至澎湖7更，澎湖至鹿耳門5更（或說4更半），或說廈門渡臺海程12更，約計700餘里，蚶江渡臺海程9更，約500餘里。以此推算，廈門至澎湖比一晝夜稍多一些時間即可到達。但到達澎湖大約只完成航程的60%，而後一段航程也十分艱險。在順風的情況下，從廈門到澎湖「一日有餘乃至」，中午或傍晚出發，第二天早晨便可望見澎湖，但為了避免夜間抵達鹿耳門難以進港，還需要在澎湖等候；而從臺灣往廈門一般是黎明從鹿耳門放洋，午後到達澎湖，從澎湖到廈門，則是黃昏出發，第二天早晨可以望見內地的山影。船隻遠渡橫洋，只靠一帆風力，「固畏颶風，又畏無風」，如果無風，從鹿耳門到澎湖就要一兩天時間，到廈門就更慢了。如果遇到大風，更加難以估算，甚至到達鹿耳門以後無法進港，就要退往澎湖，甚至無法停泊澎湖，不得不退回廈門。

因此，航行時間與氣象、海象（marine meteorology）有直接關係。一般地說，春天常有大風，不宜航行。陰曆四、五月，風暴較輕，船行甚穩，但行速較慢。六、七月常有颶風。八月白露以後，船行迅速。九月連續大風，幾乎無法航行。十月小春，天氣晴暖，風波恬和，便於航行。十一、十二月，時常有風，但可乘風隙往來兩岸。根據經驗，最佳航行時間是四、五、八、十月。但也不可一概而論。

應當說明的是：本文主要根據臺灣出版的清代檔案史料、北京中國第一歷史檔

案館未刊的檔案以及其他文獻資料，蒐集有關兩岸間航行具體時間的資料，而不涉及各種船隻的大小以及兩岸各個港口之間距離的遠近，此外，相關民間傳說因無法證實未予採用。

現在以道光前後為界，透過一些實例，考察前期、後期兩岸航行實際需要的時間。

清代前期（1661-1820年）

鄭成功進軍臺灣，順治十八年（1661）陰曆三月二十三中午，從金門料羅放洋。二十四日，各船俱齊到澎湖。這裡沒有記載到達澎湖的時刻，但另一文獻記載：「至未刻，抵澎湖」。即第一天中午出發，第二天未時（下午2時左右）到達，大約26小時。

施琅進軍澎湖，康熙二十二年六月十四日辰時，大小戰船500多艘，從福建銅山（東山）出發，十五日申時到達貓嶼、花嶼，當晚泊到八罩。十六日，進攻澎湖。第一天上午8時左右出發，第二天下午4時左右到達澎湖的小島，大約30小時。

康熙年間還有一些航行的記載，例如，郁永河三十六年（1697）正月二十一日黎明從廈門大擔門出發，二十二日中午就到達澎湖的馬祖澳。但到二十四日傍晚才到達赤嵌城。他自己說：「計自二十一日大擔門出洋以迄臺郡，凡越四晝夜」。從廈門到澎湖的時間大約30小時。

四十八年七月十五日，福建巡撫陳瑸從廈門開船，二十日抵臺，需要五、六天時間，而五十四年（1715）四月，從臺灣渡海，「一日兩夜即順風過來了」。

六十一年（1722）四月二十七日，巡臺御史黃叔璥到廈門劉五店，五月十三日登舟，泊浯嶼。十四至十九日，大風。二十日，從小擔放洋，二十二日，過黑水溝，二十四晚泊烈嶼，二十五日收泊大擔，二十九晚泊金雞澳，東北望澎湖，六月

初一日由將軍澳經西吉出洋，初二午進鹿耳門。這次航行遇風，從廈門小擔放洋到澎湖附近用了9天，到鹿耳門11天。

雍正年間每年都有新任巡臺御史前往臺灣，他們都報告了航程，少則5—6天，多達近一個月。

二年，巡臺御史禪濟布閏四月初十日抵廈門，十六日放洋，風順波恬，二十一日到臺灣。前後5天。

三年，巡臺御史景考祥三月二十八日至廈門，因風信延至四月十八日始能出洋，於二十六日進鹿耳門。前後8天。

四年，巡臺御史索琳五月三十日至廈門，六月十六日至澎湖，二十八日抵鹿耳門。從廈門到澎湖用了16天。

五年，巡臺御史尹秦正月二十六日至廈門，二月初九日至澎湖，十三日進鹿耳門。從廈門到澎湖用了13天。

乾隆年間有關渡臺時間的記載較多。二十一年臺灣鎮總兵馬龍圖六月十五日赴廈門候風渡海，至七月二十日到臺，前後35天，其中候風時間很長。

八年六月初一日一艘大船運載班兵65名，從廈門大擔門出口，因風信不順，收泊銅山（東山），初十日放洋，十二日到澎湖，十三日放洋前往鹿耳門，夜間颶風迅發，船隻被風擊破，兵丁於沙汕逃生。儘管兩天到達澎湖，卻無法進入鹿耳門。

二十八年鳳山縣儒學教諭朱仕玠五月二十八日從廈門登船，二十九日從小擔出口，阻風折回，三十日五更放洋，因無風，航行緩慢，六月初六日才到達澎湖。用了6天時間。

三十年，臺灣道余文儀二十九年十二月二十四日在臺灣登舟候風，至三十年一月二十二日抵福州，包括候風時間多達28天。

三十二年，巡臺給事中覺羅明善七月二十九日廈門上船，八月十日抵臺。前後12天。

三十三年，福協副將戴廷棟十二月二十四日於廈門登舟，二十九日抵達臺灣。前後5天。

四十二年，巡臺御史覺羅思義七月二十七日至廈候風，八月二十一日渡海抵臺。前後26天。

四十八年，福建水師提督黃仕簡四月二十九日從臺灣登舟西渡，「緣密雨連綿，繼以西南風盛，逐日在洋（左高右戈，左倉右戈）行駛，於五月二十七日始抵廈門」。從臺灣到廈門長達28天。

五十二年，軍機大臣福康安率領大軍渡臺，是一次十分快速的海上軍事行動。十月二十八日從蚶江崇武澳放洋，於二十九日抵達鹿仔港。「一晝夜間揚帆穩渡，所帶兵船百餘號，同時到港」。

此後，來往兩岸之間很少有如此順利的情況。

五十三年正月初六日，福建巡撫徐嗣曾由蚶江出發，初十日抵達臺灣軍營。二月，臺灣鎮總兵奎林前往臺灣，將抵鹿港，被風吹回，在泉州永寧澳登岸，由陸路赴崇武澳，於二月初九日放洋，十一日抵達鹿仔港。

同年五月初九日，福康安由鹿耳門登船候風，十日順風揚帆，日暮抵黑水洋，距澎湖內澳二十餘里，風息不能進，在洋面飄蕩。十二日午後風浪大作，竟夜不止，船隻雖覺欹側，幸而安穩無虞，行程甚速。十三日晚間至大擔門外，十四日廈門港口登岸。

同年九月，福建按察使萬鍾杰二十一日大擔門放洋，二十五日抵臺。

五十五年泉州知府報告說：「內渡（臺灣）生番頭目一十二名及義民、通事、

社丁等於四月初九日自鹿耳門開舡,仰托聖主洪福,一路海波恬靜,十六日由廈門登陸」。前後花了8天,還是「仰托聖主洪福」才能做到。但是,同年五月有哨船攬客27名「偷渡」臺灣,十九日上船,二十六日被風打到海豐港,既非「海波恬靜」,又無「聖主洪福」,前後也是8天。

五十六年十月十六日臺灣鎮總兵奎林從臺灣登舟,二十二日放洋,二十三日到澎湖,遇風,至十一月初三日才繼續開船,初四日入大擔門,五日抵廈。

五十七年閏四月十九日,有小商船從泉州南安內湖港載客27名偷渡,二十三日晚「駛至不知地方海灘」登岸,前後才4天。

六十年四月,署理福建按察使劉大懿二十七日蚶江放洋,二十九日抵達鹿港,而閩浙總督伍拉納則於第二天(二十八日)從泉州登舟,五月初四日才抵達鹿港。

以上實例表明,從福建到臺灣一般航行時間需要4—5天,順風則2—3天即可到達。

嘉慶年間有關航行時間的記載較少,查到的有以下幾則:

九年二月,興泉永道朱理十二日到蚶江候風,至三月初六日才抵達臺灣。

十三年三月,福州將軍賽沖阿十八日從鹿耳門放洋,二十九日抵達廈門。

十四年八月,福建路提督許文謨十九日從廈門登舟候風,二十四日放洋,因風不順,九月八日到達鹿耳門。

十五年一艘雙桅商船運載一百多人,六月二十二日由廈門放洋,二十五日酉刻駛至鹿耳門重汕,忽然遭遇大風暴雨,大桅折斷,船隻漂流,沉礁擊碎。即使3天可以達到鹿耳門附近,卻無法入港。

二十五年五月,臺灣鎮總兵音登額十六日在蚶江候風,六月初一日到臺。

以上幾次都不順利，航行時間均在10天以上。

嘉慶年間船隻遭風乃至船難的情況時常發生，文獻上有大量記載。諸如大桅折斷、船身被浪擊碎、或被沉礁擊碎、「寸板無存」、兵丁溺斃數人、數十人乃至一百多人，也有得救逃生等等。從廈門出發的船隻，即使已經到達臺灣附近洋面，仍然會遭受颶風襲擊，甚至導致船毀人亡。例如，七年二月初六日，萬字6號哨船從廈門放洋，初八日靠近澎湖，遇到颶風，被擊碎，淹斃147名兵丁。同年八月二十三日，海字3號哨船從廈門放洋，二十五日到達鹿耳門外，遇到颶風，大桅折斷，隨風漂流，被沉礁擊碎。也有從臺灣出發，便在澎湖附近洋面遭風，五年臺灣鎮總兵愛新泰報告，九月十九日水師提標哨船載兵丁92名，從鹿耳門放洋，當晚在東吉洋面遇風，船隻被浪擊碎，兵丁大半受傷，4人漂失。

從以上資料可見，清代前期臺海兩岸航行時間受氣象影響甚大。順風時不及2天便可到達澎湖，甚至從蚶江至鹿港「一晝夜」即可到達。一般來說，從大陸至臺灣需要4—5天，而10—20多天也很常見，包括候風時間長達一個月以上者並不足為奇。

清代後期（1820—1895年）

道光以後，航行時間是否有所縮短？何時開始發生變化？這是我們需要考察的問題。先看以下具體的記載：

四年七月十四日福建巡撫孫爾準從滬尾登舟，由八里坌徑渡五虎門，舟行穩速，於七月十九日回至福州省城。前後仍需5天。

二十二年十月初八日，臺灣官員派人乘坐「夷船」，護送遭風的「夷人」25名，從臺灣放洋，初十日到廈門。而同年九月二十三日放洋，護送「夷目」9人，因風不順，收入澎湖，至十一月二十一日才到達廈門。

前後兩次時間相差二十多天。

二十七年正月，鹿港同知曹士桂來臺灣任職，七日巳刻從泉州獺窟出發，北風起，次日未刻到達鹿港番仔挖。「自獺窟至番仔挖，洋面八更，蓋八百里也，一日而至，每時計行六七十里」。

第一天上午10時左右出發，第二天下午2時左右到達，大約26小時。

同年四月初二日，臺灣道徐宗幹從蚶江登舟，初五日「得西北風，出口平穩」，後來風猛浪大，初六日日出，將到鹿港，但收帆不及，駛過二百餘里，停泊笨港，十五日到達府城。雖然一天即可到達，但卻無法登岸。

應當提到的是，道光十五年時在臺灣教書的蔡廷蘭從金門料羅出發去臺灣，估計10天內到達，但十月初二日登舟不久就遭到大風，船隻隨風漂流，十一日夜間居然到達安南（越南）。這說明那時兩岸航行的風險仍然很大。

咸豐年間運輸工具開始有些變化。四年六月徐宗幹乘坐「夷艇」，二十四日寅刻從鹿港附近的五條港出發，順風，二十五日辰巳間已近五虎門。清晨4時左右出發，第二天上午9時左右到達，大約17小時。

同治二年九月丁曰健從福州來臺，初八日由五虎門出發，初九日申酉間到達淡水的滬尾。大約一天半。

五年十月十一日五鼓兼理學政吳大廷從福州出發，阻風，十三日泊南日澳，十四日至安海，守風一日，十七日抵達臺灣。七年二月二十五日「夜半」，他從安平出發，二十八日「午正」抵達福州。大約兩天半。

十三年欽差大臣沈葆楨五月初一日辰刻從福州馬尾乘「安瀾」輪，初二日到泉州深滬，初三日到澎湖。

同年六月二十一日羅大春從廈門乘「靖遠」輪船出發，當晚到達澎湖。

光緒元年十月初四日福建巡撫王凱泰從安平乘「海鏡」輪船內渡，遇風，收泊澎湖五日，至十日，風浪略平，十一日抵達福州。

　　二年十月初，新委臺灣府知府向燾乘坐輪船赴臺，「至今數旬尚在海壇洋面守風」。十一月十五日福建巡撫丁日昌由閩省輪船渡臺，十八日到雞籠。

　　三年四月二十五日督辦福建船政吳光祿從福州乘坐「海鏡」輪船，二十七日到達澎湖，因風潮不順，守候半日，乘夜開行，二十八日抵旗後登岸。

　　四年十一月十五日由臺灣內渡，在南日海面遇風，十七日到達馬尾。

　　六年十月二十一日福建巡撫勒方錡從福州東渡，二十三日到基隆。前後3天。

　　七年閏七月十八日福建巡撫岑毓英渡臺，十九日抵達臺北。同年八月二十九日岑毓英乘「永保」輪船由臺北出發，九月初一日福州羅星塔。前後也是3天。

　　八年十一月十九日署理福建巡撫張兆棟由福州乘坐輪船擬至基隆，二十日出五虎門，遇風。二十五日波浪稍平，但無法直達基隆，二十六日至澎湖，二十月初一日至安平。

　　十一年正月十八日幫辦福建軍務、前陝甘總督楊崇斌，在泉州坐「長勝」小輪船對渡鹿港，遇風折回金門山外，換平安輪過澎湖，探往臺灣後山，二十一日到卑南。

　　十三年七月十七日福建布政使邵友濂從上海出發，二十日抵達臺北。前後4天。

　　十八年二月二十二日未正（下午2時）全臺營務處總巡胡傳乘坐「駕時」輪船從上海出發，二十四日辰刻（上午8時左右）到達小基隆。大約18小時。

　　同年三月蔣師轍乘輪船游臺灣，十九日辰刻從上海吳淞口出發，二十日晚到達

滬尾。大約35小時。

二十年八月初三日劉永福帶兵從汕頭乘坐「威靖」「駕時」兩輪船，於五日到達臺南。

以上資料表明，在沒有輪船之前，臺灣航行基本上與前期沒有什麼兩樣。

到了鹹豐年間，開始乘坐「夷船」，後來又有「輪船」。同治末年至光緒年間，琛航、永保、飛捷、威利、萬年清、伏波、駕時、斯美等輪船，常往來於臺灣、福州、廈門之間。此外，英國得忌利士公司也有輪船來往兩岸開展貨運、客運業務。這些輪船時速在12—16諾之間，「諾」（naut m）即海哩，12諾等於43華里。以此推算，兩岸之間航行時間可以縮短到10小時左右，但實際上少於17—18小時的記載尚未見到。

在清代後期，兩岸之間仍然無法有固定的航行時間。光緒八年九月二十二日「萬年清」輪船從福州開赴臺北，估計二十三日可到，但「船至五虎口外，即泊而不去，日候一日，至十月初八日，風勢已定，始敢展輪」。因此，時人感嘆道：「行海者豈可剋期而至哉。」。直到民國年間，廈門到淡水18—20小時，福州到基隆17—22小時，航行時間比較固定了。

綜上所述，我們對清代臺海兩岸航行時間可以有如下看法：

一、在使用木帆船時代，由於受到氣象、海象的重大影響，一般都需要有候風的時間。如果單純計算由開船至到達的時間，則順風時「一日可達」，最快的紀錄是福康安率領大軍從蚶江崇武到鹿港「一晝夜」到達，或從泉州獺窟到鹿港番仔挖26小時。一般都要4—5天，即使是封疆大吏如福建巡撫等人也不例外，至於十天、半個月也算正常。無風或大風都會影響航行時間，甚至導致船破人亡的悲劇。

二、有了輪船之後，情況有所好轉，大約17—18小時可以到達，但仍然沒有固定時間的保證，氣象、海像這些自然因素仍然嚴重影響兩岸間的航行。

清代臺灣土地開墾、經濟組織與社會經濟形態——評曹樹基《清代臺灣拓墾過程中的股份制經營》一文

周翔鶴

《中國社會科學》1998年第2期載有曹樹基先生《清代臺灣拓墾過程中的股份制經營》一文（以下簡稱「曹文」）。讀後頗感曹文寫作隨意，因撰此文，供曹先生及讀者參考。

曹文討論中國歷史上各區域農業中生產方式的演變問題。其最後的結論說：「在我看來，歷史上中國各區域農業究竟採取何種生產方式，基本取決於該區域所處的生態環境，即取決於當地的人口密度，土地的質量和數量，市場環境和氣候等諸種資源。」（凡引曹文者均不加注，下同）曹文此論頗新奇，因為生產方式取決於生產關係和生產力的矛盾運動，而其中生產力是矛盾的主要方面這一歷史唯物主義觀點已屬常識。曹文提出新的生產方式決定論，當屬一個重大的理論問題。在筆者看來，社會經濟史及經濟思想史研究方面的重大理論問題或新的理論觀點的產生，必須在歷史與邏輯相一致，或者說實證研究與理論研究相結合的基礎上才能做到，否則將出現重大的偏差或導出荒謬的結果。讓我們從曹文的結論出發來做一個推導。眾所周知，宋或宋以前，中國大部分地區人口密度尚不是很高，土地資源尚未致匱乏，而周秦時合夥經營之事已出現，至唐，「合本」的記載已明確見於史料（詳後），那麼宋或宋以前農業中必將有資本主義生產方式發生了。以後，宋、元、明、清人口增多，人地比例緊張，生態環境惡化，乃退回封建主義生產方式，也即是說社會經濟形態可以倒退。另據曹先生本人的研究，明清兩代不同地區、不同時期內，亦存在地廣人稀而有移民拓墾的事，則亦存在發生農業資本主義而後退回封建租佃制的可能。實際上，曹文在結論部分就曾發問：「數量龐大並對臺灣拓

墾發揮過巨大作用的墾號組織和墾首制是否可以證明清代前中期的臺灣是一個成熟的資本主義社會？」曹文的答案顯然是肯定的。但曹文又認為拓墾期結束以後，清代臺灣資本主義性質的墾號也向封建租佃制轉化。如此一來清代後期臺灣豈不又退回封建社會。這樣，資本主義生產方式猶如潮起潮落，來來往往；或如夜空中的群星，這裡那裡地閃爍（這裡不涉及資本主義萌芽，曹文一個目的就是否定「萌芽」論）。當然，曹先生也可以堅持資本主義生產方式可以反覆出現反覆消失，但這樣一來，他要面對的不僅是歷史唯物主義的社會發展史觀，還要面對作為整個西方世界思想基礎之一的單向性時間觀念，那是更大得多的理論問題。

上面的推導目的在於表明曹文的結論是無法成立的。曹文得出錯誤的結論，原因在於其在理論上是空白的，同時實證研究也是錯誤的。曹文從其內容上來看，應該說主要是一篇實證研究性質的文章。其第一部分「問題的提出」援引臺灣學者，認為清代臺灣拓墾過程中存在著的墾號表明農業資本主義生產方式在清代臺灣中已經出現了。其第二部分「清代臺灣『墾號』的性質」占據了最大篇幅，據他的考察，認為清代臺灣墾號具有類似法人的特徵、承擔有限民事責任，在管理上也頗具特色等等，因而認為它們確實像臺灣學者所認定的，是現代資本主義型的企業。第三部分將臺灣情況與大陸進行對比，認為由於人地比例不同，清代臺灣農業中能發展出現代資本主義型的股份制經營企業，而大陸則不能。第四部分「結論」簡短地提出中國歷史上農業中生產方式之產生視區域生態環境不同而不同的理論觀點。

曹文實際上是透過兩組現象的組合論證他的理論命題，第一組現像是有沒有資本主義企業，用以說明是不是資本主義社會，第二組現像是生態環境是否惡化，由於生態環境問題無須論證，因此曹文的主要內容在於資本主義企業與資本主義經濟形態上。用三段論模式解讀曹文關於這方面的論證，可以發現其邏輯結構為：股份制經營是現代型資本主義企業，存在著股份制經營形式就是成熟的資本主義社會——清代前中期臺灣拓墾中存在著大量現代資本主義型的股份制經營形式（墾號和墾首制），而大陸因人地比例緊張而發展不出這種經營形式——清代前中期臺灣是一個資本主義社會，大陸則不是；然後再將有關生態環境的結論加到這個邏輯推演的結果上去。對曹文的論述邏輯進行分析的結果產生出兩個疑問，首先針對其大前提的疑問是：是否凡存在股份制經營企業的社會就是資本主義社會；其次，針對其

小前提的疑問是：清代前中期臺灣拓墾中的股份制經營是否具資本主義生產關係。第一個疑問是理論性的，其實質就是：經濟組織形式與社會經濟形態之間有何關係？現有的理論體系中，沒有一家提出過這樣的問題，曹文本身也未回答這個問題，就理所當然地將其作為大前提，筆者以為，這是曹文最大的缺陷。第二個疑問是實證性的，也是曹文的主要內容，然而，筆者以為，曹文的實證性研究無法成立。下面從理論和實證兩方面談談筆者對曹文提出的理論命題的看法。

一

先談實證研究方面的問題。

曹文一直把清代臺灣的墾號作為企業來談，對於企業，各個經濟學體系有自己的分析標準，馬克思主義經濟學主要從生產關係也即生產資料所有制的角度出發來談企業問題，認為資本主義企業的界定在於生產資料歸資本家所有，勞動受僱於資本。因此，中國經濟史研究上常把一定數量的勞動受僱於資本作為資本主義生產關係的起點。那麼，清代臺灣的墾號符合這個標準嗎？曹文談墾號，談它的法人特徵、有限責任、管理特色等等，但卻一點未涉及墾號的組織、結構狀況，令人如墜五里霧中，不知曹先生胸中的墾號到底是一個什麼樣的狀況。那麼，究竟何為墾號呢？其實，墾號這個詞並不見之於歷史文獻，它是臺灣學者尹章義在研究臺北平原拓墾史時創造出來的，因它能很好地說明拓墾狀況，因此一直未有異議。而拓墾史上真實的，載於文獻的行為主體是墾戶，他們向官府請墾，獲得墾照（官府並頒發墾荒告示），即獲得了土地開墾權。尹章義認為若干個墾戶聯合起來，就組成了一個墾號，若干個小墾號聯合起來，就組成了一個大墾號。墾號這個詞本來無傷大雅，但如果對拓墾史沒有瞭解，它倒可能形成對於拓墾時期經濟組織狀況理解的一個誤導。曹文引尹章義和陳其南的研究說：「墾首募得佃墾者後，必葺屋為寮，結厝為莊，預備耕牛、種子、農具和糧食。若是『易開平原』，每墾一甲地，『約需人力一百工』，開墾三年後才能勘界定租。不僅如此，假若需要開鑿陂、圳，其工本更大，所需資金也就更多。一些大的墾號所籌集的資本往往達到數千甚至上萬

兩，這絕非一般的個體小農所能承擔。」故他認為，這類墾號的設置和經營，已經「形成了現代資本主義型企業的經營」；並且，「此種以大資本家為主的『墾首組織』可以說是早期漢人開拓臺灣的最主要形態」。按照臺灣學者的觀點，清代前期臺灣拓墾的歷史進程中，農業資產階級和農業資本主義的生產方式就已經出現了。上述看法在臺灣史研究未普遍展開的時期內頗為流行。近來，隨著臺灣史研究的深入，已漸漸不再被人提起。尹章義先生是臺灣史研究的先驅，他在80年代初引用他研究旨趣之外的成說，是可以理解的。筆者曾利用文書契約對清代臺灣中部、北部平地拓墾狀況做過研究，提出了不同的看法。筆者認為，中、北部平地的拓墾主要由水利開發與土地拓墾兩部分工作組成。水利開發成功與否取決於能否修成一個水利主幹系統，這需用投資數千至上萬元，比如以張達京為首的六館業戶興修樸仔籬大埤，第一期投資6600兩白銀。而土地開墾費用（由耕牛、種子、住房、生活費等構成）亦非小數，開墾一個犁份（一犁份為5甲）的工本要一百數十元。一個水利主幹系統往往可以灌溉數百上千甲土地，相應的土地的開墾費用達數千上萬銀元，兩種費用加起來如此巨大，非墾戶獨力所能承擔。而移民臺灣的許多小農多備有一定的資金，他們同樣為尋求土地而來。他們願意付出土地開墾資金，但他們希望獲得永佃權。因此墾戶和小農結合起來，共同拓墾中、北部平地（一般每個小農開墾一個犁份的土地）。土地墾成報課升科以後，墾戶獲得了土地所有權，成為業戶，而小農則獲得了永佃權，稱佃戶。日後，永佃權轉化成小租權，佃戶成為小租戶，業戶所收為大租，亦稱大租戶，形成了一田二主制。採取這種拓墾模式的墾戶大多獲得成功，而採取既修水利又出土地拓墾工本的墾戶，未見有成功者。同時筆者亦指出，清代前中期臺灣平地的拓墾中不存在所謂的墾首制、墾首組織。因此，墾戶（或者說墾號）一開始採取的就是租佃制，這種「墾號」，很難說是資本主義性質的農墾企業。當然，這裡還有一個問題，就是墾戶修築水利時的雇工情況究竟如何。曹文關於這方面的論述最少，僅一小段，涉及四個例子，皆片言隻語的記載，而曹文曰：「此類記載甚多，不勝枚舉……很顯然，開圳的勞力不會是佃戶，而是外請的雇工。關於雇工的數量，由於開圳工程都十分浩大，工期長久，所雇工人當為數不少。」不知曹先生讀過多少此類記載，敢下如此斷語，筆者卻苦於找不到有關開圳的詳細資料或研究文章。不過曹文所轉引的大坪林圳相關資料（契約文書和山下仲吾的調查），筆者還是看到了的。曹文所引僅「設流壯為護衛，請石匠以開

鑿……自乾隆十八年續接，日與血戰，多歷年所」，不知這二十多個字如何反映出雇工人數多且非佃戶。大坪林圳文書甚長，難以全錄。據該文書和山下仲吾的調查，該圳原為郭錫瑠所築，但因水源地青潭口深入山地土著民族活動區域，且須穿越山石，工程艱險而罷手。大坪林莊墾戶首肖妙興乃與朱舉等合股，率五莊佃人於郭錫瑠的遺址上繼續修建，乾隆二十五年「圳路穿過石腔」，曹文所引為大坪林圳文書中敘說水源地艱難的修築狀況，隨後關於五莊大小圳路的修築，該文書僅以「開闢成功」一語以蔽之。一般而言，水圳修築最難者在於穿山越谷，要鑿隧道架木梘，需要石匠、木匠，而一般的土方工程，農民都能勝任，何況水圳關係他們的切身利益，他們作為修圳的主要勞力當是不成問題的。至今除了石匠、木匠、專門技術人才以及「護衛」以外，尚未見到有人舉出專業的水利雇工隊伍來。曹文所說「所雇工人當為數不少」缺乏明證。他所轉引的劉和林墾號率眾數百人壅水築圳乃劉與張必榮墾號爭水道之事，所謂「數百人」多為受益佃戶而非雇工人。在水利問題上，墾戶與雇工關係可確證的僅在石匠、木匠身上。

　　曹文所引墾號例子主要有二，一是臺北平原拓墾時的陳賴章墾號。二是新竹山地的金廣福墾號。金廣福屬隘墾。在隘墾戶身上，同樣難以發現資本主義生產關係。所謂隘，是指丘陵山地的拓墾因深入到山地土著（清人所稱「生番」「凶番」者）的活動區域時，為「防番」而修築的工事。然而除了「防番」，隘尚負有維持地方治安、緝捕人犯，防止漢人移民越界私墾等責任，所以臺灣學者戴炎輝指出，隘是一種公共團體。隘有官隘、民隘二種。官隘費用由官府承擔（後來亦衍生出官四民六隘、屯隘、隘丁團隊隘等），而民隘，主要即曹文涉及的墾戶隘。其運作情況為，墾戶建隘寮，雇隘丁「防番」，佃戶耕作，而向墾戶交納隘糧大租。墾戶隘的經費由墾戶向佃戶抽取隘糧大租而來，而墾戶的主要收益就在於隘糧大租扣除經費支出之餘。這是一種租佃關係。一定要說隘是一種企業化的資本主義經營關係，則只有在墾戶與隘丁之間，即曹文所謂「一類雇工為隘線上駐守的隘丁」。然而由於各種複雜的關係，墾戶和隘丁之間的僱傭關係往往被侵蝕至很小的部分。一般而言，隘丁領取工資谷，一年三十石，一石谷折銀一元。但隘丁有時由佃戶兼充，佃戶因此可以少交大租，有時又係授田制，由隘丁耕田自給。「淡新檔案」載「標下復經明察暗訪，得悉金廣福，獅潭各墾界內，共計碉樓四十四座，其守隘民丁俱係佃戶兼充，或酬給糧食，或減免租籽，或虛設糧額，辦理並無一定，苦樂亦屬不

均。」我們須明白,漢人移民的大部分為追求土地的小農,他們傾向於獲取土地而不是當一名工資領取者。所以曹文據以立論的空間非常小,說「萌芽」尚可,說是「成熟的資本主義」,則大可懷疑。最後應特別注意的是,隘既為公共團體,因此隘墾戶是一種鄉職(曹文所引合約中,姜秀鑾署九芎林莊總理,林德修署西門總理,總理為街莊的一種鄉職)。墾戶辦隘,意在隘糧大租,往往是一種經濟行為。然而也有官府為了地方治安而「諭」富戶充任者,戴炎輝認為,金廣福大隘即屬後者。金廣福為第一大隘,負責地面廣闊,經費繁多,乃有官府向塹城富戶「勸捐」之事。其實曹文所引姜秀鑾與林德修合約就有「茲蒙憲諭飭姜秀鑾,林德修勸捐定股整本」,「據稟年額隘糧經費不敷,公議向各股戶鳩捐番銀一萬餘元」等語,曹文稱「在臺灣拓墾過程中,一大批業戶、墾戶透過拓墾積累起大量的財富,成為一方的首富。因此,一大批在城商人,包括在大陸的商人或地主以及渴望得到土地的小農都投入到這一極具誘惑力的事業中。」這在拓墾初期或還說得過去,到金廣福大隘設立時,已屬拓墾末期,情況已有不同,塹城殷商是否願意投資不穩定的隘墾,是值得懷疑的,他們更大可能是不情願地被「諭充」的。因此,曹文所謂「閩籍股東……主要經營商業,對金廣福的投資僅為他們投資計劃的一部分」「它反映的是清代臺灣產業資本一種特殊的流動方式」云云,應重新加以考慮。

綜上所述,清代臺灣拓墾中,墾戶(由他們組成墾號)與佃戶一開始就採取東南沿海地區傳統的永佃權與大小租制,而不是資本主義生產方式。一定要尋找臺灣拓墾中的資本主義生產關係,只能到墾戶與水利興修中的石匠、木匠等小部分雇工及隘墾戶與小部分支取隘丁谷的隘丁中去尋找,而那比較適合「萌芽」論而不適合曹先生「成熟的資本主義」的論斷。

曹文中常出現一些錯誤的用語和概念。比如說其第二部分中所說的「劉銘傳所稱僅指『墾號』對無主荒地的開墾,這種荒地又稱『官地』」。「官地」一詞屬曹文自撰,而不見之於歷史文獻,亦不見於研究論著。此一概念性錯誤衍生出一系列錯誤。曹文後面說「除了官地外,其他大量的荒地都屬於原居於此的高山族土著居民,即文獻中所稱之『番』族者。」此一段話有兩個錯誤,其一,臺灣的平地荒地(習稱「草地」)沒有「官」與「非官」之分,原則上皆屬番族所有,漢人欲開墾均需向番社「買墾」,交納「番租」。曹文以為金廣福墾號要買墾,交番租,而陳

賴章墾號只要向國家繳納課稅，其實，所有墾戶（墾戶報課後成為業戶，此一關係，曹文似亦不甚明白。往往業戶、墾戶、墾首混稱）均需買墾，凡業戶未向番社交納番租，番社可告之於官，根據「護番保產」政策，番社必勝訴。其二，這種關係只實行於平地（平地中噶瑪蘭為一例外），所指番族為平埔族（清人稱「熟番」「白番」等）。而在山地，漢人移民實行武裝占墾，隘墾即武裝占墾之一種形式。不存在向山地土著民族（清人稱「生番」、「凶番」者）買墾交租之事。所以曹文中稱「金廣福墾號的股東都自稱為『佃戶』」不知從何談起（細繹曹文所引合約，亦未見自稱佃戶的話）。上述錯誤看似雖小，卻表明曹先生不明白清代臺灣拓墾中存在著平地拓墾和山地隘墾兩個背景，而從平地的拓墾到丘陵山地的隘墾正表明清代臺灣土地資源從多向少之轉化。曹文的結論是農業中的生產方式取決於生態環境，在人口密度不大，生態條件得到滿足時，農業資本主義方可發生。然而，不幸的是，由於他對清代臺灣拓墾進程不瞭解，將他的結論建立在清代後期土地資源已趨稀少的基礎上。曹文最主要的內容即第二部分「清代臺灣『墾號』的性質」以陳賴章墾號和金廣福大隘為主要論據，其中，又認為金廣福大隘最具說服力，是具有企業章程性質的正式墾號，而詳引其文書契約，大加說明。然而其所引金廣福墾號的資料年限為道光十五年至光緒十二年，此時為清代後期，臺灣的拓墾高潮已經結束。

　　清代臺灣拓墾高潮大約始自康熙後期，至乾嘉年間已趨尾聲。此一期間內西岸平地如雲林平地、彰化平原、臺中盆地、新竹沿海平原、臺北盆地以及高屏平原大部分已被開發，乾嘉以後，移民開始轉向丘陵山地，以及交通不便，難以到達的宜蘭平地、埔里社盆地，以及花蓮平原和臺東縱谷平原，光緒年間，中路山地的開發，則是清政府為「開山撫番」而組織、支持的。實際上，嘉道年間，宜蘭平地、埔里社盆地被拓墾後，臺灣良好的土地資源差不多已開發殆盡，剩下的只是不多的丘陵山地，缺水的臺地等。由於居住於山地的土著民族有「出草」獵首的習慣，更由於拓墾侵占了他們的生活空間，為了防備「生番」，丘陵山地的拓墾就必須建隘。因此，隘的出現表明土地資源已開始稀少，拓墾已進入山地。據戴炎輝的研究，最早的隘出現在乾隆末。隨著拓墾向丘陵山地的進展，隘線不斷向內山延伸，清人謂「愈墾愈深，不數稔輒復更易」，表明丘陵的土地資源也越來越少。道光、光緒年間已屬拓墾浪潮消退之時了。此時，由於山地的墾殖而造成水土流失，使得

一些港口淤塞了。論者以為清代後期臺灣三大港之一鹿港的衰落,一個原因就是淤塞。曹文認為生態環境好,人地比例不緊張才會出現農業資本主義生產方式,而他引為最主要論據的金廣福大隘卻是處於生態環境遭破壞的時空裡,其結論豈不危哉。

　　曹文實證研究上的另一個錯誤是將大陸的情況付之闕如。他說,「根據鄭振滿的研究,以股份形式劃分股東權利和義務的制度源於福建原籍的『合約制』宗族……這種合約制宗族(按:原文如此。此語有誤,兩岸學者論及此,或用合約制宗族、或用合約字宗族,未有使用合約「制」宗族者。)在本土環境中並不能演變出這種具有現代資本主義意義的土地墾殖方式,而在臺灣的墾殖過程中,竟然順理成章地演變為股份制。」在這裡,曹文混淆了宗族組織和企業組織兩個概念。鄭著所談的「清代臺灣拓墾過程中的合約制宗族」,是一種宗族組織,這種宗族組織擁有其成員按股份投資設置的產業。墾號是一種企業組織,而不是宗族組織,在一般情況下,它由不同姓的人組成。除了宗族組織,還有為其他社會性目的而設置的產業,這一類組織為非營利性的,目前在臺灣登記為財團法人,而企業性組織則登記為社團法人。實際上,鄭振滿的著作為一社會史研究,並不涉及企業史。他將福建的宗族劃分為繼承式、依附式、合約式三種,而臺灣學者多將臺灣的宗族分為鬮分字、合約字二種。可以認為臺灣合約字宗族類似或淵源於福建的合約式宗族。但如果說,股份制經營組織都淵源於福建的合約式宗族,那就未免太言過其辭了。合夥經營在中國有悠久的歷史,周秦時已有出現,而明清時期股份制經營已十分普遍。近來這方面的研究日漸增多,較早如楊國楨研究明清以來的商人合本經營,他認為「『合本』,又稱『合夥』『合股』……是兩人以上共同提供資本或技術,實物等,共同分配盈餘或承擔債務」。合本明確見於史料最早在唐代,而明清兩代已是十分普遍。較近的,如徐建青研究清代手工業中的合夥制,她以全國為對象,將合夥制分為勞動合夥,資本與勞動兼有的合夥,資本合夥幾種形式,其中資本合夥又分出資者有否參加勞動、經營管理兩種。徐建青認為:「從勞動合夥制到資本合夥,表明其形式在不同層次上的發展,這種形式上的區別看來與生產本身的發展程度有關。在資金較少、生產規模小、管理簡單的組織中,常見的是合夥制前二種。……在礦冶井鹽等行業中存在的資本合夥的二種形式,是適應這些行業中企業向大規模發展的需要而出現的。」而彭久松、陳然所研究的自貢井鹽業中的契約股份

制，就屬中國傳統企業中大規模者。他們考察了自貢井鹽業中股份制的合夥模式、股東類別、人數、土地股、集資機制、股份特點、有限責任原則、兩權分離、設立和中止程序、不成文法等等，認為自貢井鹽業的股份制「是一種近乎股份有限公司又具有自己鮮明個性特點的公司形式」。其中，「井債井還」的有限責任制，比西方的有限公司股份制要早出現100年。可見，令曹先生那麼激動的清代臺灣土地拓墾中的股份制經營模式，只不過是歷史上全國各行業中股份制經營的一種而已，並無什麼奇特之處。而且在清代臺灣除了拓墾，舉凡商業、航運、水產養殖、水利等等行業中，無不存在股份經營模式，且一直延續到近代。因此，我們應當將清代臺灣土地拓墾中的股份制經營定位於中國封建社會後期各行業中股份制經營形式中的一種。

二

現在來談曹文理論研究方面的問題。

前面已經說過，曹文的結論以重大理論命題的形式出現，但論證形式僅是兩組現象的實證研究及其組合，缺乏理論推演，這是很不規範的。一個重大理論命題的提出，要做到理論與實證研究相結合。曹文沒有理論推演，所以筆者覺得很難針對曹文談這個問題。但我們還是可以圍繞著理論工作的基本規範來談一談。

一個嚴謹的或負責的理論體系，從一組嚴格界定的概念出發，推導出一套命題，然後由這套命題系統生成一個理論體系。比如說，馬克思主義經濟學從商品、勞動、價值等概念出發，推演出勞動價值學說，剩餘價值學說等，進而由此形成一個嚴謹的理論體系。當然，其理論的邏輯推演是與歷史相統一的，比如，關於相對剩餘價值的發展就緊扣歷史進程。又如當前漸成西方經濟學主流的新制度學說，就是以交易成本這個概念為出發點，推演、形成產權理論，交易成本經濟學理論，契約經濟學理論，委託-代理理論。諾思則依據新制度學派理論，結合他對美國、歐洲經濟史的分析，提出了有效率的經濟組織是經濟增長的關鍵這樣一個命題，得出了

「一個有效率的經濟組織在西歐的發展，正是西方興起的原因所在」這樣一個結論。誠然，不是每一個人都能成為大家，但他們卻是我們效仿的典範。我們的工作通常範圍有限，所運用的概念不一定都要有原創性而可以引自現有的理論體系，但我們在運用過程中同樣要遵循嚴格界定的原則。通常，我們無須自己推演出一套命題系統或理論體系，而可以利用已有的一個或綜合幾個體系，但我們或者要嚴格遵循該理論體系，或者要符合邏輯地對它們進行綜合。

曹文在理論研究上的第一個缺點就是概念含糊。他談生產方式和生態環境的關係，我們來分析曹文中這兩個概念的運用。先談生產方式，曹文是以清代前中期臺灣土地拓墾中存在大量「現代資本主義型企業的經營方式」的企業（墾號）來說明其時臺灣已是一個「成熟的資本主義社會」，在這裡（資本主義）生產方式的概念已經為企業的經營方式所取代，而這個經營方式，在曹文中即股份制經營，至此（資本主義）生產方式的概念就為股份制經營所取代。眾所周知，生產方式問題屬馬克思主義理論，談生產方式演變就要遵循馬克思主義理論。持中國資本主義萌芽論的學者正是嚴格遵循馬克思經濟學理論，認為一定量的勞動受僱於資本是資本主義生產關係的起點，也即「萌芽」，來探討明清時期手工業、農業勞動中的資本主義生產關係的發生。如果從企業角度出發來談生產方式問題，就應談企業的生產關係、即生產資料所有制問題，談資本與雇工（曹文中談雇工內容最少而被置於次要地位）而不是經營方式。沒有哪一家理論談經營方式與生產方式的關係，曹文要談當然可以，但他先得告訴我們經營方式和生產方式之間有什麼邏輯關係？為什麼股份制經營非資本主義生產方式莫屬，但他沒有，而是經過幾次代換，在他的論文中實際上取消了生產方式這個他要談的馬克思主義的概念。

其次來看生態環境這個概念。曹文談生態環境，是指人與自然的關係，也即指人地比例問題，他又引用過密化來談人地比例。曹文的第三部分以過密化來比較大陸與臺灣的情況，認為清代前期大陸東南地區已呈過密化，而臺灣則尚未達此一階段。在過密化的情況下不能形成資本主義生產方式（在曹文中實指不能形成股份制經營），在尚未過密化的情況下則可以。眾所周知，過密化概念源自生態人類學對熱帶水稻種植業的研究，其認為熱帶水稻種植業在勞動、土地等報酬遞減的情況下仍持續要素投入。要素報酬與組合問題是新古典學派的關心對象，他們研究各種市

場條件下,廠商如何組合各種生產要素以達到效益最大。過密化理論從方法論角度來說,可以說是新古典廠商理論的一種運用模式。黃宗智先生用過密化理論分析明清長江三角洲商品經濟問題,也可以說是新古典廠商理論在中國經濟史研究中的一個運用。黃先生把農家經濟視如廠商,分析他們的要素報酬及投入,他認為,明末清初人地比例已呈緊張,要素報酬已呈下降,小農為維持生計只有加大勞動投入,這個投入主要在於家庭副業領域,雖然這個勞動投入的邊際報酬為零,甚至為負,但農家總產出仍略有增加。明末及清代的商品經濟主要由這種農家副業提供,因此是一種餬口經濟而不是發達的商品經濟,從這種商品經濟發展不出資本主義生產關係。在黃先生的分析中,可以看到一條非常清晰的邏輯思路。從庫恩方法論的角度來看,黃先生和中國的「萌芽論」者採用不同的理論體系來談同一個問題,雖然各自觀點不同,但均邏輯清楚,思路縝密,言之成理。我們再來看曹文是如何對待新古典廠商理論的。他要談的是過密化與生產方式問題。新古典與馬克思主義經濟學是不同的理論體系,要用新古典學說來分析馬克思主義經濟學中的概念,就先要對兩個理論體系作一個綜合(實際上,現在就有人在做這種工作)。假如不做理論綜合,起碼也應該在實證研究上結合各個理論體系的概念,對生產關係的各個方面及其變化,對生產力的變化,對要素報酬及其與人地比例的關係,作一個綜合分析。就中國農村經濟研究的學術史來看,也經常面對著理論綜合問題。馬若孟曾總結1930年代中國農村經濟研究工作。他認存在著分配理論與折中理論兩個學派。以陳翰笙為代表的分配理論(實際上就是馬克思主義經濟學派)從生產關係的角度出發,認為地權不平均是造成農村經濟落後的原因;對於折中理論,馬若孟認為他們提供了豐富的史料,羅列了重要因素來討論中國農村經濟,但並沒有形成一個統一的理論。但許多折中派人物都提出人地比例問題。卜凱無疑是折中理論中最重要者之一。他認為舊中國農村經濟的問題不在土地制度問題上,而在於農場太小,資本不足,接受新技術途徑有限,銷售成本高,生態惡化等等原因,卜凱認為問題的關鍵在於土地、勞動、資本和技術的適當結合問題。在卜凱的分析中,我們看到微觀經濟學的影子。這種影子也常出現在其他折中派人物身上,只是他們沒有像卜凱那樣全面,而各自強調一種、兩種要素方面的問題。50年代以後,中國學者對傳統農村經濟的分析強調的仍然是分配關係,農業中資本主義生產關係的萌芽是一個主要的論題,而經營地主是「萌芽」的一個重要研究內容。西方學者中許多人對中國傳

統農業經濟的分析則繼續關注要素問題，人地比例仍然是他們分析的一個關鍵。珀金斯強調明清以來的人口壓力，認為本世紀中國土地資源已耗盡，農業集約化已到頂了。而艾爾溫認為當中國農業集約化愈來愈高時勞動的邊際報酬下降，小農農場在必須消費上的剩餘也隨之消失，小農經濟已過密化了。

一直以來，馬克思主義經濟學和微觀經濟學是中國農業經濟研究中最重要的兩個理論方法，如前所述，從科學方法論的角度來說，你可以堅持其中一種方法，也可以進行綜合。黃宗智在他對華北農村經濟的研究中就嘗試綜合。他分析經營式農場和小農農場的要素報酬，分析他們在不同的目標（贏利或生存）下的要素偏好，及這種偏好與生產力變化的關係，最後導出經營式農場為什麼不能發展的結論。在他的分析中我們看到不同理論體系的概念熔於一爐，並以詳細的實證分析加以支持。黃宗智的方法已成一個典範，不乏追隨者。曹文的視角比黃宗智要宏大得多了，但曹文談生態環境——人地比例，不涉及要素分析，談農業中「成熟的資本主義」，不涉及生產關係，土地制度等等。簡言之，曹文基本不涉及各經濟學體系的主要概念。他僅以實證研究來解決這個問題，曹文在第三部分「臺灣與大陸的比較」中告訴我們：「還在明代後期，閩南地區的外出移民就挾資前往外地，進行農業和其他產業的投資」。他以為倘若在大陸因土地資源少，這種投資不可能是資本主義式的，而在臺灣，因「相對充裕的土地資源和市場資源的結合，才有可能產生資本主義性質的農業」。前文已指出，根據筆者的研究，這些閩南移民在臺灣充裕的土地資源條件下，採取的投資形式仍是封建租佃制。曹文的錯誤結論固然在於實證研究的錯誤，然而另一個原因就是缺乏理論思維，不涉及基本經濟學概念，凌空而談。總的說來，筆者以為曹文大膽提出一個理論命題，而缺乏學術史的回顧，其命題從理論上來說是概念含糊、邏輯不清的。

最後本文想指出，筆者不同意曹文的理論命題，但並不企圖全盤否定曹文。除去曹文關於生產方式、生態環境的論述，曹文可以作為一篇經濟組織史的研究來看（自然，如果我們不從社會經濟形態演變的角度來看經濟組織形式，那我們就將會採取更平實的態度去考察歷史上經濟組織的真實狀況，而不會儘量去加以拔高），這是長期以來未被重視的一個領域。雖然無論東西方社會自古就有合夥、合本、合股的經營模式，但股份有限責任制卻是在現代社會裡才成為最重要的經濟組織形

式。就資本主義典型的產生國英國而言，股份制、有限責任制也是一直到19世紀後半才占據統治地位。傳統的合夥、合本、合股企業如何最終演變成現代股份有限公司，是值得我們認真研究的。當前，股份制是企業改制的一個熱點。但股份制也有多個層次，多種形式，中國地域遼闊，各區域經濟發展水平不同，傳統也有差異，尋求切合傳統與現實的股份制模式，應會給經濟組織史的研究提供一個舞臺。

抗戰時期福建臺灣籍民在崇安的墾荒研究

黃俊凌

　　臺灣籍民，泛指日據時期生活在大陸的日籍臺灣人，人數以福建省居多。抗戰爆發後，日本駐閩領事館下達撤僑命令，將所有日僑與多數臺灣籍民分批撤回臺灣，但仍有部分臺灣籍民不願返臺，滯留在福州、晉江等地。1938年5月11日，日軍攻占廈門後，福建局勢更為緊張。鑒於廈門淪陷過程中，少數臺灣浪人充當日軍的幫兇，福建省政府不得不採取措施，防範省內臺灣籍民被日寇利用從事破壞活動。因此，從1938年5月27日至6月3日，福建當局將聚居在福州、晉江等地的臺灣籍民共414人，分批送到閩北崇安縣進行集中安置。這批臺灣籍民在崇安縣生活至抗戰結束才返回臺灣。在此期間，他們多數曾被編入崇安縣墾務所，從事墾荒活動。關於這一時期崇安縣臺灣籍民的研究並不多見，僅限於考察抗戰時期臺灣籍民的處理政策與收容簡況，至於臺灣籍民在崇安的墾荒活動，尚沒有專門的討論。學界對此也存在一些認識誤區，例如對於臺民被編入墾荒的原因，臺灣學者卞鳳奎認為崇安縣臺灣籍民的墾荒是抗戰時期福建省墾荒計劃的一環，是福建當局制定「移民墾荒辦法」後，臺民「因而被送往崇安。」而對臺灣籍民在墾務所中的境況，大陸學者樓子芳則認為「臺民墾殖所實際上是強制勞動、管教的集中營。」由於集中營（concentration camp），狹義上指「帝國主義國家或反動政權把政治犯、戰俘或擄來的非交戰人員集中起來監禁或殺害的地方」，廣義上指「人們（如戰俘、政治犯、難民或外僑）被拘留或禁閉，有時還受到身心上的虐待和侮辱的營地」。因此，當年臺灣籍民在崇安墾務所的境遇到底如何？墾務所到底是不是強制勞動和管教的集中營呢？為瞭解答這些疑問，以及澄清相關史實，實有必要對崇安縣臺灣籍民的墾荒問題做一專題研究，釐清當時的歷史真相。

　　結合相關概念，本文在利用民國時期崇安縣檔案資料的基礎上，對當時臺灣籍

民的安置與生活狀況、福建省當局對臺灣籍民墾荒的組織安排、臺灣籍民墾荒效果等方面進行分析，以揭示崇安縣臺灣籍民從事墾荒活動的真實情況以及崇安墾務所的性質。

一、崇安縣臺灣籍民的初步安置與生活狀況

1.崇安縣臺灣籍民的初步安置

民國時期，崇安縣仍然是自給自足的小農經濟，社會生產較為落後。由於長年戰亂，人口稀少，1935年全縣人口僅47576人。經濟結構以農業為主，據統計，1940年全縣從事耕作之農民達14440戶，占全縣人口十分之八。工商業則極不發達，1940年全縣才剛創辦一家織造廠，但「因資本不多，設備簡陋，僅能織造毛巾布疋」，除此以外，就只有寥寥兩三家磚瓦廠和鍋爐廠而已。至於手工業和個體商販，也是十分稀少，《崇安縣新志》記載：「本縣民智未開，生產落後，揆其故皆不知注重職業所至也」，本地人只「　米、刨煙、做餅、賣面及販運雜貨而已」，在木匠、石匠、鐵匠、製茶、鑄鍋等手工業方面，當地人「幾無一業於此者」，「小學教職員多來自外地，律師只一人，西醫師亦只數人，此社會經濟不能發展之主因也」。可見抗戰時期崇安縣的社會生產和商品經濟極不發達，這也意味著臺灣籍民在此的生產、生活條件會比較艱苦。

為了做好安頓工作，在臺灣籍民遷移到崇安之前，福建當局就給崇安縣政府發去電報，要求對臺民的安置工作「迅速籌劃具報毋誤」。為此，縣政府於1938年5月23日，制定了安置臺灣籍民的初步意見，籌劃為先期抵達的臺民，提供初期的伙食和住宿。1938年6月2日，第一批臺民約120人到達崇安後，縣政府已事先安排了「樂安」、「隆順」、「林興」、「順泰」等十七家客棧代辦臺民伙食，「洪興」、「章聚」等三家客棧提供茶水接待。這是在縣政府指示下，由縣商會主席周鍾祥主持的臺民伙食賑濟工作，從6月2日晚至7日，在臺民還沒正式安頓妥當之前，均由上述客棧解決他們的伙食問題。至於安置臺民的伙食費以及購置飯鍋、水

桶、竹筷、菜刀等器具的經費，均由崇安縣商會和城區聯保辦公處財務委員會，共同籌措。這筆經費開銷的具體情況如下：

臺灣籍民短期伙食費及購置器具費用表

單位：元

項目	伙食(1938.6.2~6.7)			購置生活用品項目										
	白米	菜	飯店柴火	飯碗	竹筷	鐵鍋	菜刀	鍋蓋	飯桶	大號木水橦	水桶	菜砧	掃把	雇工
單項費用（元）	78.693	56	21	10.65	0.6	24	3.67	5.6	14	18.9	4	1.3	0.25	1.5
共計（元）	155.693			84.47										
	240.163													

資料來源：《謹將臺民自本月二日晚至七日早止計十四餐伙食及購置器具開單呈請鑒核》，1938年6月，2-19-65，武夷山市檔案館。

從上述經費開支情況來看，崇安縣當局對臺灣籍民的初期生活安置做了細緻周到的工作，在所有開銷中，伙食費為155.693元，占總開銷的64.83%，成為當時安置經費的主要支出項目。由於臺民人數眾多，初步的安置工作雖只進行了幾天，但已給崇安縣政府和當地商會帶來了不小的經濟壓力。崇安縣商會主席周鍾祥、城區聯保主任翁紹章、財務首席委員王朝楨以及當地其他紳商，聯名向縣政府訴苦：「僉謂本縣劫後殘餘，民窮如洗，對於地方應有負擔，民間已雲疾苦，加之土匪四鄉騷擾，辦理善後，圖救莫及。此項給養，實屬無處可籌。懇請迅電省府撥款救濟，在未奉到賑款之前，所需目前給養，懇乞在米捐項下，（國民教育捐）撥用，以維現狀」。縣政府也意識到臺灣籍民救濟工作所帶來的財政壓力，便於1938年6月8日向省政府發去電報，提出「地方窮困，給養無力」，希望省府盡快指示下步賑濟工作。

在接到崇安縣政府的電報後，省政府即著手施行已訂的三個月伙食賑濟計劃。因此，從1938年6月初至8月上旬，福建省當局指示省賑濟委員會先後撥款3000元，8月13日後再撥匯款1000元，前後共4000元，崇安縣政府即按「成人每日0.10元，

孩童0.06元」提供臺灣籍民伙食補助，保障他們三個月的伙食。以早期臺灣籍民的人數412人計算，全部臺民伙食費最多需要3708元（將孩童伙食賑濟也按成人的每天0.10元來算），福建省賑濟委員會匯去的4000元，基本上可以保證臺民三個月的伙食。

除了生活費用的安排外，崇安縣當局對臺灣籍民的住宿和日常起居也做了相關規定。1938年6月4日，即臺民抵達崇安後的第二天。縣有關部門召開了專門會議，商討「臺民招待所」的設立、管理、宿舍分配、臺民伙食等相關事項。由於之前省政府對於臺民的管理，提出的總體要求是：「該項臺民雖準獨立自由，但仍須嚴密注意，切實防範，以杜意外。」所以，管理方案最終確定為：臺灣籍民編獨立保甲進行管理，「設立臨時管理所二所，第一所假現已停辦之貞光學校校舍，住二百五十二名口，暫編六甲；第二所在文廟，住一百六十名口，暫編五甲」；配管理員進行管理，第一組駐孔廟的是汪其達、黃慰農、關紹寬、丘懷4人，第二組駐貞光學校，人員為林慶樹、李懷民、張保成、張英4人。此外，在日常起居上，「臺民招待所」也有相應的規章，不過臺灣籍民依然有外出活動、會客、郵寄、採買物品的自由，雖然這些活動在不同程度上受到限制，譬如每天早晚點名，外出活動需向管理員請假，在外活動的時間有一定的規定等。但臺民總的說來有一定的自由空間，並非是被監禁或禁閉。

雖然省政府對有日本國籍的臺民懷有戒心，但從省、縣政府極力籌措臺民生活費用，以及制定臺民生活管理的相關規定看，「臺民招待所」並不像二戰時期德國的集中營，它沒有出現監禁、虐待、拷打和屠殺的現象，「臺民招待所」和集中營兩者之間有本質的區別。

2.臺灣籍民的生活狀況

到了1938年8月下旬，三個月期滿，省府賑濟的伙食「奉令截止發給」，但沒有了伙食賑濟，臺灣籍民則難以獨立謀生。臺民剛到崇安之初，縣政府就曾經對其經濟狀況做了詳細的調查。在臺民的財產方面，帶有500元以上動產的只有一戶，500元以下的有66戶，全無財產的則有88戶。從實際情況看，由於臺灣籍民集中遷

移過程較為倉促，他們攜帶的財物和日常用品有限，要長期維持生活確有很大的困難，臺灣籍民推選代表劉榮春在向縣府呈請救助時，就提到：「回憶集中當時地方聯保處，於午夜暨行嚴命，立刻登程應集，不准收拾整裝，催行過急，是故無論高貴藥品、珍重細軟，均作棄置，多未帶行。故抵崇後，十用九缺」，並且臺民「內中婦孺居多，甚至一戶將近十口之人數者，其家族單獨倚靠其戶長一人以度生活者，不亦鮮矣」。即使有省政府的伙食補助，很多臺民的生活都只能算是勉強維持，例如臺民邱依嫩、黃邦榮等人就認為：「救濟伙食費每口一角以維生計，但民等對此恩給非二食不足敷用，然於閩南食慣皆行三餐，故帶來之項概已用罄」，「半飽半饑未堪其苦」。顯然多數臺民生活狀況較差。

3.墾荒成為解決臺民生活問題的主要途徑

為此，當伙食賑濟尚在進行時，崇安縣政府即向省政府提出了「日臺僑民生活辦法芻議」的長遠方案，目的是解決臺灣籍民在伙食賑濟結束後的生計問題。該方案的主要內容是：「設法使日臺僑民得攜帶或變賣其原住地所有財產及其固有職業上所備必要工具來崇」，由於「據查臺民中以醫生為最多，農工次之」，因此縣政府希望臺籍醫生，「俟該其原有器具藥品等搬運到崇後，即由政府斟量地方形情，分配各區或各聯保，由各該區署或聯保主任監督營業」，至於從事農工業的臺民，則「由省府電飭本縣墾務所儘量收容監視開墾，以利生產」，其餘人縣府允許他們從事商業、傭工等職業。從「日臺僑民生活辦法芻議」的內容上看，縣府當局主要是根據臺民的職業特點，提出臺民日後從事職業的計劃，至於臺民是選擇行醫，還是從商，或是參加墾荒，都是自由、自願的，雖然臺灣籍民的工作要受到管理人員的監管，但有關當局並沒有強制臺民參與墾荒的打算。

對於崇安縣提出的計劃，省政府基本上都採納了，但施行結果卻極不理想。臺灣籍民並沒有取到預期中的財物和職業用具，臺民代表劉榮春描述回鄉後的情形，「南歸之時，目睹各店藥品多半狼藉，如家具衣裳，則聞該管公務員擅自取去者，甚至亦有不翼而飛杳如黃鶴者，以致未得取來應用」。從劉榮春等人反映的情況來看，可能是保管臺民財產的聯保人員看管不力而導致財物丟失，或者是私自占用。這樣一來，臺灣籍民透過返鄉代表取回財物、生活用品和謀生工具就十分有限，而

劉榮春、程德生、陳振義等數十名臺籍醫生，也就無法利用原先的醫療工具和藥品進行工作，其他想從事商業的臺民，也缺乏必要的資本。縣政府所提到「日臺僑民生活辦法芻議」，臺民行醫或從商謀生的計劃，就難以實現。在這種情況下，很多臺灣籍民的生活陷入了困境。1938年11月25日，管理員張英奉命調查獨立生活臺灣籍民的生活困苦情況，其隨後向縣府提交了一份報告，指出：「職遵於本日挨戶調查完竣，計有康松齡等三十七名，均有衣無食，有食無衣，或衣食俱無者」。當然，這些僅是衣食無著者的情況，加上其餘勉強溫飽的家庭，恐怕生活困苦者為數更多。

從上述各種情況看，崇安縣的政府財政與地方經濟狀況，都難以解決臺灣籍民的生計問題，省府短暫有限的伙食補助，亦是杯水車薪。縣政府原本計劃讓臺灣籍民回鄉取回財物和從業器具，也因為臺民的財產丟失而成為泡影。因此，按照「日臺僑民生活辦法芻議」中的計劃，讓崇安縣墾務所收容臺民參加墾荒，成瞭解決臺灣籍民就業與生計問題最為可行的辦法。由此可見，崇安縣政府將臺民編入墾務所的動機，是希望臺民透過墾荒實現自給，解決生活上的困難，而不是用墾荒來勞役臺民，這跟集中營壓榨勞動力的虐待行為不可混為一談。

二、崇安縣臺灣籍民的墾荒及其效果

福建歷來都是缺糧的省份，抗戰爆發後，福建省建設廳為了加強戰時農業建設，特地在崇安、建寧、泰寧三個縣設立墾務所。崇安縣墾務所成立於1937年10月，曾經在閩侯，長樂，福清等縣，招墾失業人員，截至1938年2月，崇安縣從這三個縣招徠117戶，648人來崇安從事墾荒，可見崇安縣的墾務工作具有一定的基礎和規模。而從崇安墾務所的性質來看，自其成立以來就是一個為了增產糧食而設置的墾荒機構，招徠移民或失業人員從事墾荒和糧食生產，是墾務所的主要目的，其性質是生產機構，跟所謂的集中營可以說是風馬牛不相及。

1.崇安縣墾務所對臺灣籍民墾荒工作的安排

1938年8月27日，崇安縣政府在省府當局的授意下，向墾務所發去訓令，定於9月1日前向該所轉交參加墾荒的臺灣籍民。崇安縣墾務所根據相關指示，在點收臺灣籍民編入墾荒工作的同時，分別向崇安縣政府和福建省農業改進處遞交了「臺民墾荒計劃」以及「臺民墾荒計劃預算書」，對臺灣籍民的墾荒和管理，做了一個較為詳細的計劃。

　　崇安縣墾務所認為：「臺民份子複雜，良莠不齊，農事經驗，又極淺薄，絕對未可依照移民辦法配給荒地，分散開墾，必需（須）集中一處，施予嚴密管理，指導共同勞作」。顯然，參與墾荒臺灣籍民的一個特點，在於「農事經驗淺薄」，另一個特點則是人數眾多，從墾務所點收的願意參加墾荒臺民名冊看，人數有224人，占了崇安全部臺民一半以上，這要求墾務所必須針對臺民的特點，做細緻的規劃。因此，「臺民墾荒計劃」具體安排如下：

　　「一、管理　依照保甲制度，嚴密編組，並採用連坐法，責具聯（連）環保結選派妥員常川駐紮，負責管理。

　　二、墾地　為防意外，墾地以附近為佳，經覓定鴨姆洲、晒穀洲荒地，面積約四百市畝，不足之數，下年度再行撥充。

　　三、住屋　附近墾地民房，修理暫用，並搭蓋草屋湊足之。

　　四、墾作　採合作式，共同勞作，將來收成，視其勞力，平均分配，詳細辦法另定之。

　　五、作物　今年冬耕，先種麥豆等作物，明春擴地增種水稻、花生及甘薯等。

　　六、預算　由九月起至明年四月止八個月，須借給伙食，並貸與農具、種、畜與其他管理費用，共計需九千元」。

　　在上述計劃中，墾務所對臺灣籍民開墾的土地範圍、耕作方式、作物種植以及收成分配等方面，做了細緻周到的安排。住宿方面，墾務所後來沒有選用計劃中鴨

姆洲、晒穀洲附近的民房，而是另選住宅區，「判定城內東峯街（該處住民稀少）為臺民住宅區」。經過努力，墾荒臺民宿舍於1939年2月建成，解決了墾荒臺灣籍民的住宿問題。

至於墾荒的經費預算，墾務所向有關當局申請的九千元貸款，基本上涵蓋了墾荒所需的一切項目，其具體內容如下：

臺灣籍民墾荒經費預算表

單位：元

科目		預算數	說明
台民墾荒經費預算		9000.00	五十四戶，二百一十四人計
伙食費		5136.00	每人每月三元，八個月（由九月一日起至四月冬耕收成）
農具	犁	55.00	每五戶一具，共十一具，每把五元
	耙	55.00	每五戶一把，共十一把，每把五元
	穀桶	55.00	每五戶一只，共十一只，每只五元
	穀篩	108.00	每戶一只，共五十四只，每把二元
	穀籮	54.00	每戶一擔，共五十四擔，每擔一元
	鐮刀	14.60	壯丁七十三人，每人一把，每把二角
	鋤頭	73.00	壯丁七十三人，每人一把，每把一元
	中耕器	36.50	
	糞桶	43.20	每戶一擔，共五十四擔，每擔八角
	糞箕	21.90	每壯丁一擔，七十三擔，每擔三角
	蓑衣	73.00	每壯丁一件，七十三件，每件一元
耕牛		660.00	每五戶一頭，共十一頭，每頭六十元
種子		200.00	每壯丁墾地十畝，冬耕共可開闢四百畝，每畝種籽十斤，共四千斤，每百斤五元
肥料		200.00	每畝五角，共四百畝
住屋		540.00	查墾地附近空屋破損甚重，簡單修理，每戶約十元
家具	舖板	129.60	每戶二付，每付一元二角
	方桌	81.00	每戶一張，每張一元五角
	椅	54.00	每戶五張，每張二角
	水桶	43.20	每戶一擔，每擔八角

115

續表

科目		預算數	說　明
器皿	飯碗	54.00	每戶一口，每口一元
	碗	16.20	每戶一副，每副三角
管理費		690.00	台民管理必須周密，農事工作尤須時刻指導，管理員一人，月支三十六元，農夫二人，月支十四元，其他支出五元
準備費		606.00	呈請上級批准動支

資料來源：《臺民墾荒計劃預算書》，1938年9月21日，2-11-78，武夷山市檔案館。

從這個經費預算表來看，墾務所將為臺灣籍民提供較為齊全的生產資料，如農具、耕牛、肥料、種子等，而且墾務所提出「查報墾民，均屬赤貧，一切用具，必需（須）供給」，在墾荒預算中特地撥出一筆經費，為臺灣籍民購置鍋、碗、桌、椅等生活用具和修葺屋舍，可見這個墾荒預算還包含了生活賑濟費用，體現了當局對墾荒臺民生活上的照顧。此外，針對臺灣籍民耕墾能力薄弱的問題，墾務所還計劃任用管理員和有經驗的農夫進行指導，這說明墾務所對臺民墾荒工作極為重視。

對於崇安縣墾務所的「臺民墾荒計劃」以及「臺民墾荒計劃預算書」，省政府沒有表示異議，福建省農業改進處於9月份就先期匯去墾務費五千元，以便墾務所開展工作。這樣一來，臺灣籍民的墾荒費用就將按照「臺民墾荒計劃預算書」正式啟動。而且臺灣籍民享受比普通墾荒移民更為優惠的條件，對於一般的墾民，福建省規定「墾戶由政府給予三個月伙食，及農具種子，並豁免第一年地租」，而參加墾荒的臺灣籍民可以享受的伙食補助長達八個月，並且在農作物的收成上，沒有規定繳納地租，只是收穫物臺民須進行平均分配。至於農具、種子等其他方面的借貸資助，墾荒臺民和其他墾荒移民一樣享有，並且還有鍋、碗、桌、椅等生活用具的發放。所以，臺灣籍民從事墾荒要比一般的墾荒移民，享有更多優惠和照顧。應該說，不管是福建省政府，還是崇安縣當局，都希望透過墾荒的形式，解決多數臺灣籍民的就業問題，使他們能夠生活自給，尤其是臺民難以自己謀生的情況下，有關當局重點投入的就業計劃。因此，關於「福建當局制定『移民墾荒辦法』後，臺民才被送往崇安」的說法，其實並不準確。

2.臺灣籍民的補墾情況以及政府借貸預算的追加

臺灣籍民加入崇安縣墾務所後,在墾荒上享有優惠的生產借貸和伙食賑濟,這對於其他獨立謀生的臺灣籍民而言,是很具有吸引力的。尤其那些謀生較為困難的臺民,也會向縣政府申請加入墾務所。例如,臺民郭汝侯原本由縣政府分配工作,「薦入星村衛生院效勞」,但由於該「衛生院尚未創設,因此生吃山崩,告貸無門」,境地十分困難,因此向墾務所所長何祖炘遞交「列入墾戶」的呈請書,縣政府經過調查,發現「該戶生活困難,確係實情」,因此在1938年12月13日發出指令,同意墾務所將其編入墾荒。還有葉逢春等二十七人,提出「因坐食客地,無法生產」,要求補入墾荒,縣政府在接到申請後,即讓墾務所所長「查照設法收容,續編墾荒,以資救濟」。僅至1938年9月27日,管理員張英就「疊據獨立生活日臺僑民報請補入墾荒」,「查聲請補墾名額,業達五十餘人之多」。由此可見,墾荒臺民繼續享有生活上的相關賑濟以及墾荒費用的優惠借貸,對於謀生有困難的其他臺灣籍民而言,無疑具有很強的吸引力。

那麼申請補入墾荒的臺灣籍民是否都能如願呢?從郭汝侯的例子來看,只要經過調查,「生活困難,確係實情」,就能被批准補入墾荒。當然,對於一些具備獨立生活能力的臺灣籍民,補入墾荒的申請就不一定能透過。管理員張英就對1938年9月底報請補入墾荒五十餘人的情況持不同看法,他認為「按按報請各戶詳細調查,予各方面考慮,其間確因生活困難而請求者,固有幾戶」,但也指出部分臺民「不自生計,今見墾荒部分之臺民,尚在修養,則遷思異圖」,張英報告或許略帶偏見,但從其附帶的調查表和詢問記錄來看,反映的情況是可能存在的。縣府當局對此情況批示:「如生活確係困難之臺民,準改為墾荒戶」,但對「如確有墾荒能力之獨立生活臺民」,則是「未便率準冒報」。顯然,在縣政府和墾務所看來,「生活困難」才是補入墾荒的條件,至於是否具備「墾荒耕作的能力」則是其次,不能輕率批准。這也說明了,當時把臺灣籍民編入墾務所,主要目的是使臺民能夠自立生活,至於墾荒本身倒在其次。後來,由於臺灣籍民的墾荒效果不佳,福建省當局這才開始對申請墾荒臺民的身體狀況和墾荒能力做了規定,例如1939年6月,申請墾荒的臺灣籍民塗其源等四人,就經過了一定的體檢,其中三人有身染肺結核或者脫肛疾病者,就不被允許編入墾荒,福建省賑濟會難民生產管理處就此,曾明

確指示崇安縣墾務所，「如無耕墾能力，概不準收容，嗣後於處理此類同類侍，勿作兩可之詞為要」。包括1939年5月從連城縣轉送過來的54名臺灣籍民，省賑濟會難民生產事業管理處亦指示，「須切實調查其有耕作能力者，準由該所予以編墾，其無耕作能力者概不准收容，仰即遵照此令」。顯然，省府當局對後來的墾荒申請，就更多地考慮到了申請者的身體健康情況和勞動能力，而不是簡單的憑生活困難就能加入墾務所。從上述情況看，並不是所有的臺灣籍民都被編入墾荒，也有一部分從事獨立謀生。應該說，參加墾荒的臺灣籍民都是自願申請編入墾務所。因此，關於崇安縣墾務所是對臺民「強制勞動、管教的集中營」說法，並不符合事實的情況。

　　由於補充編入墾荒臺民的增加，截止1938年12月中旬，墾荒的戶數為92戶，總人數達到252人，遠遠超出原先的54戶214人，這也意味著崇安縣墾務所必須追加部分墾荒預算。以伙食費而言，按照最早的臺民墾荒預算，每人每月三元伙食，1939年的伙食費預算原需要2568元，墾荒臺民的增加，這筆伙食費變成4872元，其中成年人共192人，每人每月三元，未成年人60人，每人每月二元，有關當局還延長了伙食借貸的月數，增加了三個月，伙食費的借貸，是從1938年9月延長到1939年的7月。這樣一來，墾荒臺民貸款預算中的項目也有所增加，主要內容包括副業貸款和特別貸款，內容如下：

1939年臺灣籍民墾荒貸款預算增列項目表

單位：元

項目	副業貸款				特別貸款	
	豬	羊	飼料	畜舍	分娩費	喪葬費
預算數	250.00	500.00	850.00	250.00	30.00	30.00
說明	豬每頭20斤，約值5元，50頭總計如上數	羊每頭20斤，約值5元，100頭總計如上數	豬每頭10個月飼料約15元，羊飼料及食鹽等每頭約1元。兩者合計約如上數		墾民有生產者貸與分娩費每人10元	墾民有死亡者貸與喪葬費每人10元

資料來源：《崇安縣墾務所二十八年度墾荒臺民貸款預算書》，1938年12月19日，2-11-86，武夷山市檔案館。

從增加的貸款項目看，主要還是集中在生產與生活方面，增加了豬、羊家畜的飼養貸款，著力於改善籍民的副食品來源，至於分娩和喪葬費用的借貸，亦是崇安縣當局對墾荒籍民生活福利救濟的體現。由於臺灣籍民編入墾荒的人數一直在增加，根據1940年4月30日的統計，最終編入墾荒的臺灣籍民為108戶，人數高達302人，占了在崇安臺灣籍民總人口的近80%。鑒於人數的增多和借貸項目的龐雜，崇安墾務所給予臺民的各項貸款數額不斷攀升，賑濟貸款的時間也一再延長，正如墾務所所說的那樣，「自去歲九月編墾，迄今年餘，計貸予伙食費十六個月，此外尚有房屋、家具、肥料、種子各費，共貸發一萬餘元之巨，所予優待數倍於其他墾民」。

客觀地說，崇安縣政府和墾務所對於臺灣籍民的墾荒工作極為重視，也得到了福建省政府、福建省賑濟會難民生產事業管理處以及福建省農業改進處等省直機關的大力支持和協助，投入的經費預算和提供的優惠政策，相較其他墾民來說，也是十分優厚的。接下來，需要考察的就是臺灣籍民的墾荒情況和效果究竟如何？

3.臺灣籍民的墾荒效果與退墾

有關臺灣籍民墾荒的情況和實際效果，可從崇安墾務所遞交給福建省賑濟會難民生產事業管理處的呈請文件中，窺其一斑：

「奉此，查墾荒臺民300餘人，自二十七年九月編墾，至二十八年七月，計貸發各項費用10686.30元，所墾荒地僅54畝，收穫作物大麥1100市斤，小麥1332市斤，花生1049市斤（花生前或有估計可收萬餘斤，價值數千元，後經收採，大半空殼無實，品質至劣），總值300餘元。此11個月內，每人生產平均1元，欲冀其自耕自食，實不可能。過去所以能維持生活，全賴伙食貸款救濟，迨至八月伙食貸款期滿，費用無著，問題遂生。」

由此可知，在近一年的墾荒歲月裡，300餘名臺民總共開墾的荒地和收穫情

況，並不如預計的那麼理想。原先墾務所計劃給予的400畝荒地，實際開墾尚不足八分之一。如果對比墾務所內其他的墾荒移民，則體現出了巨大的差距。在1939年12月崇安墾務所做的一份勤勞墾民調查中，可以看到有個別墾區的移民，他們的耕作能力和收穫情況是較為驚人的，列舉其中三個典型例子如下：

崇安縣墾務所部分勤勞墾民調查表

單位：畝/擔

姓名	籍貫	參與耕作人口(人)	耕作成績(畝)	本年收穫數量(擔)
梅王與	浙江龍泉	3	在墾區一年七個月，已開墾田地32畝	稻穀87擔
林孝德	福建福清	2	在墾區一年九個月，已開墾田地20畝	稻22擔，花生7擔，雜糧15擔
李福春	福建閩清	2	在墾區一年九個月，已開墾田地34畝	稻8擔，雜糧10擔

資料來源：《崇安縣墾務所勤勞墾民調查表》，1939年12月26日，6-4-12，武夷山市檔案館。

如將林孝德和李福春這兩戶4人在過去一年九個月中開墾的田地相加，正好是54畝，這和墾荒籍民302人在過去11個月開墾的田畝數量剛好相等。雖然林孝德和李福春是當時崇安墾務所評定的勤勞模範，開墾的時間也比臺灣籍民長，或許還有豐富的農事經驗，但這和臺灣籍民的開墾效率和效果對比起來，還是體現出了驚人的優勢。對此，福建省賑濟會難民生產管理處亦十分困惑，「據報墾荒臺民所種農作物計達七十畝，何以收穫物估價僅三百五十元？」總的說來，參加墾荒的臺灣籍民，在開墾的田畝數和收穫作物的質和量上，都是不盡如人意的。這也是上文中，墾務所對補入墾荒臺民的資格認定，不再只是生活困難，而要參考耕作能力的主要原因。

當然，臺民籍民耕作效果不佳，與臺灣籍民自身的情況和客觀環境有莫大的關係：

首先，從職業經驗來看，大多數臺灣籍民不擅長農業生產。崇安縣政府所做的

臺民職業結構調查中，從事醫業的有52人，從事工、商業的合計有62人，從事農業的僅19人，具有其他職業技能的1人，有勞動能力但無職業技能的有17人，其餘均為老幼等無工作能力者，曾經從事過農業的臺灣籍民僅占全部墾民的6.5%左右。由於多數臺灣籍民缺乏農業生產的經驗，墾荒生產又比普通的耕作要求更高，開墾的效果自然不理想。

其次，臺灣籍民中老、弱、婦、孺人數眾多，整體勞動力薄弱。在302名墾荒臺民中，婦女130人，未成年人60人，年老體衰、患病或殘疾而未能勞動者有17人（墾荒臺民292人時的統計）。根據墾務所的觀察，臺籍婦女「自集中墾荒以來，亦僅有墾荒之名，而無墾種之實，此非昔日督墾者之疏懈，確係毫無耕作能力，無可勉強」。還有如潘金水「一家六口，婦弱居多，生產無力，生活均須賴民維持」，「不料水土不合，疾病時生，日來身體益見衰弱，難堪操重，對於墾荒，實感無法經營」的家庭例子；至於老弱病殘的情況，有如丁玉興「素患肺癆之症，時常發劇」，「身罹肺病，不能墾荒工作」，也有像王詩裪「夙患疝氣瘋之症」，「劇痊無定，痛苦難言，自加入墾荒以來，對於工作實際上不能擔任」的情況。

第三，自然環境較為艱苦，對臺灣籍民們的身體健康和墾荒工作帶來嚴峻的考驗。崇安地處偏遠山區，氣候和自然條件比較惡劣，很多臺民都有水土不服，或患有瘧疾的情況，崇安縣墾務所就曾指出：「查墾荒臺民二百餘人，自到崇安以來，多數水土不服，現屆（趨）春令，氣候寒暖無常，疾病漸多，且多係赤貧，無力購藥，殊堪憫惻」。自然環境惡劣，加上多數臺民均為老弱婦孺，健康狀況頻受威脅，在這種情況下從事墾荒，效果自然不佳。

在上述各種因素影響下，墾荒臺民在開墾田地和作物收成上，難以取得突出的成績，而且政府提供的伙食費賑濟貸款時限一到，而大多數臺灣籍民又無法從墾荒中獲取必要的生活收入，生活壓力必然會增大，因此有些臺灣籍民在有了其他謀生機會的前提下，就會申請退出墾荒。例如籍民盧德祥，就提出：「自編為墾荒以來，因老邁無力未能工作，只負鈞長養育之恩而已，此次衛生院僱用清道伕，久未得人，祥因年老餘生未能作墾荒工作，況此又同是為國家盡義務，為公眾之衛生而貢獻，諒亦是鈞長所贊成而俯準」；籍民曾炳達則因「前曾當測夫數年」，具有測

繪方面的技能,提出「苟若勉強開墾,亦無多大貢獻,此次崇安縣土地陳報編查隊僱傭測立」,打算退出墾荒而「各盡其能」。此外,因為體弱或者染病而請求退墾的也有不少,突出的例子是葉逢春,其申請加入墾荒是在1938年12月25日,不久即「歷來身體薄弱,尚無疾病,自編墾以來經過兩旬耕墾工作,感因體力不支」,請求遷出墾荒以便修養。從其申請加入墾荒到要求退墾,前後僅兩個月。其餘請求退出墾荒,外出謀生或養病休息的呈請還有很多。崇安縣墾務所對這類呈請,會先讓管理員查明事實真相,如情況屬實則準予退墾。然後將有關情況將向福建省賑濟會難民生產管理處和縣政府報備,清點該籍民所貸伙食費以及其他費用貸款,報墾務所備案。可見,臺民不管是加入或是退出墾務所,都是自由、自願的,不存在任何的強迫問題。

三、臺灣籍民墾荒的終結與評價

由於沒有實質性的進展,參與墾荒的臺灣籍民陸續退出墾務所,到1940年4月30日,仍在墾荒就僅剩下4戶10人了。其餘退墾的臺灣籍民,在崇安縣政府的努力下,都分別得到了安置,其大致情況如下:

崇安縣墾務所墾荒臺民人口統計表

單位:人

編墾人數	出生	移入工廠	移入教養所兒童	殘老移入縣救濟	赴浙參戰	退墾	保釋回籍	死亡	逃亡	現有人數
302	13	22	81	36	43	98	11	9	5	10

資料來源:《崇安縣墾務所墾荒臺民人口統計表》,1940年4月30日,2-11-98,武夷山市檔案館。

從崇安縣墾務所剩餘的臺灣籍民人數看,可以說臺民的墾荒活動基本上結束了。從1938年9月至1940年4月,臺民墾荒僅僅持續一年半多的時間,福建省政府和崇安縣當局投入大量財力、物力和人力的「臺民墾荒計劃」,並沒有取得預期的效

果。可以說，臺灣籍民的墾荒是失敗的。但臺灣籍民從事墾荒，卻有其不可忽略的重要作用和意義，這是墾荒結果所無法體現的。安排臺灣籍民從事墾荒，是當時國民政府賑濟救助臺灣籍民所必然採取的積極手段。崇安縣墾務所在編列「臺民墾荒計劃」和「臺民墾荒計劃預算書」時，對於臺灣籍民「農事經驗，又極淺薄」、「耕墾能力薄弱」等情況十分清楚，崇安縣政府在「電請省府援助僑民墾荒辦法從事墾殖」時，目的是「俾資救濟」，福建省政府以及省賑濟會對此亦是瞭然於胸，他們實際上早已知道「欲冀其自耕自食，實不可能」的結果！但有關當局對臺灣籍民從事墾荒，卻依然給予最大的支持，除了伙食費外，還提供了房屋、家具、肥料、種子等各類貸款，「共貸發一萬餘元之巨，所予優待數倍於其他墾民」。在墾民的人口結構中，老弱婦孺又占了很大的比重，崇安墾務所對於因生活困難而申請加入墾荒的呈請，也都給予了批准。從這些方面來看，省政府以及崇安當局所推動的臺灣籍民墾荒，主要目的還是在於寓賑濟於生產，試圖透過臺灣籍民的墾荒生產，實現自給自足，這是促進臺民積極自我救助的重要措施。在評價臺灣籍民墾荒意義時，也不能僅從墾荒失敗的客觀效果來評判，還要看到其背後更深層的賑濟目的。至於崇安墾務所的性質，從其成立的目的來看，原本就是一個為了增產糧食而設的墾荒機構；有關當局將臺民編入墾荒的目的也是為瞭解決他們的生活困境，而不是虐待和壓迫；臺民加入或退出墾務所也都是自願的、自由的，墾務所沒有任何的強迫行為；在墾荒待遇上，臺民所享有的墾荒貸款和待遇，比其他墾荒移民更為優厚，得到更多的關照和補助，對於他們的生活有很大的幫助。因此，崇安墾務所對臺民而言，就是一個透過墾荒勞動，尋求生活自給的機構而已，並不像有些學者所說的是「強制勞動、管教的集中營」。

　　總之，臺灣籍民的墾荒雖然沒能成功，但在長達一年多的時間了，在墾荒各種貸款的幫助下，大部分的臺灣籍民得到了適當的生產、生活賑濟，一定程度上緩解了他們遷移崇安以來的生活壓力，國民政府為此所做的種種努力是值得肯定的。

臺灣1937：皇民化運動與林獻堂——以《灌園先生日記》資料為中心

陳小沖

　　1937年在中國現代史乃至臺灣地方歷史上都是個特殊的年份。在大陸，「七七事變」標幟著中國全面抗戰的爆發，中華民族與日本帝國主義的矛盾成為中國社會的主要矛盾，中華民族面臨生死存亡的危急關頭。在臺灣，隨著漢文漢字的全面禁止，日本殖民者掀起了旨在將臺灣人改造成為「畸形日本人」的皇民化運動狂潮。在此歷史背景下，一直為民族運動努力奮鬥的林獻堂，於該年離開故土臺灣踏上遠走他鄉的路途，其言行也出現了某些微妙的變化。如何分析和理解處於轉折時代的林獻堂？林獻堂本人的《灌園先生日記》為我們解讀其心路歷程提供了珍貴的第一手資料，本文即擬以此為基礎對上述問題略作探討，不妥之處，敬祈指正。

一、皇民化運動與1937年的林獻堂

　　1937年在臺灣現代歷史上注定是不平常的。1936年底預備役海軍大將小林躋造被任命為臺灣總督，因應臺灣在日本帝國主義南進政策中戰略地位的提高，總督職位在經歷了文官總督之後再度回到武官總督時代。小林也不失時機地提出了「皇民化、工業化、南進基地化」的三大政策目標，並於1937年伊始憑藉政權機器在全臺灣強力推行。與此同時，作為軍部法西斯勢力在臺灣的代表，臺灣軍在臺灣政壇的影響力與日俱增，尤其是荻洲立兵就任臺灣軍參謀長之後，進一步強化了對臺灣人民的高壓統治，並與在臺日本人極右團體相配合，一面鎮壓臺灣的社會運動、箝制

臺灣人民的言論；另一面甚至干預臺灣的殖民地行政權力，為皇民化運動推波助瀾。禁止漢文漢字，合併島內各報紙雜誌，實施新聞管制和思想控制，就是臺灣軍幕後操作的結果。

「七七事變」爆發後，臺灣島內曾經出現諸多反對日本侵華戰爭、暗中支持祖國抗戰的聲音，一些臺灣人暗地裡傳播大陸消息，向警察派出所投遞反日匿名信，乃至有人回到祖國參加抗日戰爭。臺灣軍的秘密情報揭示：「事變爆發當時，一部分本島人中間由於民族的偏見，依然視支那為祖國，過分的相信支那的實力，受宣傳的迷惑，反國家的或反軍隊的言論和行動在各地流傳，民心動搖。」為此，臺灣軍在「七七事變」後第五天就此「向島民發出重大警告」，7月14日參謀長荻洲對臺灣人「非國民的言行再次發出警告」。為了消弭臺灣人民對祖國的向心力，日本殖民者進一步強化了皇民化運動，其標誌性事件即是9月10日設立的國民精神動員本部，殖民當局於總督設本部、下設州廳支部、市郡支會、街莊分會，在臺灣全島掀起所謂「精神總動員」的浪潮，著重點即在於「確立對時局的認識，強化國民意識」，「進一步涵養堅忍不拔之精神，培養盡忠報國之意念」。具體的實施措施則包括日語的強制普及、皇民思想的灌輸、日常生活的日本化和「奉仕」貢獻等等。

在這樣一個被葉榮鐘稱為「暴風雨時代」的臺灣，作為島內本地資本富豪和民族運動指導者的林獻堂，此刻的情形又是怎樣的呢？《灌園先生日記》為我們留下了其每日生活的點點滴滴，由於日記是私人隱秘物件，其中透露的言論，能夠較真實地反映出林獻堂在皇民化運動中的心路歷程和真實情感。以下略舉數例來看1937年的林獻堂：

1.昭和十二年（1937）新一月一日　舊十一月十九日　金曜日　雨六十四度

……陸軍病院臺中分院長窪田精四郎，穿其大尉正式服裝四時來訪。他甚同情余受人誤解（按即指祖國事件—引者），注意三事：第一，要樹門松；第二，一新義塾當以國語為主，不宜與漢文並行；第三，莊役場書記當採用內地人。余備晚餐，以猶龍、戊己、成龍、金荃為陪，談論至八時廿分乃往五弟處……

1937年的頭一天,也是日人的正月新年,皇民化的陰霾就籠罩到了林獻堂的府上。穿著日本陸軍軍服的窪田劈頭帶給林獻堂的就是約法三章:所謂樹門松(かどまつ)就是要求林家依照日本新年習俗在門口樹立松枝或松樹的裝飾,這是皇民化運動中日常生活日本化的一項重要內容,我們在新竹、高雄等州的皇民化實施方案均可見到,而據高雄州的調查統計,該事項已被廣泛推展開來,此次林家看來也難以置身其外。一新義塾是林家為本族及霧峰地方子弟設置的書房性質的學校,義塾內既教授日語也教授漢文,是林獻堂為實現其不斷絕臺灣民族文化傳承的一片試驗田,現在也被要求撤廢漢文專注於日語,皇民化運動的核心——強制普及日語在此得到具體的體現。至於莊役場要用內地人(日本人),不過是為在臺日本人的利益著想,兼及監督林家在霧峰的勢力。三月十日,此人又一次來到林宅,追問元旦所述三事,且以帶威脅的口吻道:「臺灣人萬事須當日本化,不然若一旦有事則生命不能保。」

2.昭和十二年(1937)新一月十一日　舊十一月二十九日　日曜日陰　六十一度

……三連、肇嘉三時來訪,三連述七八兩日荻洲參謀長喚《新民報》主筆林呈祿、專務羅萬俥逼其漢文廢刊。現時漢文欄減少三分之一,與三日刊相差不遠矣,而復出此壓逼,殊不解其用意何在,詢警務局之意見,據雲漢文廢刊與否,此後當慎重研究……

正如我們在上面談到的那樣,臺灣軍在臺灣皇民化運動中走在了最前端,廢止漢文漢字的矛頭直指臺灣本地的唯一報紙、臺灣民族運動的喉舌《臺灣新民報》,且由臺灣軍參謀長親自出馬「壓逼」其廢止漢文。面對軍部法西斯高壓政策,吳三連等人試圖聘用曾任職警察的日人石垣倉治為社長,以毒攻毒,未獲林獻堂同意,只得另覓途徑以圖周旋。此事的後續發展,在日記中有進一步的記載。四月一日日記中林氏記曰,《臺灣日日新報》等三家報紙即日起「漢文廢刊」,《臺灣新民報》先將漢文欄縮減為一面,六月一日起亦必須廢止漢文。這一事件標幟著臺灣皇民化運動正式進入全島範圍廣泛推進的階段。

霧峰林家是臺中地方的名門望族，經營諸多工商金融事業，財力雄厚；林獻堂更為一九一零年代中期以來臺灣民族運動的領導者和資金支持者。因此，對於日本殖民當局來說，皇民化運動倘若能夠得到林家的合作，其示範效果不可謂不著。臺灣軍司令官畑俊六在會見林獻堂時便稱：「君之一舉一動世人甚為注意，須加慎重」。事實上，殖民當局的「壓逼」政策，也毫不掩飾的施加到了林家。二月二十三日臺中州警務部長中平昌親訪林獻堂，雖對右翼分子勾結軍部壓制臺人表示不認同，但也告誡林獻堂：「小林（躋造）總督以本島人為日本帝國之一部分，務使其至誠奉公，成為忠實之國民，此為小林總督統治之方針也。」此外，監視和威脅屢屢降臨林獻堂一族，譬如日本警察以有人告發林氏族人私藏軍火為名將當事人予以拘留，郡稅務機關對早已解散的林氏企業三五實業株式會社重新核查，復以酒後鬧事為由拘留了林松齡、林鶴年二人。臺中州臺中警察署警部（行政主任）北川清則公然宣稱：「霧峰林家之人皆傲慢，巡查欲往會皆辭不見，此後不論何人，將以處置松、鶴之法而處置之雲雲。」中平警務部長亦委他人警告林獻堂：「（右翼）生產黨與警察結託，屢欲對霧峰林家生事，望各自重，萬一有事我亦無法節制之也。」甚至有下述事情發生，四月二十七日，《大新京日報》臺灣支局長來訪，警察高等課特務松永竟事先要求林獻堂讓其「潛聽於隔室」，如此舉動可謂聳人聽聞。

　　面對日本殖民統治者的高壓政策和惡劣的政治環境，林獻堂不得不作出離開臺灣避走日本的決定。然而，殖民當局的監視仍無處不在，1937年5月18日，林獻堂啟程赴日時，「高等特務澤野一策來，問余一行之人數及東京之住所」。即便是在日本內地，「七七事變」爆發後的第五天，就有特務前來登門拜訪，第二天再次前來，其過程在林獻堂日記中有詳細的記載：

　　昭和十二年（1937）　新七月十三日　舊六月六日　火曜日　七十五度

　　……坂木特務來，問余北支事變之感想。曰所知者僅由新聞報導而已，想不致起大戰爭。問以武力解決或以協定解決者，兩者何為宜。曰戰爭是出於萬不得已，若能協定當以協定為宜。問若日支開戰，滿洲人之怨恨日本者不知其將起內變乎。曰余未曾到滿洲，不知其情形，設使有怨恨日本者，亦無能為也。他又言北平、天

津外國人之關係頗多，戰爭殊不容易。余不對。繼以雜談數語，然後去。

由此看來，就是躲避到了日本，也避不開警察的監視和政治騷擾。林獻堂作為臺灣士紳領袖和關乎殖民地社會穩定的指標性人物，不得不時刻面臨著殖民當局的「特殊關照」。「七七事變」因是與臺灣人的祖國——中國之間的戰爭，臺灣人的動態引起殖民者的高度重視，林獻堂就是其中的重點。九月二十五日又有特高警察來會，「問此回事變臺灣人怎樣。余（林氏）自五月來此，不知其情形。」在這樣的政治氛圍下，林獻堂不免有如芒刺在背的感覺，於是當即作出反應，要求家人低調應對：

修書與猶龍、雲龍，謂北支事變深望其圓滿解決，於未能解決之時，集會言論須要十分謹慎。

我們知道，日據時期臺灣的皇民化運動大致分為國民精神總動員（1937—1940年）和皇民奉公運動（1941—1945年）兩個階段。在1937年的國民精神總動員運動階段，於廣泛開展普及日語、日常生活的日本化等等活動的同時，將重點放在對臺灣人的精神動員方面，竭力引導臺灣民眾樹立對所謂「支那事變」的「正確認識」，試圖扭轉臺灣民眾對祖國抗戰的向心力。從1937年林獻堂在皇民化運動中的遭遇，我們清楚地看到了皇民化運動在國民精神總動員階段的強制色彩和高壓措施，以及軍部法西斯勢力在其中所充當的急先鋒角色。這一時期林獻堂接收到的日人發出的明確訊息為：「島人（臺灣人）陽表忠順，而陰常有非國民之言動，若一旦聞知，即為剪除。」因而不能不事事小心謹慎。作為臺灣本地士紳領袖的林獻堂尚且受到軍部和警察如此的監視、威脅，普通臺灣民眾所遭受的皇民化壓力便更可想而知了。

二、民族主義與改良主義的交錯

日據時期的臺灣民族運動，自1915年臺灣同化會至1936年臺灣地方自治聯盟解

散，經歷了20餘年的歷程。林獻堂在此中發揮著重要的作用，從與梁啟超討論臺灣前途命運到開展臺灣議會設置請願運動，再到文化協會乃至民眾黨，林獻堂都是主要的領導者和有力的經濟支柱。在行動上，無論是民族運動目標的確立，還是赴東京請願、與總督府的交涉、贊助有為青年留學深造等等諸多方面，林獻堂均扮演著積極且關鍵的角色。

　　民族主義是臺灣民族運動的主軸之一，數十年一以貫之的漢文保持運動、開辦漢文學習班、輸入大陸報刊、組織讀報社、《臺灣民報》刊登祖國作家作品、介紹大陸情況及文化協會的中華文化復興運動等等，在在體現了民族主義的精神。日本殖民者亦云：「本來漢民族經常誇耀他們有五千年傳統的民族文化，這種意識可以說是牢不可破的。臺灣人固然是屬於這漢民族的系統，改隸雖然過了四十餘年，但是現在還保持著以往的風俗習慣信仰，這種漢民族的意識似乎不易擺脫。」林獻堂光復後在總結日據時期臺灣民族運動歷史時也明確指出：「臺胞在過去五十年中不斷向日本帝國主義鬥爭，壯烈犧牲，前赴後繼，所為何來？簡言之，為民族主義也，明乎此一切可不辯自明矣。」

　　在皇民化運動狂熱推展的年代，臺灣的政治局勢詭異沉悶，稍有不滿之詞便會被軍部扣上「非國民」的大帽子，再加上右翼勢力的壓迫和威脅，民族主義的言論和行動不消說更是要冒極大的風險，生存空間十分艱難。林獻堂遭遇的「祖國事件」便是其中的一個典型事例。1936年3月，林獻堂參加臺灣新民報所組華南考察團，在上海接受華僑團體歡迎會時，發言稱林某「歸還祖國」等語，被臺灣軍部和右翼勢力大加撻伐，尤其是臺灣軍參謀長荻洲立兵更直接插手此事。據林獻堂秘書葉榮鐘回憶：「那時候的臺灣軍參謀長是荻洲少將，他是日本軍部的強硬份子，剛愎自用，傲慢不避，勾結日本浪人，干涉臺灣的政治，『祖國問題』完全由他一手興風作浪，故意找灌園先生的麻煩。」6月17日臺中舉辦「始政紀念日」遊園活動時，軍部唆使右翼政黨大日本生產黨員買間善兵衛向林獻堂面遞《勸告文》，內容為：「一、即時辭退總督府評議員及其他一切公職。二、對在上海時自稱『歸回祖國』一事之失言，公開表示謝罪。三、今後不再參加一切有關政治文化社會等運動。」然後揮手毆打林獻堂，此即轟動一時的所謂「祖國事件」。日本殖民者的目的在於借對林獻堂的施壓震懾臺灣士紳知識分子，以達殺一儆百的效果。事實也正

是如此,「祖國事件」後,臺灣全島「風聲鶴唳,草木皆兵,一般知識分子惶惶不可終日」。但反過來看,在當時惡劣的政治環境下,「祖國事件」中林獻堂「歸還祖國」的發言,絕不是所謂的一時「失言」,而是其潛藏於心中的祖國情懷的自然流露。林獻堂的祖國意識在不同場合均有所體現,如其於1921年櫟社創立二十週年創作刊行的詩作:「觀音山上白雲飛,潮打長堤帶夕輝,江海茫茫何處好,神州吾欲御風歸。」就被黃純青稱為:「對於祖國神州孺慕之熱情,……溢露於字裡行間,足以激起讀者之愛國心。」長期與林獻堂一同從事民族運動的蔡培火在談到林氏的人生觀和精神世界的時候說:「我所瞭解灌園先生之為人,其中心精神,堪稱唯一忠誠之民族主義者,在我眼中,灌園先生乃一標準之中國人,先生酷愛固有民族文化,其生活之方式及平時之嗜好,毫不時髦,不追求洋化與和化……」

儘管處於警察和軍部法西斯的政治壓迫之下,林獻堂民族主義的一面仍維持不墜。首先是對臺灣軍參謀長荻洲立兵為推行皇民化運動強制廢止報紙漢文欄表現出強烈的不滿,他指出:「極力主張漢文廢刊者荻洲參謀長也,其理由謂日本精神之涵養。現在臺灣人大多數不能讀和文,欲涵養精神、灌輸文化非漢文不可,今一旦廢刊,置此輩而不顧,其倒行逆施之鹵莽如此是也。」在法西斯勢力猖獗的1937年,即便是在私人日記中,敢於直斥臺灣軍參謀長荻洲「倒行逆施」的,恐怕只有林獻堂一人而已。其次,在日人登門要求禁漢文的時候,林家主辦的一新義塾依舊堅持教授漢文,直到10月方才被迫中止漢文教學。他還十分關注祖國,對於日人輕蔑中國和漢民族的言論頗不以為然,10月26日的日記中記載:「(田川大吉郎)頗輕視漢民族,謂其與印度、朝鮮、希臘同等,決無復興之日也。他所舉之例,言其不能擊沉出雲軍艦,又不能擊破陸戰隊之本部。余言民族之興衰不全在武力也。」

「七七事變」的爆發對1937年的臺灣來說乃是影響波及全島的大事件,林獻堂雖身在日本,「七七事變」對其衝擊亦不言而喻。7月8日林氏首次獲悉事變爆發的消息時,尚未意識到此次事變的嚴重性,所以在他的日記中,8、9、10連續三天只有簡單扼要的記述。但是11日開始,林獻堂對「七七事變」的關注度直線升高,日記中連篇累牘的詳細轉述中國政府的相關應對措施,唯恐有所遺漏,這種對某一事項的強烈關注,在其日記別處記述中是少有的。如11日當日詳記了南京政府對日抗議及日本政府聲明內容。8月5日更是將中國軍隊在華北、內蒙地區的部署狀況細細

敘述，如若沙盤推演一般。7月22日、8月16日還兩次特意去觀看了「北支事變新聞」電影，試圖瞭解「七七事變」的真相。對於中國人民的抗日戰爭，林獻堂也隱晦地表達了自己的態度，如7月21日的日記中不惜筆墨抄錄了《東京朝日新聞》報載之洋洋600餘字的中國政府宣言，其中有「我等非求戰，唯有應戰之決意，中國之抗戰準備者，為中國生存不可欠之條件也。」等語，他並就此評論道：「若中國不得和平之要求，全國不問南支、北支，亦不問老幼，從政府之指導下一致團結。」其傾向性於此或可見一斑。又如7月23日還稱：「支那空軍總數約千二百臺，由米、佛、意購入之優秀機，配置於各重要之處，其空軍之勢力實為不可侮。」顯然對祖國抗戰實力還是抱有一定信心的。

不過我們發現，同為林獻堂，在表現出民族主義的同時，卻也顯現出改良主義的另一面，席捲臺灣全島的皇民化運動狂潮亦不可避免的滲透到林獻堂的社會政治生活中來。如1937年2月10日為中國傳統的除夕，林家依舊拜祖先、圍爐、分壓歲錢。但是第二天，林家的一新義塾卻又舉行了日式的紀元節祝賀式，林獻堂亦參與其中，「先唱國歌」，「末唱紀元節歌」，這裡的國歌當然是日本國歌，紀元節歌是總督府編纂的一年級用《公學校唱歌》，為日式修身內容。中國傳統文化與日本教育模式，在此悄無聲息的融合進了林獻堂的生活方式裡頭。同年4月29日，「一新義塾舉行天長節祝賀式，出席者余（林氏——引者）與猶龍、啟東、月珠及伊若、瑞安兩教師，女學生五十餘名，男學生二名，一同敬禮，皇居遙拜、國歌合唱。猶龍為塾長代理，致祝辭，伊若說明天長節之意義以表祝賀。九時三十分閉式。」紀元節是紀念古日本大和王朝的建立，天長節是恭賀日本天皇誕辰的節日，二者均居日本祝祭日四大節之列，舉辦紀元節、天長節祭，一定程度上說明即便是林獻堂也部分地默認了日本文化的介入。至於向天皇居住的皇宮方向遙拜致敬及合唱日本國歌，則正是皇民化運動的重要內容之一，一新義塾同樣不得不進行這種皇民化儀式。另外，殖民當局配合日本帝國主義對外侵略戰爭實施的所謂的「國防獻金」活動也是林家被動應付的一個事項。3月8日林獻堂在自宅招待日軍第十四飛行聯隊將校時，就不得不虛與委蛇，稱：「本島為日本帝國領土之一部分，本島人民亦是帝國人民之一部分，對於國防當盡其義務以表報答之熱忱，自不待言，然欲盡此義務，其道由，如蒙不棄，時為指導，我霧峰一族幸甚。」3月29日林獻堂赴憲兵隊提出「獻金」方案。這一時期的林獻堂甚至不自覺地將日本作為自己的「國

家」來看待，請看其日記的記載：

昭和十二年（1937）舊十二月十八日　土曜日　晴　六十二度

宇垣大將組閣，因軍部之反對遂致流產，昨日午前拜辭大命，午後十一時大命再降下，林銑十郎大將軍，人素主忠君，此回之反對宇垣，未免有大權侵犯，國家或從此多事矣。

毫無疑問，這裡的「國家」不是別的，就是日本。換句話說，1937年的林獻堂內心世界是不是已經接受了日本這個「國家」對臺灣的統治現實？頗值得玩味。乍一看，這樣的事實與前面揭示的作為民族主義者的林獻堂似乎是不相容的，但我們認為二者之間並不衝突。民族主義體現的是林獻堂的民族性，即作為漢民族一份子的林獻堂的祖國意識和民族認同，是對有著數千年文明史的傳統中國的文化眷戀。而後者則是林獻堂面對割臺後數十年日本殖民統治這一政治現實的無奈，從而導致其在國家認同問題上出現一定程度的迷茫或異化。在這裡，祖國中國、漢民族或中華民族等等代表的是文化的、民族主義者的林獻堂，日本、「國家（日本）」等等代表的是殖民地屬民和改良主義者的林獻堂。如此看似矛盾的事項並存於林獻堂這一統一體中，所代表的其實正是殖民地下多數臺灣士紳知識分子的生存實態。葉榮鐘在談到當時臺灣人苦悶心情的時候這麼說過：「國人（大陸人民）對於日人，壁壘分明，同仇敵愾，精神上並無苦悶。但臺胞則身心相剋，清理矛盾。包羞忍辱，草間偷活的心情，和裝聾作痴，委曲求全的苦衷，若非身歷其境的人，不容易體會得到。」平心而論，林獻堂在社會政治生活中表現出來的改良主義者的一面，既有其身為大地主資本家階級的鬥爭軟弱性的原因，亦有在臺灣皇民化運動大的政治環境下被動作出的忍耐與妥協因素。蔡培火的一段話很能代表世人之所以對林獻堂產生景仰的緣由，他說：「灌園先生是臺灣中部之巨富望族，倘渠能守己安分，順服日政府治臺方針，相信比一般御用派更能獲日政府之寵遇，而享其更安樂之生活，先生竟不出此，而在四面楚歌之中，勇往直前，為人所不敢為……」林獻堂畢竟不是一位革命者，即便是有改良主義的因素，似乎也不必苛責於他。

三、學習日語的林獻堂

　　林獻堂作為臺灣近現代史上民族運動的領導者，從組建臺灣同化會開創日據時期非暴力政治抵抗運動新局，到為設立臺灣地方議會而奔波請願，再到文化協會時期登高疾呼保持臺灣人的漢文化傳承，為反抗日本在臺灣的殖民專制統治奉獻了心力。在人們的心目中，林獻堂的形象開始被一定程度的固化，在評價林獻堂的時候，肯定和讚美的言辭較多。然而人物往往是多面和複雜的，身為殖民統治下被壓迫民族的一分子，在殖民者高壓與籠絡兩手政策交互影響、尤其是皇民化運動期間法西斯強制同化狂潮衝擊下，為了自身的生存和權益作出某種改變或因應，恐怕有時也是不自覺或不得已的一個選擇。接下來我們就從語言問題入手來看林獻堂的另一側面。

　　眾所周知，日本殖民者在臺五十年的殖民統治中，實施的是以灌輸大日本文化和日語普及為主軸的同化政策，從芝山岩「國語傳習所」開始，到之後的學校教育和社會教育中，日語普及均為殖民當局同化政策的核心內容。總督府民政長官後藤新平稱：「臺灣教育始終不渝之目的為國語（日語）普及」，「以普及國語（日語）作為臺灣教育之根本，理由如下：第一，作為溝通用語；第二，作為發展文化必備之工具；第三，作為同化之必要手段。」日語普及在臺灣殖民統治中既然有著如此重大的意義，總督府自然不遺餘力的予以推行。在初等教育，80%左右的課程與日語或日式修身課相關，在社會教育方面，則以青年團、國語普及會、夜學會等團體為基礎加強日語普及教育。據官方統計，全島的日語普及率1937年為37.8%，1944年則增至71%。姑且不論此中日語普及的實際效果怎樣，這些數據至少說明了當時數量不少的臺灣民眾是不能不學習日語的。

　　那麼，林獻堂的狀況又是如何呢？

　　有關林獻堂在語言方面的作為和主張，一直以來影響最大、被引用最多的是林忠的一段話，現摘引如下：

在日據時代，日人當局在臺灣曾極力提倡皇民化運動，不但要臺胞改姓名，且強迫臺胞學日語，但是，在日本統治五十年期間，獻老一直沒有改過姓名，也從來沒有學過日語，無論在任何場合，就是與日人首長講話，也從不講日語，而由人翻譯；直至最近幾年幾乎居住在日本，雖然諸多不便，也照舊不學日語。反過來，臺灣光復後，臺胞到處開會歡迎政府首長及軍隊，因為語言不便，學習國語的風氣非常流行，一般民眾，都利用廣播收音機學習，獻老卻是最熱心的一個。他熱心的程度，實在出乎一般人意料之外，晚上在收音機播送學國語時間，如遇有客人去拜訪獻老時，他一定很客氣的對客人說，請你等候二十分鐘，我聽過國語教學後，再來奉陪。獻老那時年已六十餘歲，就一般人來說，學習語言，已經感到相當困難，但因為獻老勤於學習，不久就學會了；與政府官員談話時，不但不像日據時代，要經過他人翻譯，而且他很樂意地直接用國語來談話。由此可以明白獻老是如何地愛護祖國的文化。

從林忠的本意看，大致是試圖透過日據與光復兩個時代的比較，以林獻堂在語言問題上鮮明反差的態度來展示其反日愛國的祖國情懷及對中華文化的堅持。光復後林獻堂積極組織團體迎接祖國接收臺灣、努力學習漢語的事實已為眾所周知，那一時刻以林獻堂為代表的臺灣民眾心底深處迸發出來的愛國熱情迄今猶在眼前。然而，日據時代的林獻堂究竟是如何對待日語的呢？筆者早期的論述中也曾受到上引資料的影響，認為林獻堂終生不學日語。不過隨著近年來新刊史料、特別是《灌園先生日記》的出版發行，使得支持此一論斷的基礎開始發生動搖。以下我們結合本文所涉時代，僅就1937年林獻堂在日記中記錄的有關學習日語資料略作摘引：

1.1937年1月17日

一月二日起複習宇井英著之《國語教本》，蓋為準備五月往東京也。昨日讀三十七課至四十課，今日讀四十一課至四十四課。

2.1937年3月25日

《國語教本》第二篇三十八課，自二月二十日起至本日讀完。

3.1937年8月24日

子七月一日起皆有擇譯新聞上重要記事，然余和文之力量不充分，翻譯頗為費事，於本日起欲用此時間以研究國語。

4.1937年8月31日

《國語教本》第一篇第七十四課，由十八日起荒木秋子教余，每日讀讀，至本日第一篇完了。

5.1937年10月1日

《國語教本》第二篇本日讀完，因頭腦不佳，多不能記，頗以為憾。

6.1937年10月2日

國語教本第三篇本日讀起。

7.1937年10月16日

荒木秋子教余讀《國語教本》至第三篇十八課《胃ノ腑ノ說諭》，尚餘七課，預定本月完了。

8.1937年10月27日

《國語教本》第三篇本日讀完，余之記憶力不佳，雖多讀亦不能自由談話。

9.1938年1月21日

《國語教本》自去年一月二日讀至五月十五日，第一篇、第二篇、第三篇完了，六月起至十月末日複習一遍，並讀書翰文十六課，十一月一日起至昨日第一篇再複習一遍，自本日起至四月末日，語法篇、會話篇、說話篇全數複習。余本善

忘,雖有如是之勉強,所得恐亦無多。

透過以上摘錄的林獻堂學習日語記錄,我們已經不必再費口舌去討論林獻堂在日據時期是不是有學日語的問題了,林忠所言林氏「從來沒有學過日語」顯然不是事實。對於在日本殖民統治時代學習日語的臺灣人,我們曾經做過這樣的評述:「就絕大多數普通臺灣民眾來說,他們一方面追隨民族主義者研習漢文,自願參加各類講習班、研究會,閱讀漢文報紙書籍;另一方面在日語普及運動的影響下,又不能不參與學習日語,尤其是日據後出生、成長的青少年一代,日語關係到他們的入學、升學、求職、升遷乃至事業經營、人際應酬等等切身利害,且身處殖民統治機器的高壓下,因此要完全排斥日文是不可能的。何況日語還是他們獲取新知識,睜眼看世界的途徑,在民族性不迷失的前提下,於閩南語、漢文之外多一種語言技能,也許並不是什麼壞事。日據時期初等教育的普及,使得接受日語教育的民眾數量逐年上升,儘管在熟練程度上不盡如人意,畢竟日語作為法定的官方語言,是臺灣人生存所必需的基本條件,在殖民統治的特殊歷史環境和統治機器的高壓下,臺灣人被動地掌握了日語,這絲毫不代表他們在思想上也認同了日本,相反,祖國在他們的心目中始終占據著主要的位置。」林獻堂的例子恰恰從個案的角度證實了這一觀點。學習日語對他來說只不過是一種需要,從上引日記中我們看到:因為要去日本居留一段時間了,所以需要複習日語;「七七事變」爆發後,為了及時瞭解抗戰中的祖國,翻閱「和文」報紙雜誌,所以需要學習日語;他還時常對自己因年事已高,記憶力不佳,不能用日語會話而感到懊惱……在這裡,我們看不到有什麼政治的壓力或經濟利益的驅動,也與日本殖民當局推動的日語普及政策無關,林獻堂學習日語過程其實很單純的就是為了掌握一門實用的語言技能。學習日語也不可避免地在林獻堂的文字書寫中留下了若干印記,上述日記中就有「雖有如是之勉強」一語,其中「勉強」一詞便是日語「勉強(べんきょう)」,意為學習;又如1938年2月6日記曰:「陳清芬(汾)欲為介紹須田秘書官,先以電話打合,適其將出,遂作罷。」這裡的「打合」也是日語的「打ち合わせ(うちあわせ)」,意為商議、碰頭;7日再記:「楊紹勛三時來謂大成會社囑其九日往,因是日學校試驗不能住」,句中「試驗」亦為日語「試驗(しけん)」,意為考試。換句話說,日語的影響已經開始潛移默化的滲透到林獻堂的日常生活和文字表達中了。坦率地說,這似乎也沒有什麼可大驚小怪的,學習日語改變不了林獻堂的文中華化傳承脈絡,

日語甚至無法超越他對臺灣話（閩南話）的感情和執著，張文環在回憶錄中曾記述了這麼一段親身經歷：

先生又時常教我要說流利的臺灣話，那就是不摻雜日本話的臺灣話，當時除私談以外，幾乎不用臺灣話，所以像我的年紀的人，就說不出流利的臺灣話來。

一天晚上，先生和我被邀去霧峰戲院演講，演講的時候，照例應由地位較高的辯士依次上臺的，然而一到戲院，先生對我說：「你先講，看你講得怎樣，儘量講，練習練習，你若講得好，多講無妨，你若無興趣，我就多講一點，不過要緊的是用臺灣話，不可摻雜日本話！」但我說：「先生！我先講不好意思吧！」

「不是不好意思不好意思，我要聽你講話，要給你練習，若是我先講，才沒有意思呢。」

先生誘掖後輩訓練後輩的心情，可謂又深又切。

顯而易見，對於林獻堂來說，漢文、臺灣話、日語，三種語言文字各有不同的地位，漢文是他的母語，臺灣話是他的家鄉話，日語則不過是與日人和在日本殖民統治下社會交往不得不使用的一門語言工具。作為一位有著濃烈民族情懷及對中華文化深度眷戀的民族主義者，同時也面對現實學習實用語言，哪怕這是殖民者帶來的語言，恐怕這才是歷史上真實和多面的林獻堂吧。

1937年是日據時期臺灣地方史上劃時代的年份，而皇民化運動所帶來的政治高壓、同化浪潮和人格扭曲，則更是給臺灣社會肌體烙下深深的傷痕。即便如民族運動指導者的林獻堂，也不得不面對現實作出選擇性因應，譬如學習日語等等，從而為我們展示了其作為那個時代臺灣代表人物的多維立體人生。

1937-1945年臺灣皇民化運動再論——以總督府臨時情報部《部報》資料為中心

陳小沖

　　二十年前，筆者曾經發表過有關1937—1945年臺灣皇民化運動的論文，較全面地分析了皇民化運動的發展階段、主要內容及其對臺灣社會的負面影響。近年來，隨著相關歷史資料的不斷發掘、公布，皇民化運動更為詳盡的畫面逐漸展現在人們眼前，並使得進一步分析皇民化運動細節及其深層內涵成為可能。本文即擬以最近公布的皇民化運動的主要官方宣傳刊物——臺灣總督府臨時情報部《部報》及其他相關資料為中心，就該運動的若干重點內容再作探討，以求教於方家。

一、皇民化面紗下的利益糾葛

　　1937-1945年的皇民化運動，核心內容就是要消除臺灣地區的中華文化，以大日本帝國的法西斯「大和文化」來取而代之，換句話說就是企圖根除臺灣人民的中華民族民族特性，將臺灣人改造成為日本天皇的「忠良臣民」。1937年十月，臺灣總督府總務長官森岡二郎在對日本全國的廣播直播節目中以《時局下之臺灣》為題全面闡述了臺灣皇民化運動出臺的背景及其核心內涵，這份廣播稿刊登在總督府臨時情報部的《部報》中，頗值得關注，以下擇其要者予以分析。

　　皇民化運動的發生，正是「七・七事變」後日本帝國主義發動全面侵華戰爭的年代，身為中華民族一份子的臺灣人民究竟會在這場戰爭中站在哪一邊，不能不引起日本國內及臺灣總督府當局的極大憂慮。事實表明，當時臺灣島內的確出現了很

大的騷動，散發反日標語、投寄匿名信、傳播有利於大陸傳言等等事件在各地接連出現。臺灣軍在其秘密報告中稱：「事變爆發當時，一部分本島人中間由於民族的偏見，依然視支那為祖國，過分的相信支那的實力，受宣傳的迷惑，反國家的或反軍隊的言論和行動在各地流傳，民心動搖。」森岡總務長官在此次演講中也提到了這一點，他說：「對於與對岸有著深厚關係的本島來說，這次事變是領臺後前所未有的事件。即滿洲事變或上海事件等均為與支那一地方的爭端，與全支那的全面抗爭，實自此次開始。因此，事變爆發初期內地對本島人之於事變的想法和態度，抱持著種種憂慮和恐懼的念頭。」「此次事變後，內地及其他方面流傳著有關臺灣的形形色色的流言蜚語。更有甚者，或者說眼下臺灣發生了暴動正在鎮壓中，或者說臺灣遭到了支那飛機的空襲等等聳人聽聞的傳言。」由此之故，森岡總務長官的這篇廣播談話，就是主要針對日本人進行的臺灣皇民化運動政策宣講，主旨即在於向日本國民介紹臺灣的狀況，消除其心中的疑慮，並謀求宗主國對殖民地同化政策的支持。

但是，要求臺灣人同化為日本帝國「大和民族」的一分子，至少在表面上是必須以給予臺灣人更多的社會政治地位為代價的，殖民當局逐漸抬高的臺灣人政治待遇改善趨向，不能不觸及日本人的切身利益，從而帶來後者的反彈。親身經歷過皇民化運動的一些臺灣人就曾這麼回憶道：「如果說日本推行皇民化運動，是採取強硬的方式，但也可以說不是用強迫的。因為並非所有的家庭他們都強迫，他們也看這個家庭的環境及程度。以我的看法並不是所有的日本人，都贊同皇民化運動。他們日本人有優越感與榮譽心，不願臺灣人跟他們一樣，所以他們對皇民話運動並不熱衷。」有人在談到改姓名運動時還說：「並不是每個人都勸導改姓名，不三不四的人，日本人也不希望你改他的姓名。」②這些口述史料可能受個體經驗的侷限，不能代表普遍現象，但至少揭示了皇民化運動時期臺灣社會的一個現象，即以往人們認定的所有日本人都瘋狂推進皇民化運動的印象，似乎有必要加以再檢討。矢內原忠雄在評論日本在臺同化政策的時候曾經提出：「蓋在經濟及教育，同化是日本及日本人的利益，擁護這種利益的武器，則在政治的不同化，即專制制度的維持。」因此，所謂的同化政策，其實隱藏著相當的利害關係，日本殖民者要求的是臺灣人單向度的向日本靠攏，在社會文化上摒棄自身的民族性，成為大日本帝國的臣民，這種畸形的「日本人」，是沒有政治權力的奴僕。到了皇民化運動時期，日

本殖民者的如意算盤還是一樣，儘管迫於形勢而逐漸地釋放出一些善意來改善臺灣人的政治待遇，但直至日本在臺殖民統治終結的那一天，也只不過是給了區區幾個貴族院、眾議院的席位而已，極端歧視臺灣人的封建的保甲制度還是在最後一年的1945年才勉強廢止的。總之，一切以日本和日本人的利益為依歸。

　　為了說服日本人接受在皇民化運動中附帶給予臺灣人有限的政治利益，殖民當局不能不開始其政策宣講動員工作，森岡二郎總務長官這份面向日本人直播講話的中心內容即在於此。首先，森岡二郎為人們展示了臺灣作為帝國殖民地的重要價值。「臺灣成為我帝國之領土已經歷四十二年的歲月，臺灣在中國領土中唯一位於熱帶，擁有豐富的熱帶資源，無論在產業上還是地理上，都占著最為重要的地位，是我南方開發的根據地。與此同時，在國防上、軍事上也是維護帝國南方的最重要的據點，這是歷來所公認的。此次支那事變爆發更將其重要性如實展示了出來。」其次，臺灣在戰時後方支援方面，也發揮著重要的作用，這就是所謂的「銃後（後方）報國運動」。譬如，森岡鼓吹說：臺灣農民正擴大蓖麻種植面積以提供軍用飛機潤滑油原料；蔬菜也是日軍迫切需要的物質，臺灣以其南方地理環境優勢十分適合種植，各州已規劃蔬菜的種植方案；原住民高砂族也參與了「國防獻金」等活動，本島人女子參加了護士、雜役工作，島民捐獻飛機、製作出征軍人慰問品、參與勞動奉仕等等。再次，臺灣的特殊歷史背景造就了皇民化運動的極端重要性：「（臺灣）不僅在地理上與大陸距離近，且本島住民五百四十萬人中約五百萬為所謂本島人，其風俗、習慣或語言等與對岸福建、廣東住民十分相似。相對此五百萬本島人，內地人約不足三十萬人，其餘為素稱蕃人或生蕃的所謂高砂族約十五萬人。」森岡聲稱：在經歷了四十二年的統治，在天皇的「浩蕩皇恩」及「一視同仁」聖意下，臺灣人的「日本精神」應大為提升。然而「支那事變」後，「本島人當中當初無智、無教育者，被形形色色的流言所迷惑，錯誤認識時局者不可謂沒有。」為此，同為全日本帝國的國民精神總動員運動，臺灣與日本內地有著截然不同的重要意義。

　　透過這一系列的宣講，森岡二郎以一個殖民地現地官僚的身份，力圖勸誡日本人體認到臺灣對於日本帝國的重要價值，體認到在臺灣開展皇民化運動能為母國帶來的現實利益。他強調指出：在臺灣，「本運動是使本島人成為真正的日本人的所

謂皇民化運動」，皇民化運動將使得臺灣人「進一步體會到對皇國的感恩、對作為日本臣民的感恩」，因此而付出適當的政治糖飴是值得的。用森岡的話說就是，以這次「支那事變」為契機，皇民化運動正是全面提振臺灣民眾皇國民精神的好機遇，對日本帝國來說，有益無害。

概而言之，透過森岡的講話我們可以看出，對於臺灣的皇民化運動，日本人內部其實並非鐵板一塊，而是有不同的聲音，其中他們最主要的顧慮就是擔心臺灣人借此得到更多的政治權力，從而對其殖民地統治民族的優勢地位造成威脅，損害日本人的利益。面對這些既得利益集團的憂慮，從在臺日本殖民當局的角度來說，當然是必須予以消除的，這也正是森岡總務長官此份廣播講話出臺的深刻背景，同時也從一個側面揭示了皇民化運動背後的深層利益糾葛。

二、《地方情報》所見之皇民化運動實態

在以往的論述中，筆者曾經將皇民化運動的主要內容大致分為強制普及日語、大日本皇民思想灌輸、日常生活的日本化及勤勞「奉仕」（日語服務、奉獻之意）等等幾個方面。但具體的實施狀況究竟怎樣？仍缺乏必要的資料予以詳析。臺灣總督府臨時情報部《部報》每期刊登的《地方情報》一欄，為我們提供了這方面的諸多記載，堪為研究臺灣皇民化運動之參考，特略舉數例如下，以窺皇民化運動之實態：

其一，新竹州皇民化運動普及狀況（1938年1月）：

實施要項

（一）大麻奉齋與正廳改善

1.所有家庭均奉祀神宮大麻　2.斷然施行正廳改善

（二）撤廢舊曆正月、厲行新曆正月

1.裝飾門松　2.張掛注連繩　3.神前供奉鏡餅　4.新年赴神社進行初次參拜

（三）廢止門聯

（四）厲行服裝改善

1.正式集會場合禁穿一切臺灣服　2.努力穿著和服或洋服　3.臺灣服的襟扣改為紐扣或西式活扣、加速完成改造　4.女子的上海風格長衣或男子的寬鬆長褲均予廢止

（五）國語普及與常用

1.不懂國語者進國語講習所或國語講習會學習國語　2.懂國語者遇到有人使用臺灣語時，不論何人、何時、何地，均應敦促其注意　3.各家庭應謀求國語化

（六）新生嬰兒一律採內地式命名

過往的名字應使用內地讀法

（七）厲行神前結婚

從以上資料我們發現，1938年日本殖民者在新竹州的皇民化運動主要精力集中在宗教信仰、風俗習慣、服裝服飾、改換姓名及日語普及等方面，基本上歸屬於前面提到的日常生活的日本化及強制普及日語。當然這有可能是新竹州皇民化運動的階段性重點，不過我們從中仍然可以看出皇民化運動中日常生活日本化的實施路經，即在語言上要求臺灣人說日語而不許說臺灣話，漢文漢字不用說是在禁止之列；服飾上要穿和服或者洋服（西裝）、上海風格或中國式的裝束一律「廢止」；習俗上中國傳統的春節不能過了，要改過日本新曆年，門口的門聯也別想掛了，家庭正廳裡的祖宗牌位得取下來改拜天照大神，這就是所謂的正廳改善活動；更帶有

根本性變革的是新生兒的姓名必須採用日本式姓名來命名，這樣一來中國人最注重的宗族系譜有被打亂之虞，而從之後的情況來看，這一條似乎並沒有得到有效的施行。總的來說，皇民化運動中日常生活的日本化可說是事無巨細，它試圖將臺灣人從頭到腳、自內而外都改造成為日本人的模樣。前一節我們曾經指出，臺灣人在殖民地臺灣社會是沒有政治權利的，因此這種僅披著日本人外殼的所謂「日本國民」，是不是可稱之為行屍走肉的「畸形日本人」呢？

當然，外表的日本化並不能讓日本殖民者滿意，整個思想和行為模式都不自覺的日本化了，才算得上完滿。高雄的例子為我們提供了另外一個皇民化運動的典型。

其二，高雄州皇民化運動實施案（1938年2月）：

（一）有關針對時局徹底進行精神動員之具體實施案

1.徹底樹立身為日本國民的自覺信念

（1）參拜神社（2）普及、常用國語（3）國民活動及生活方式內地化（4）國防獻金

2.部落振興團體幹部及青年團員每週定期在街莊役場或學校集中

（1）就第1事項進行實地指導、講解實現國民精神的途徑，同時使之正確理解時局（2）由郡守、庶務課長、視學、街莊長（或助役）、學校長等任直接指導者

3.依靠戲劇、電影、演講等期待國民精神之顯現

（1）在州下各街莊巡演有關時局之電影（2）選擇適當講師在州下各街莊普遍開展認識時局、振興國民精神演講會

4.讓國語講習所（學生）得正確認識時局並傳達至其家庭

（1）依據國語學習的程度每天做有關時局的訓話（2）隨時發行平易假名文字謄寫品

5.青年團製作慰問袋、講究慰問皇軍之方法

（1）費用由男子青年團之共同作業、勤勞作業所得支出（2）慰問袋等之作業由女子青年團為之

6.於各農事實行組合、部落振興會（區、町會）配備收音機及報紙，無此設備處應速配備以不誤情報之接收

（二）少年團應對時局合練及「健勝祈願祭」

本州下各市郡聯合少年團召集全體加盟團員實施合練，同時執行「健勝祈願祭」，以圖促進對時局之正確認識

（三）擴大強化青年團

努力參照青年團之宗旨，謀求逐漸擴大強化州下青年團，以舉國民精神總動員之實

（四）打破舊慣陋習

改善、打破本島傳統舊慣陋習，謀求島民生活的全面內地化，致力於排除、改善有礙於（民眾）體會和獲得皇國精神的舊的習慣，及與之相聯繫的地方祭祀、其他各種娛樂活動和陋習，以符合國民精神運動之主旨看來，高雄州的皇民化運動顯然更接近於我們所理解的樣式，相對於新竹州來說，它注重的是意識形態，即將主要精力集中在促進臺灣人的觀念更新，力圖從思想上將後者塑造成為日本帝國的忠良臣民，它為我們展現的正是皇民化運動另一重要內容——皇民化思想灌輸的進程細節，概括而言包括：第一，結合日本帝國主義發動「七·七事變」後的局勢，開展了一系列所謂正確認識時局的宣講會，主要目的就是試圖瓦解臺灣民眾對於祖國

的向心力，穩定島內的社會秩序；所依賴的平臺即青年團、少年團、部落振興會等社會團體，並由州、郡、街莊等官僚行政體系及學校教育系統予以監督指導，其中特別強調了青年團的作用。第二，充分利用戲劇、電影、巡迴演講等宣傳工具，以通俗易懂、民眾容易接受的方式，強化對臺灣人尤其是下層民眾的皇民化思想動員；各個偏僻鄉村要求設立收音機接收點，準備接受統一的指示和官方戰事報導，強化思想管制。第三，普及日語仍是重中之重，不僅普遍開設了針對普通民眾的國語講習所，要求學習、常用日語，而且因地制宜地編寫各類教材，在學習日語的同時，大力宣講時局，並要求學生將之傳達到家庭的每個成員，試圖達成以點帶面的效果。第四，日常生活日本化運動在高雄州也如同各地般廣泛開展著，如所謂「打破舊慣陋習」、「參拜神社」、「生活方式內地化（即日本化）」等等，就連地方上的傳統習慣和祭祀活動，亦均在廢止之列，因為這些傳統的帶有中華文化內涵的活動妨礙了臺灣人對大日本皇國精神的習得和體會，不利於「島民生活的全面內地化（日本化）」。總而言之，高雄州的皇民化運動方案，是一份更為全面、更加深入的對臺灣人及臺灣社會的全方位改造方案，由此我們可以窺見臺灣皇民化運動的廣泛性及其不可忽視的影響力。

三、量化指標下的皇民化運動

　　皇民化運動作為一場社會運動，囊括了思想意識形態、社會生活方式、傳統風俗習慣乃至語言文字等等各個領域，殖民總督府的精心策劃、軍部法西斯力量的高壓加上在臺日人右翼團體的推波助瀾，使得皇民化運動深入到臺灣各個社會階層和全島的各個角落。然而，主旨在於改造臺灣人民族性和文化傳統的皇民化運動，究竟在臺灣島內開展的情形如何？僅憑殖民當局頒布的政策指令、公告或規則等等，仍不足以觀其全貌。因此，有限的統計資料便顯得彌足珍貴。以下我們將列舉分析皇民化運動的若干相關數字，雖略顯零碎，然亦可供人們研究臺灣皇民化運動之參考。

　　1.1938年臺灣神社統計：

台北州 13 社	新竹州 14 社	台中州 20 社
台南州 30社	高雄州 14 社	台東廳 1 社
花蓮廳 5 社	澎湖廳 1 社	總計 98 社

2.1945年臺灣神社統計：

官幣社 2 社	國幣社 3 社
縣 社 11 社	建功神社 護國神社 2社
無格社 30 社	總 計 68 社

資料來源：《地方情報》，臨時情報部《部報》第12號，昭和13年1月。臺灣總督府編：《臺灣統治概要》，臺北，昭和20年版，第33頁。

在日本殖民統治下的臺灣，神社參拜是歷屆總督大力倡導的事項，我們看到很多記載鼓勵參拜神社的政策措施，但是臺灣民眾信仰的是中國傳統的媽祖、王爺等等神明，神社參拜活動一直都未能得到臺灣民眾的響應。因此，有關神社的建立和民眾參拜狀況，很可作為同化運動成效的指標之一。上引統計數字裡，前者為各地神社數目，後者為神社的分類狀況，性質有所不同。但就其中共同涉及的神社總數考察，我們仍可發現一個現象，這就是經過了八年之久的皇民化運動，主要的都市地區神社在不僅沒有迅猛發展，反倒呈現出較大的萎縮，1938登記在冊的神社年全臺計有98社，1945年則僅有68社，差距達30社。這說明至少在神社參拜方面，日本殖民者的皇民化運動尚遠未能達成其預期目標。日本人自己早就意識到了這一點，1938年殖民當局便曾發出嘆息：「（臺灣神社的發展）從一莊一社的遠景來看，差距還相當的遙遠。」直到其統治的終結，日本殖民者還是不得不接受這一令其難堪的事實。不過，我們也看了了另一方面的進展。據調查，1945年另有簡單而未具備條件的準神社128處，遙拜所4處。換句話說，皇民化運動時期日本殖民者將參拜神社活動的著重點放到了農村，這是我們在研究臺灣神社發展軌跡時應予注意的一點。

3.高雄州皇民化運動「打破舊慣」實施狀況表（1938年）：

改善事項	實施市郡
正廳改善	高雄市 屏東市 岡山郡 鳳山郡 旗山郡 屏東潮州郡 東港郡 恆春郡
廢止舊曆(實施新正月)	高雄市 屏東市 岡山郡 鳳山郡 旗山郡 屏東潮州郡 東港郡 恆春郡

續表

改善事項	實施市郡
廢止門聯(改門松七五三繩)	高雄市 屏東市 岡山郡 鳳山郡 旗山郡 屏東潮州郡 東港郡 恆春郡
廢止年末年初虛禮	高雄市 鳳山郡 旗山郡 屏東郡 恆春郡
統一祭祀	屏東市 旗山郡 屏東郡
寺廟整理	岡山郡 恆春郡
改善禮儀廢止聘金	屏東市 岡山郡 鳳山郡 旗山郡 屏東潮州郡 東港郡 恆春郡
葬儀改善	屏東市 岡山郡 高雄市 鳳山郡 旗山郡 屏東潮州郡 東港郡 恆春郡
廢止燒棄金銀紙	屏東市 岡山郡 鳳山郡 旗山郡 屏東郡 潮州郡 東港郡
廢止使用爆竹	岡山郡 鳳山郡 旗山郡 屏東潮州郡 東港郡
獎勵改善住宅	屏東市 鳳山郡 屏東郡 潮州郡 東港郡
獎勵設置澡堂	屏東市 鳳山郡 屏東郡 恆春郡
獎勵設置廁所	屏東市 岡山郡 屏東郡 東港郡 恆春郡
廢止本島戲劇	鳳山郡 旗山郡 恆春郡
服裝改善	鳳山郡 旗山郡 屏東郡 潮州郡 東港郡 恆春郡
改善新生兒命名	岡山郡 屏東潮州郡

資料來源:《地方情報》,臨時情報部《部報》第15號,昭和13年2月。

　　這是一份較具研究價值的表格,其中透露的訊息頗值得玩味。首先,它羅列了皇民化運動在社會生活領域諸多活動的詳細內容,這些活動幾乎囊括了人生從生老病死到居住、衣著、喪葬、信仰、儀式、娛樂等等所有方面,範圍不可謂不廣,它在一定程度上補足了上節談及的新竹州、高雄州皇民化運動在細節上的不足。其次,不同地區皇民化運動的進展程度有所不同,而同一地區不同內容的活動進展狀況亦有所差別。總的看來,正廳改善、廢止舊曆新年、廢止門聯、葬儀改善、廢止聘金、禁燒金銀紙及服裝改革等項,在較大的範圍內得到了實施。令人感興趣的是,寺廟整理、統一祭祀、廢止本島戲劇和新生兒命名方式變更等,則是施行最不徹底且波及範圍最窄的,而從日據末期臺灣歷史發展來看,到了長谷川清總督時代還不得不對這幾項禁令進行修改,做了較大的讓步,被日本殖民者自詡為「仁

政」。由此我們或可看出臺灣民間信仰的深厚社會根基。新生兒以日式姓名命名被冷遇,也表明了民眾對於家族系譜和姓氏香火傳承的重視,1940年後的改姓名運動之所以在臺灣績效不彰,在此已可見端倪。此外該表也顯示,改姓名活動早在1938年就開始實行了,雖然只是針對新生兒,但亦可作為1940年後正式執行的改姓名運動之先聲。最後,平心而論,倘若暫時拋開皇民化運動強制同化政策,就其中某些內容來說,對於臺灣社會、特別是農村社會面貌的改觀,或許有一些客觀的改良效果,譬如廢止聘金、禁燒金銀紙、改善住宅、講究衛生等等。只不過,事情恐怕並不如人們想像的那麼單純,皇民化運動中一切的一切,都處於殖民主義同化政策的操弄下,是以將臺灣人改造成為大日本帝國臣民作為其終極目標的,即便是講究衛生等等行為,也不能不染上殖民同化的濃厚色彩,因為在日本殖民者的眼中,這就是臺灣人在向日本靠攏,是臺灣人日本化的具體體現。

4.社會教育日語普及設施統計表(1944年):

類別	所數	學生數 男	學生數 女	計
國語講習所	5011	80879	204674	285553
特設國語講習所	778	24721	27893	52614
簡易國語講習所	10509	106312	139880	246192*
幼兒國語講習所	1797	37409	33026	70435

資料來源:臺灣總督府編:《臺灣事情》,昭和19年版,第113頁。

*原表錯誤,據數字合計及《臺灣總督府事務成績提要》第48編(上)第201頁數據更正。

日據時期臺灣的日語普及運動,早自據臺初期的芝山岩時代便已展開。大致而言,1937年之前屬於漸進式的普及運動時期,漢文漢字的教學也是以逐步的方式退出學校教學舞臺的;1937年之後即皇民化運動時期,漢文漢字被全面禁止,日語普及運動進入了以政權機器強力推進的激進普及時代,這一時期的日語普及率也呈現直線上升的態勢,官方公布的日語普及率從1937年的37.8%迅速上升到1944年的71%,而此一迅猛發展背後的真實原因便來自於我們揭示的這張統計表格,即社會

教育發揮了特別的作用。

我們知道，日據時期的臺灣教育乃以學校教育為主幹，總體來說學齡兒童入學率得到了提高，公學校、小學校等初等教育有了一定的普及，日語教學則是初等教育的重中之重，統計表明日語及日式教學課程占總課時的70%以上。但是，在校生占臺灣人口的比例畢竟有限，而離校後的臺灣人在日常生活中常用日語者也屬少數，這在當時被部分日人稱為「徒具其表的廣播電臺的日語」、「學校的日語」。因此，皇民化運動期間臺灣的日語普及運動，除了繼續鞏固學校教育外，日本殖民者將著重點放到了社會教育上，先後開辦了諸如「國語講習所」、「特設國語講習所」、「簡易國語講習所」甚至「幼兒國語講習所」等等面向社會大眾的日語普及設施。上表顯示，1944年有各類日語講習所18095間，學生總數654794人，大大充實了學校教育的不足。此類情形我們在口述史料中也可得到印證，如宜蘭的林英俊回憶說：「小時候我外婆住在廊後，放假時我常常到那裡玩。那裡的人大部分都在種田或捕魚，很多人都沒有到學校讀過書。晚上他們必須到國語講習所學日語，我也經常跟著去。」藍金興也說：「當時為了推行日語，設有國語講習所。老年人要去讀，不識字的年輕人也要去讀。有專任的講師去上課，白天晚上都有排課。」社會教育設施的擴張，一方面儘可能地網羅了社會各階層人群加入學習日語的行列，另一方面也部分地彌補了不同性別民眾日語能力參差不齊的狀況，例如所謂的「國語講習所」學生285553人中，男學生為80879人，女學生卻有204674人，後者為前者的2.5倍。其他如「特設國語講習所」、「簡易國語講習所」等，均有女生人數略多於男生的現象。男女生比例失調的原因，深究起來恐怕還有臺灣社會男女受教育機會不均等及民眾傳統觀念中重男輕女所帶來問題，從而帶來不懂日語而需要到講習所接受日語教育者由女性占多數的現象。經由這種日語講習所訓練出來的人，日語水平能有多大的實質性提高雖很值得懷疑，但它畢竟造成了一個全民熱學日語的「虛假繁榮」現象，其給臺灣人的社會生活、語言實踐和思想觀念帶來的衝擊，還是不容小視的。

總括而言，以往的論著主要還是對皇民化運動的概念解讀，而透過對臺灣總督府臨時情報部《部報》等新刊史料的分析，1937—1945年的臺灣皇民化運動便不再只是空洞的口號和冷冰冰的官方規則，其真實面貌和實施細節進一步活生生地展現

在了人們的面前,並在一定程度上為我們重構那個被稱作「暴風雨時代」的臺灣社會歷史真實提供了可能。顯然,更多的與皇民化運動相關資料公之於世對於史家來說是一件值得期待的事情。

試論日據時期的臺籍日本兵——皇民化運動負面影響之再探討

陳小沖

在第二次世界大戰期間，受殖民宗主國日本帝國主義戰爭機器的脅迫，一部分臺灣人作為臺籍日本兵被強徵進入日本軍隊，充當了侵略戰爭的炮灰。近些年來，隨著中村輝夫事件及賠償訴訟的進行，臺籍日本兵問題日益引起人們的關注。日據時期的皇民化運動給臺灣社會帶來了什麼樣的影響？臺灣人是怎樣被編入日本軍隊的？名為「志願兵」的臺灣人果真是志願的嗎？本文試圖就這些問題做一粗略的分析，以就正於方家。

一、皇民化運動與臺籍日本兵的出籠

1936年，日本帝國主義蓄謀發動全面侵華戰爭，在國內窮兵黷武的同時，對殖民地臺灣也提出了皇民化、工業化和南進基地化三大政策，以圖將臺灣建設成為日本的模範殖民地、對南方侵略擴張的戰略據點。1937年「七七事變」後，為了防範同為漢民族的臺灣人民同情支持祖國抗戰，日本殖民者強化了皇民化運動，大肆進行皇民思想灌輸和忠君（天皇）愛國（日本）觀念的培養，其中心目標就是消弭臺灣的中華文化，以畸形的日本法西斯文化取而代之，最終將臺灣人改造成為日本天皇的「忠良臣民」。

除了思想文化上的強制同化外，日本殖民開展的皇民化運動，隱含其中的還有更深一層用意，這就是盡一切可能利用殖民地的人力、物力和財力為侵略戰爭服

務，譬如物力上充分運用臺灣廉價的電力結合南方圈的資源開展維持臺灣獨立生存和戰力的軍事工業化，財力上，開展所謂的「金報國運動」、「儲蓄報國運動」，開徵名目繁多的各類戰爭稅，發行戰時國債等。而人力上的榨取，主要就是將臺灣人綁架在帝國主義的戰爭機器上充當炮灰，以彌補日本國內日益枯竭的人力資源，其標誌便是臺籍日本兵的出現。

臺籍日本兵的概念有廣義和狹義之分，狹義上就是指直接從事作戰和戰爭一線的相關人員，廣義上則是指包括後勤部門和其他輔助人員在內的與戰爭相關者，他們均接受軍方的指揮，而狹義與廣義兩者之間實際上亦非不可踰越，因為戰爭中前方與後方常常是交錯混淆的。本文所指的臺籍日本兵，就是廣義的概念。

「七七事變」後，為因應侵華戰爭的需要，臺灣總督府開始徵召臺灣人赴大陸，或協助占領當局維持治安，或從事生產，或展開後勤工作。廣義上的臺籍日本兵應該從這時開始出現。當時總督府徵集了所謂「臺灣農業義勇團」派遣到上海、南京等地，後又組織了「臺灣農業指導挺身團」、「臺灣特設農業團」、「臺灣特設勤勞團」等等，前往各個戰地。派遣的地區從大陸逐漸擴展到東南亞各地。從事的工作包羅萬象，軍事工程而外，還有運輸、建設、農業、公用事業，等等。

至於徵募方法，依軍部的要求，由臺灣總督府訂定資格和條件進行選拔。譬如在選擇勞務奉公團的時候，條件是20—30歲健康男性，日語基礎較佳，奉公精神良好，適合勞務活動者。在具體動員方面，先分配一定數額給各地，由地方官廳廣為宣傳，招募志願者；若人數不敷所需，再調查年滿20的男性，按地址挨門逐戶的去「拜訪」、「鼓勵」，將有意者名單送審後，透過考核，發給一張「紅單」（即召集令），算是正式成為了所謂臺籍日本兵的一員。這裡的所謂「拜訪」、「鼓勵」，其實是假借其名進行軟性施壓，這些地方行政官吏和警察大人的「希望」話語，往往有更多的弦外之音，不依從的話，「在殖民威權的統治下，其後果可能不是一般人民所願意見到的。」

臺籍日本兵作為正規的作戰人員，始於陸軍特別志願兵的徵召。1938年2月1日，陸軍志願兵制度令正式頒布，同為日本殖民地的朝鮮比臺灣先行一步實施，至

於臺灣緩行的原因，日本陸軍省軍務局的官員直截了當地說：「（特別志願兵制）避免對臺灣同胞適用，是因為現在正處在與其舊祖國——中國事變之下」，字裡行間流露出對臺灣人民祖國意識的警惕和極大的不信任感。但是，這種殖民圈內部的差別對待，顯然不能讓當時的臺灣總督府當局滿意，小林躋造總督早在志願兵制醞釀的時候就對寺內壽一陸軍大臣要求：「余鑒於臺灣的地理位置及其使命，須使島民分擔國防上的重要責任。」謀求將志願兵制導入臺灣。

隨著臺灣軍南進侵略緊張準備中，軍部有關在臺灣實施陸軍特別志願兵制的呼聲又開始高漲起來。日本陸軍大臣畑俊六在貴族院預算委員會中表示，正慎重考慮將不適合在中國戰場上使用的臺灣人投放到南方（即東南亞及南太平洋島嶼）戰線，直至1941年五、六月間，經過東條英機、杉山元和山田乙三的共同策劃，決定以極秘的方式，暫不對外公布，在臺灣實施陸軍特別志願兵制。因此，從志願兵制在臺施行的曲折過程來看，日本殖民者對占領並推行同化政策四十餘年的臺灣人民仍然抱持著相當的戒備和疑慮，特別在是對華戰爭陷於泥沼的時候，對於同為漢民族的臺灣人之人心向背，日本殖民者無法把握，更不敢掉以輕心。

在陸軍特別志願兵制取得一定經驗的基礎上，1943年5月11日，海軍特別志願兵令頒布，同時在朝鮮和臺灣實施。兵種有水兵、整備兵、機械兵、工作兵、衛生兵、主計兵等。1943年9月，日本陸軍大臣、內務大臣提請內閣審議在臺灣施行徵兵制，理由是臺灣處在日本與南方交通聯繫的中樞，太平洋戰爭爆發後，已經是戰爭的第一線了，就地獲取兵員是最合適的舉措。944年9月1日，臺灣正式實施徵兵制。從陸軍特別志願兵、海軍特別志願兵直到徵兵，短短的幾年間，日本殖民者便將臺灣人民徵召入伍充當侵略戰爭炮灰的計劃迅速付諸實施。陸軍特別志願兵施行後，臺灣總督府在島內配套設立了陸軍特別志願兵訓練所，當年就有1000人進入訓練所訓練，其中半數畢業後即編入現役，半數作為補充兵編入兵籍；1943年訓練者為1000人，1944年為2200人。原住民在1943年也被納入陸軍特別志願兵內，戰時被以高砂義勇隊等名義徵用者達到5000餘人。同樣，總督府也設立了海軍特別志願者訓練所，第一期生為1000人，第二期生為2000人，至1944年7月止，被編入海軍特別志願兵的臺灣人計有11000餘人之多。徵兵制實施後，1945年1月進行的徵兵檢查，受檢者45726人，甲等4647人，一乙18033人，大部分均編入現役。另據戰後

日本厚生省的統計，戰爭時期臺灣出身軍人數為80433人，軍屬（含軍夫）126750人，合計207183人，其中死亡30304人。

徵召臺灣人加入日本帝國軍隊的行列，既是榨取臺灣人力資源以為軍國主義侵略戰爭服務的需要，同時也是一場在皇民化運動中進一步強化對臺灣人民的同化或日本化改造的政治運動，因為軍隊作為紀律部隊的特點，決定了身處其間的人們更容易以一種絕對服從的心態來接受來自組織上的思想灌輸，皇民化運動對他們的洗腦作用，相較於社會人而言無疑要顯著得多。日本殖民者十分看重這一點，小林躋造總督就說過：「（臺灣）島民分擔著國防重責，首先需使其徹底實踐日本精神」，「要讓他們在可稱為日本精神熔爐的我軍隊中接受（皇民）之煉成」。日本陸軍省也聲稱：所謂的徵兵制，實際上也就是臺灣「皇民化運動之一環」。殖民當局編寫的所謂臺灣農業義勇團隊歌鼓吹：「鍛鍊再鍛鍊日本精神，鍛鍊玲瓏的日本精神」，軍夫之歌更是呼喊：「紅色綵帶，榮譽軍夫，多麼興奮，日本男兒；獻予天皇，我的生命，為著國家，不會憐惜。」換句話說，日本殖民者在徵召臺灣人進入日本軍隊問題上達成了一石二鳥的目標，一方面迫使臺灣人走向前線充當日本軍國主義對外侵略戰爭的炮灰，另一方面，又透過法西斯軍隊的效忠教育和皇民化運動，力圖使臺灣人從心靈深處發生改變，加速將其塑造成為畸形的日本人。

日據時期臺籍日本兵的演變軌跡，大致可列表如下：

台籍日本兵名稱	分派地點	內容	募集時間	備註
軍夫	大陸	搬運及運輸彈藥、糧食等	1937年9月起	後被稱為「白襷團」
台灣農業義勇團 1）軍農夫	大陸	栽培蔬菜供軍隊使用	1938年4月起	軍農夫為軍夫
台灣農業義勇團 2）農業指導員	大陸	教導農業栽培等工作	1939年2月起	視為軍屬
台灣特設勞務奉公團	東南亞等地	從事與軍務有關之建設及糧食生產工作	1941年10月起	視為軍夫
台灣特設勤勞團	東南亞等地	從事與軍務有關之建設及糧食生產工作	1943年起	視為軍夫
台灣特設農業團	東南亞等地	從事與軍務有關之建設及糧食生產工作	1943年5月起	視為軍夫
海軍通辦、陸軍通譯	大陸及東南亞各地	戰地翻譯工作	1937年7月起	視為軍屬
警察隊、巡查隊、警部（補）	大陸及東南亞各地	維持占領區治安、收集情報及宣傳等。	1937年11月起	視為軍屬
護士	大陸及東南亞各地	照顧傷病員	1942年起	接受簡單培訓，視為軍屬
護士助手	大陸及東南亞各地	協助照顧傷病員	1942年起	視為軍屬
台灣少年工	日本	協助生產軍用飛機	1942年起	視為軍屬
高砂義勇隊	東南亞及太平洋島嶼	擔任偵察兵、警戒、特勤、彈藥運輸、軍事爆破等工作	1942年3月起	視為軍屬
陸軍特別志願兵	東南亞地區為主		1942年4月起	
海軍特別志願兵	東南亞地區為主		1943年8月起	
台灣少年兵	日本		1938年起	分為飛行、坦克、野戰炮、高射炮等

資料來源：湯熙勇、陳怡如編著：《臺北市臺籍日本兵查訪專輯》，臺北市文獻委員會，2001年，第23～24頁。

二、臺籍日本兵之複雜背景分析

戰後一般人的心目中，臺籍日本兵被很自然地與皇民化運動聯繫起來思考，認

為應該是屬於較受皇民化思想影響的一批人。日據末期臺灣也出現過遍及全島的所謂「志願從軍」浪潮，不少地方還有所謂血書現象的存在。我們認為，在皇民化運動的強大壓力和法西斯主義蠱惑下，確有極小一小部分的臺灣人心理遭受扭曲，迷失在日本軍國主義者所鼓吹的「解放白人殖民地聖戰」和「建立大東亞共榮圈」的喧囂之中，志願參加了日本軍隊，但絕大多數臺灣人還是處於一種非志願的狀態下，被迫或無奈加入其中。也就是說，他們是被日本殖民當局和軍部法西斯綁架在戰車上的。一個時期以來，有關臺籍日本兵的資料逐漸浮現，隨著臺籍日本兵向日本政府爭取賠償運動的興起，臺灣島內原臺籍日本兵相關歷史資料的整理挖掘工作廣泛開展起來。目前為止，我們接觸到的主要資料有：「中研院」臺灣史研究所（籌）周婉窈主編的《臺籍日本兵座談會記錄並相關資料》、蔡惠玉編著的《走過兩個時代的人——臺籍日本兵》；「國史館」臺灣文獻館出版的《烽火歲月——臺灣人的戰時經驗》、《前進婆羅洲——臺籍戰俘監視員》；以及各地方文獻委員會或文化中心進行的資料採集，譬如臺北市文獻委員會委託湯熙勇、陳怡如編輯的《臺北市臺籍日本兵查訪專輯》、宜蘭縣立文化中心組織的耆老座談記錄《日治下的軍事與教育》，等等。這些口述史料收集了原臺籍日本兵的回憶錄和回顧談話，以當事人的親身經歷，為人們展示了戰時臺灣社會活生生的歷史場面，也使得我們得以借此重建那個年代臺籍日本兵的真實歷史，以下就是依據該等史料所進行的初步分析。

在臺籍日本兵的入隊動機上，不同地方、不同個體成為日本兵的動機或原因各有不同，綜合大量史料，我們可將其大致歸納為以下幾個方面：

其一，迫於無奈而參加。花蓮的黃文隨稱，他在擔任教師期間，常受民族歧視，日本人校長還辱罵其為「清國奴」，因此「心裡早就覺得不平」。特高警察也認定他思想有問題，日本人告訴他升遷是別想的了，還不如當兵去。他說：萬般無奈下，「我想，反正遲早得去當兵，不如早點去，『早去早超生』，不會那麼辛苦。」新竹的賴興煬說，皇民化運動時期，成天是無報酬的義務「奉仕」勞動，還要去青年團接受訓練，日本殖民當局發給每個人一張志願兵報名單，要求前去參加，「由於我已屆役齡，早晚都得去當兵，於是便在昭和19年（1944）年3、4月時再次報名志願兵。」「雖然覺得無奈，但也無法逃避」。臺南的何怡涵說：自己在

親眼目睹日本戰機被美國空軍擊落的場面後,「想到這和日本人宣傳皇軍百戰百勝的口號不符,心裡不由得產生了危機感」,「我在戰局已至窮途末路時才被徵兵,沒有任何選擇,只能認命,深感自己生不逢時。」

其二,殖民當局的威逼強迫。身為原住民的阿美族人鄭王金宗(本名Pasao)說道:「從昭和18(1943)年3月起我就在家裡幫忙,有一天派出所的日本巡查問我怎麼不去當兵,還說如果不去,就要天天調我去『做公工』。我心想:先前我已經去過菲律賓,若是志願去當陸軍,一定會被錄取,因此便以海軍為志願。由於我並不想當兵,因此考試時十個題目我只寫了五題,其餘的假裝不會,以為考試沒過就不會被選上——沒想到還是上了榜。」「我算是被強制去的,不去不行」。花蓮的吳申安說:「志願兵名義上雖然好聽,但實際上並不是志願的。當時大家都開玩笑地說,一個人的生命只值一張明信片的郵資一分五釐,因為志願兵通知單都是用明信片寄到派出所,再由派出所的巡查將它送到家裡。一聲『恭喜、恭喜!』,被通知者就必須在指定時間到指定部隊報到。有一天彰化郡警察局局長(應是臺中州彰化警察局)向我們這些防衛團員們訓示說:『南洋的作戰現在已經打到菲律賓、馬來西亞、印尼、新加坡、緬甸等地,兵力不夠。你們既然受日本教育,讀日本書,吃日本米長大,就應該要盡忠報國。作為一個日本人,當兵是一種義務,也是最光榮的事,所以你們應該要去志願當兵。』說完就把志願兵通知單發下。我那時是防衛團庶務班副班長,分團的下屬既然都填寫了志願單,我當幹部的也不能落人於後,只好填繳志願單。」「我就這樣成為陸軍特別志願兵第二期後期生」。南投的劉坤士也說:「我在昭和18(1943)年被迫去當第二期陸軍特別志願兵,編入前期兵;其後弟弟也當了第三期陸軍特別志願兵。日本人雖說當兵是志願的,但役齡一到,不去仍然不行。」臺東的胡筆勞云:「有一天,我被叫到花蓮港市的警察署去,兵事系的人向我說:『現在戰事很激烈,你要不要去當志願兵?』當時沒有人敢說個『不』字,我便在這種情況下當了志願兵。」

其三,甚至還有的臺籍日本兵是被殖民當局以欺騙的方式挾持到軍中的。安平的何亦盛回憶道:軍夫的徵召,「最初透過保正進行人力調查,以查戶口方式挨家挨戶徵詢工作意願,當初放出的風聲是,日本軍部有一些勞務性的工作需要人力,工資每日一塊半,高於平常約一倍多,當時安平的勞動狀況例如捕撈、養殖或鹽

務，受到季節影響，在閒暇之時安平人經常兼短期性的勞務工作，消息傳出，大家莫不相邀踴躍登記，隨後不到十天的光景，某夜，保正送來徵調令——由於被徵調都是彼此熟悉的親朋好友，大家也不覺驚惶——當天夜晚吃完飯後，軍部就下發要求著裝，並說明：隔日早上將坐火車到基隆，為避免消息走漏，不可向家人辭別，軍部會另行通知家屬。大家一聽面面相覷，心涼了半截，到基隆就是出海，這下不就是要到中國戰場嗎？此時大家騷動不安，也不知如何是好，年紀輕的，躲在大衣袖口後，嗯嗯哼哭起來，只能彼此安慰。」上文我們曾提到的阿美族原住民鄭王金忠回憶當時進入所謂「挺身報國隊」的離奇遭遇，更是一個典型的事例：「大約在昭和17（1942）年3月13日（或15日）那天，我在田裡工作時突然接到派出所的通知，說是要我兩天後帶著番刀到派出所報到。由於我根本不知道要去哪裡，所以也就沒向父母親提起這件事。兩天後，我到派出所報到，該所的主管說我是『挺身報國隊』的一員，帶我到了臺東州廳前，送我一個『慰問袋』，裡面裝有許多日本人寫的信、餅乾和千人針，隨後便要我坐車前往高雄。到了高雄後，我被帶到旗後（今旗津）太平國小過了一夜，第二天早上又被帶到州廳前集合，接著是分發軍服，隨後就被帶到高雄港搭船。這時我甚至不知道要去海外打仗，因為事前既沒有體檢，也沒有接到徵調通知單或接受任何訓練。上了船，我試著向別人打聽目的地，但他們也不知道，只聽說是要去工作六個月。後來船靠了岸，我才知道已經到了菲律賓。事後我才知道，我到海外後，管區巡查到我家裡通知，愛國婦人會的婦人也來我家慰問，家人才知道我已經去了菲律賓。」

其四，現實環境和實際利益考量下的所謂「志願者」。下面我們看到的記錄便是北港陳碧奎陳述自己成為所謂志願者的心路歷程：「昭和17年（1942年）年底，這一年他已15歲，老師告訴他們說日本高座海軍工廠在招募工員，若錄取可以半工半讀，五年之後可以獲得工業學校學歷，且經過考試，成績好者可以當技師，成績差者就當技手（技士），面對這樣好的機會，陳碧奎著實是心動了，因為自己實在太想唸書了，況且他也不願意一輩子待在那小小的農村，庸庸碌碌的地做一個農夫，然而父親曾說：『兩兄弟一起念國民學校，將來只能有一個繼續考試讀下去』，雖然自己唸得比弟弟好，將來能唸書的人可能是他，但如此一來，弟弟就會被犧牲了，陳碧奎認為唸書機會本來不該屬於自己，實在不能剝奪弟弟應有的前途，他想，若他到日本去，雖然可以取得學歷，但終究說起來是去工作，父親應該

就沒有什麼理由要弟弟去當農夫，這真是兩全其美的辦法，於是他便背著家人，偷了父親的印章，蓋下了『留學家長同意書』。」南投的蘇清源有著和陳碧奎一樣的經歷，總督府大肆宣傳當了海軍航空機製作工業從業員可以領薪水，可以獲得學歷，「少年蘇清源一心期望能繼續升學深造，卻也擔心增加家庭的負擔。如今招募海軍工員的消息，似乎最能兩全其美。他很快的報名，也如願的獲選了」。臺北的張來發也談到：「在日本統治下，讀書要花錢，不是我父親獨自一個人可以承擔的。另外，日本老師也一再宣導，日本內地生活比臺灣來得好，如果參加海軍工員的組織後，讀書不但不用花錢，每個月還可以領錢，對一般普通的家庭來說，有很大的吸引力，所以大家都覺得不錯。」類似的例子還有很多，譬如臺北的徐東波說：「1943年（昭和18年）夏天，我23歲，那個時候，在報紙上常會看到刊登入伍通知及新聞，在我結束餐廳的工作後2天，臺南有入伍的考試，當時我想，每個人都得抽籤入伍，若抽到了，去當兵只有10元的薪俸，但是志願從軍，卻有160元的薪俸，就在這種半勉強、半志願的心情下，我向日本軍隊報到，大約1個月之後，即啟程前往菲律賓。」彰化的柯景星說：「（叔公）到越南從事碾米的工作，每個月都寄六十元回臺灣來，令人羨慕，所以我也想到海外。當朋友告訴我有招募『俘虜監視員』的消息後，我便在這種心情下偷偷地報了名。」

　　以上四種類型的臺籍日本兵在我們接觸到的資料中，初步統計佔到了總數的80%—90%之多，這說明日本殖民者的戰爭動員和對殖民地人力資源的榨取，是無情和赤裸裸的。警察的威迫利誘，大環境下的無奈和無力，迫使大批的臺灣人不得不走上戰場，成為日本軍國主義對外侵略戰爭的炮灰。更有甚者，標榜近代文明的日本殖民當局，居然還採取了極不光彩的欺騙手段，來使得不明真相的臺灣人踏上了戰火硝煙的征程，上揭資料中何亦盛及鄭王金宗的遭遇，徹底揭穿了日本殖民者和軍部的法西斯虛偽面目，人們不禁要問：這樣的行為與抓壯丁又有什麼區別？並且從滿船臺灣人都對自己的行蹤一頭霧水的情況看來，同樣情形的還遠不止他們幾個人而已。換句話說，絕大部分的臺灣人是被動地成為日本兵的，他們的境遇，值得人們同情和理解。

三、作為志願者的臺籍日本兵

那麼，難道就沒有作為真正志願者的臺籍日本兵了嗎？答案是否定的。一些接受訪問的原臺籍日本兵在回憶錄中，並不諱言自己當年是志願加入這一點，對此我們不能視而不見。下面就來看看他們自己是怎麼說的。

宜蘭的簡傳枝說：「日本教育對年輕人的『洗腦』工作做得非常成功。我週遭去當志願兵的人，雖然也有被管區的巡查強迫而去志願的，但真正志願的人應該不少，因為有學科考試和口試依成績而定，不想去的人可以敷衍，自然會被淘汰。因此戰後我們第一期戰友聚會時，咒罵日本，怨恨日本人的，其實不多。」臺南的陳春良說：「三哥那時擔任壯丁團長，兼任青年團副團長以及保甲書記（辦戶口），和郡役所有公務上的往來，所以我略知一二。軍夫的徵調是日本人透過郡役所的警察課（管壯丁團）和庶務課，通知壯丁團來訓話或開會，在會上向青年們解說『七七事變』的重要性，並乘機灌輸大家為國家打拚的觀念。許多人便在開會時紛紛舉手，爭相志願到戰場為國效勞。我那時和三哥也不例外，都志願去當軍夫。」南投的劉英輝說：「我的臺灣同學和朋友也有參加志願徵召的，大家都有那種不願輸給日本人的心情，覺得（國家有難就）應該為國家出一己之力。所以我雖然有一份不錯的工作，而且不必一定要去當兵，當年還是憑著一股為國效忠的熱情參加了勤勞團。」宜蘭的方坤邕說：「我知道有好幾個人，志願的很高興很光榮。當時我有二位同窗，許炎柱和林博欽去參加第一期的志願兵。他們特地跑來向我『展』（註：誇耀），叫我和他們一起去當兵。他們說男子漢應該要當兵，連臺灣人都這麼想。」臺北的楊水車說：「1942年（昭和17年），日本時代，在當時的第一劇場，舉辦志願兵的招考，我主動報名，並透過了那次考試，隨即與同期的300多位臺灣人，前往嘉義白河接受軍事訓練。」

不過，志願與否是一種思想層面的東西，外人其實很難深入當事人的內心世界。加上戰後對日賠償問題的糾纏，不排除個別人為求償的目的而誇大其詞，將原先非志願也說成是志願的。另外，口述史料的侷限還在於講述者只是就自身的個體經歷來看待當時的社會，不免帶有主觀、片面的色彩。譬如簡傳枝說當兵要看成績，不想去的話考不好就可以避免了。事實顯然沒有這麼簡單。上面我們曾經提到過的鄭王金宗就十道題故意只做了五道，還是被徵召了。宜蘭的藍金興更說出了他這樣一段親身經歷：「考試要考六十分才及格，我記得很清楚，我只考了五十八

分。警察課負責兵役的單位,將我們這些考不及格的人,一個一個的叫進去問。有一位巡查補問我在哪裡工作,我回答在礁溪莊役場。結果被打到頭腫了好幾處,然後再發一張考卷給我,要我寫到及格,這種做法明明就是強迫的。」看看警察的淫威和小百姓的怨恨,所謂的志願是不是該打個大大的問號呢?再來看陳炳輝的回顧:「我十六歲那年支那事變爆發,特別志願兵的制度也開始了。當時有一個警員到我家裡,說明志願兵的事情,我父親的意思是要我順從他們。他們要我們志願,我們不志願也不行,雖然名義上是志願的,但實際上是被強迫的。我最先到臺北的六張犁,接受六個月的軍事訓練。訓練結束後回家沒幾天,就又要下部隊了。」這些事例提醒我們,志願的背後或許有很多鮮為人知的辛酸故事,在分析所謂真正志願者的時候應當謹慎從事,不可一看見志願二字就武斷地將其歸入甘願替日本軍國主義對外侵略戰爭效勞的行列中去。

然而,同情和理解並不妨礙我們對原臺籍日本兵中一小部分真正志願者的無情展示,尤其是時至今日個別人仍在為殖民統治唱頌歌、對自己當年的行為並無醒悟的時候,揭露和批判就是必需的了。先來看看部分原臺籍日本兵的自白:

1.我出生時就是日本人,受日本教育長大,自自然然應該聽從日本政府的命令。加上我是公務員,常常和日本人接觸,到了役齡,尤其是國家有難的時候,一種國民的責任感很自然地驅使我去當兵。這是社會環境造成的,不能說是強迫或是自願。

2.本人生在日本時代,受日本教育,是在有秩序、有規律的社會下成長的,規規矩矩地生活,但是我沒有受到日本人的欺負。長大以後應該為家庭、社會及國家努力,所以雖然我被徵召到海外軍隊做事,但這是令人感到非常榮譽(耀)的事情。所以我勇敢赴任,盡當時國民的義務。

3.報名得去臺南市辦理。我們抵達臺南火車站前的臺灣軍司令部臺南軍事系時,已經有一大堆人排隊等著考試。當天只舉行口試,沒有筆試,也沒有體檢。主考人問我一些問題後,最後問說:『你有沒有勇氣?』我回答說:『當一個日本人,怎麼會沒有勇氣呢!』他又問:『那你敢從這裡的窗戶跳下去嗎?』我當然回

答說：『敢！』他便叫我出去。大約過了一、兩個星期，我在工作時接到一通電報，內容是通知我去做預防注射，並且準備好行李，在規定的時間去高雄鹽埕的一家富國旅社報到。

4.志願兵的錄取率很低，大約是兩千多人才錄取一人。因此招募之初，很多臺灣青年怕自己不會被錄取，紛紛寫下血書，表示志願從軍的決心。我看到報紙上的報導，自己也向隔壁鄰居借了剃頭刀，晚上偷偷地在自己的指頭上劃上一刀，擠出指頭上的血，在手帕上寫下『七生報國』（意即出生七次都要報效國家）；有的人寫的是『至誠報國』等語句。然後我再用筆填寫志願書，連同血書帶到員林郡的兵事系去報名應募。

5.知道日本投降後，我知道自己將變成『支那人』，那時心理真是複雜極了，說不清。新兵們聽到日本投降的消息後，跑來向我求證，我便向他們說：『日本戰敗了，從今天起，你們就是支那人了。』新兵們再追問：『真的嗎？』我很肯定地說：『是的』。新兵們還是不肯信，有一個新兵當場流了淚。

認為自己出生就是日本人、接收日本教育、日本是自己的國家、當兵是為國奉獻、是非常榮耀的事情，乃至於滴血報名；當聽到日本戰敗的時候簡直不相信自己的耳朵，甚至為即將回歸為「支那人」而感到恥辱。這就是作為真正志願者的臺籍日本兵的典型形象。一小部分臺籍日本兵的志願舉動並非偶然，而是日本殖民統治五十年一以貫之實施同化政策結下的毒瘤，這一政策的核心是削弱臺灣地區中華文化，以日本大和文化取而代之，到了戰爭年代開展的皇民化運動，更是使得同化政策步入以法西斯國家力量來強制推行的階段。普及日語、禁止漢文，灌輸天皇萬世一系及天照大神護佑日本的神國觀念，再到改換日本式姓名，敬奉神宮大麻，參拜神社，臺灣傳統民間信仰神明名曰「諸神升天」一律燒燬，等等。展開了空前絕後的對臺灣社會及臺灣人的徹底「日本化」改造運動。儘管在皇民化運動中，廣大的臺灣人民堅持中華文化傳統，表現出堅忍不拔的民族抵抗意識，臺灣人民的民族性沒有因為殖民者的同化政策而發生改變，皇民化運動遭到了根本上的失敗。但是，也應該看到這一殖民主義同化運動給臺灣社會肌體帶來的傷痕，作為志願者的臺籍日本兵就是其中的一個典型。這些臺籍日本兵在梳理自身思想發展軌跡的時候，也

承認了皇民化運動給自己留下的深深烙印，他們有的說：「（公學校）大體上是以皇室為中心的教育，其基本教育內容不外：你們也是天皇陛下的子民，既然是日本人，就都是陛下的子民；日本男兒最大的光榮就是將生命奉獻給國家。」還有的說：「後來我回想當時，何以我會高興地參加勞務隊？在參加勞務隊之前，我也是政府、『公家』（官方）的一個小職員，也是皇民化運動中的一員，受到了皇民運動的影響。誠如大家所知道的，當時各家庭都要改造，崇拜天照大神，天照大神是我們大日本帝國皇帝的祖先，而且也是開國神。所以當時的臺灣殖民地也是整個日本神國的一部分。在小學時代，每日朝會升旗時都要唱『君之代』國歌，接著要向宮城致敬，行九十度的最敬禮。」不少原臺籍日本兵都認為志願參加日本軍隊的現象「相信是皇民運動精神訓練的結果」。所有這些事實無不提醒我們，光復初期人們對臺灣社會存在著皇民化思想的餘毒、極少數人受到殖民奴化教育影響較深的認識，並不是空穴來風的。儘管國民政府接收人員由於歷史經驗的不同而在對日觀感上與臺灣人有所差別，可能會帶來某些誇大的地方，但皇民化運動負面作用在臺灣社會一定程度的存在，相信是一個事實。

當然，戰後隨著思想認識的提高及民族意識的覺醒，一些當年的志願者反思了扭曲的時代所帶來的心靈創傷，他們說：「我們（在日據時代）接受的教育以及訓練，一切必須以國家為優先考量，我們的身體是要奉獻給國家及天皇陛下的。由於一直接受的是這種觀念上和信念上的訓練，彷彿進入軍隊，只有服從，不能說什麼話，因此我心裡雖然不想去，卻不能這麼做。」「現在回想起來，那時日本人的教育實在非常成功，大家都被日本人『麻醉』了，我也不例外。」原臺籍日本兵胡先德更一針見血地指出：「有的臺灣人當日本兵會感到非常的光榮，但是我現在想起來那是在做日本走狗。所謂走狗就是如果兔子死了，狗就被抓去殺掉，並沒有什麼光榮的地方。」「日軍戰敗後，將臺籍軍人、軍屬視如敝屣拋棄於戰地。而自己於戰敗後不久，即平安返回日本。臺灣人實是被利用之工具而已。狡兔死，走狗烹，這是臺灣人悲慘的命運。」

當然，志願者在臺籍日本兵中畢竟還是屬於少數，這從他們在光復後「二二八事件」的表現中亦可略窺端倪。史料表明，不少原臺籍日本兵參與了「二二八事件」，這在臺籍日本兵的回憶中也有體現，如簡傳枝說：「二二八事件發生，很多

以前去過海外的志願兵或軍屬都參加了,也有人和我聯絡,要我下山參與。我當時只大約知道是很多人要起來反抗政府,邊下山到羅東區公所去瞭解一下情形。當時聚集在區公所的人我大半不認識——這些人大部分是去海外的軍屬,當過日本軍人者不多。」戰後原臺籍日本兵參與「二二八事件」的情況是複雜的,大致而言可分為以下幾種情形:第一,迴避。如臺北的李煌說,「在二二八事件時,我都待在家裡,沒有出去惹事。」第二,反對武力解決。擔任過砲兵的吳申安說,他在彰化時對主張武力抗拒政府軍的人說,雙方實力相差懸殊,不應採行暴力方法,自己則「始終都未參加」。第三,參與維持地方秩序。鄭春河回憶他曾「負責募集二十多位同是到過海外當兵的北門郡第一期陸軍志願兵,一造成警察所幫忙看守約一週左右,並維持區署內的治安,每天巡邏兩次。」第四,也有亂打外省人的狀況發生,「二二八事件發生時,——桃園和中壢地區的流氓都手拿著棍棒,到各家各戶去敲門,大喊著:『喂!大家出來,一起去打阿山仔!』我們都莫名其妙,根本搞不清楚到底是怎麼回事。」第五,組織隊伍反抗國民政府的軍事鎮壓。如彰化的林錦文「曾當過日本部隊的海軍兵長,『二二八』時組織了所謂『小林部隊』,帶頭反抗政府,沒想到國軍一進彰化,部隊便自行潰散;林錦文被捕,後被槍決。」同時還有相當一部分原臺籍日本兵參加了臺灣共產黨人領導的軍事鬥爭,如在臺中謝雪紅的隊伍和所謂「二七部隊」中,都有臺籍日本兵的身影。官方的資料也說,一些臺籍日本兵「由奸黨(對共產黨的汙稱)操縱控制,進行編組訓練」。在當時混亂的局面下,曾經出現過各種名目的原臺籍日本兵組織,左、中、右各個思想傾向的人混雜其中,要達成的鬥爭目標亦不盡相同,但除了上述極少數亂打「阿山仔」的人外,大部分原臺籍日本兵還是同情或參與了臺灣人民的民主自治鬥爭,主流還是進步的。這也反證了我們的觀點,即臺籍日本兵的絕大部分是非志願的被驅使到日本軍隊中去的,作為志願者的只是少部分人,皇民化運動對臺灣社會負面影響既客觀存在,但也不必過高估計了這種影響。

口述史料所見之日據末期臺灣皇民化運動——以宜蘭地區為中心之個案分析

陳小沖

　　日本殖民統治末期臺灣皇民化運動，以其對臺灣社會和臺灣人的全方位日本化改造、且給臺灣社會帶來深遠影響而在臺灣近現代史上占據著特殊的地位。對皇民化運動的研究，近年來亦漸成熱點。不過我們發現，以往的研究大都建立在官方資料的基礎之上，展現的是宏觀的、「正史式」的圖景。口述史料的發掘，使得我們能夠從另一個不同的視角看到社會底層民眾的反應，他們眼中的皇民化運動，或許更接近歷史的真實。本文即擬利用宜蘭地區口述史料，對臺灣皇民化運動作一個案分析，不妥之處，敬祈指正。

一、口述史料所見之皇民化運動細節

　　日據時期的臺灣皇民化運動，肇始於第十七任臺灣總督小林躋造1936年末提出的戰時臺灣皇民化、工業化和南進基地化的三大政策目標。其中的皇民化運動，既是日本國內戰時國民動員及法西斯大政翼贊運動的延伸，也是日據五十年來日本殖民者一貫統治方針——同化運動的深化及其由漸進式的同化向強制性同化的大轉換。一般地說，我們將「七七事變」前後日本殖民者全面禁止漢文漢字的使用作為臺灣皇民化運動的開端。

　　皇民化運動的實質，即在於企圖消弭臺灣地區的中華文化，以日本帝國主義倡導的所謂日本帝國「大和文化」取而代之，將臺灣人民改造為日本天皇的「忠良臣

民」，最終成為畸形的「日本人」。具體的實施內容上，包括了強制普及日語、改換日式姓名、日常生活的日本化、教育部門的皇民化思想灌輸等等。我們在以往相關論文中曾經就殖民當局的皇民化政策法規和組織系統作過詳細的敘述，下面再從宜蘭口述史料出發，看看皇民化運動的實際狀況究竟怎樣。

首先我們來看皇民化運動的組織系統。在總督府發布的皇民化動員令之外，地方上皇民化運動是怎樣推進的呢？林洪焰在他的回顧中是這麼描述的：「（殖民當局）除了政府的組織之外，還成立皇民奉公會。上至州廳長，下到各鄉鎮公所，成立一直線的行政系統。這是表面的組成，大部分一個人都擔任二種職務。而實際的推行工作，就由皇民奉公會來執行。」「像各地方的首長，都是皇民化運動的負責人，大都由日本人擔任。」方坤說：「當時（宜蘭）是由郡守擔任皇民化運動的總負責人，各街莊是由街莊長擔任負責人。另外還成立皇民奉公會，下面設一位臺灣人書記。」「皇民奉公會底下並沒有設特別的機構，並沒有很積極地在推行工作。例如皇民奉公會的公文下來，我們就執行他們交代的工作。部落書記推行皇民化運動，並沒有那麼積極，反而是學校和警察界比較厲害。」周木全稱：「就我所知皇民化運動，是由臺灣總督府策劃。然後經由臺北州透過蘭陽三郡，再由各街長及莊長來推行，最後透過各保的巡查來執行各種計劃。在積極推行期間，約由三、四保組成一個皇民奉公會，以教師及地方士紳為主體。」李本壁還說：「至於皇民化運動期間的組織，我記得有五戶聯保政策，其中只要有一戶犯法，五戶的人通通要負責。」由上我們可以得出以下幾點：其一，日本殖民者充分調動行政資源配合皇民化運動的推展，皇民奉公會是臺面上的執行者，而運動的幕後真正推手是日本殖民當局。其二，皇民化運動的積極推動者是日本殖民當局和在臺日本人，這當中學校和警察扮演了重要的角色，而臺灣本地民眾則屬於被動應對的地位。其三，保甲制度成為束縛臺灣民眾的枷鎖，除了現代警察機器的高壓，這種封建連坐制在皇民化運動中的作用，是以往所忽略了的，同時也顯示出日本殖民統治的殘暴性。總之，殖民當局、警察和保甲三位一體，確保了皇民化運動的強力推進。

其次再看強制日語普及運動的狀況。日據時期的日語普及運動可分為前後兩個階段，1895—1936年為漸進式普及階段，1937—1945年為強制性普及階段，後者在時間點上與皇民化運動相契合，並成為運動的重點內容。由於日語普及運動的一

貫性，所以有的臺灣民眾甚至認為皇民化運動早就開始了，周木全說：「大正年間我讀公學校的時候，學校每個禮拜才安排一堂的漢文課，也只教很少簡單的課程。其他的課程都是日語課程，因此我認為皇民化運動從大正年間就開始了，目的是要同化我們臺灣人。」除了適齡兒童和各級學校的日語教學外，社會普羅大眾的日語普及也積極的納入了殖民當局的視野，並成為皇民化運動時期著力推進的對象。周氏稱：「為了徹底推行皇民化政策，也成立國語講習所，強制不會說日語的人學習日語。」林英俊也說道：「小時候我外婆住在廍後，放假時我常常到那裡玩。那裡的人大部分都在種田或捕魚，很多人都沒有到學校讀過書。晚上他們必須到國語講習所學日語，我也經常跟著去。」陳旺樅回憶當時的情形時還用打趣的口吻說：「在皇民化運動期間，我們這些不會講日語的人，晚上都必須要去學日語。我是學『歌仔』的人，所以就講一些比較有趣的事。剛開始的時候，老師只教我們讀『神明』、『保正』等簡單的話。老師要求我們第二天去上課的時候，大家都要會講。等到第二天再去上課的時候，老師問我們還記不記得昨天的話。大家都說記得。結果大家都把日語唸得像臺灣話，整堂課全班笑哈哈的。」統計資料顯示，日據末期國語講習所曾廣泛開設，1940年全臺有日語講習所11206處，學生547469人；簡易日語講習所4627處，學生215794人。所以藍金興說：「當時為了推行日語，設有國語講習所。老年人要去讀，不識字的年輕人也要去讀。有專任的講師去上課，白天晚上都有排課。」上引口述史料以鮮活的例子提示我們，在研究皇民化運動時期的日語普及運動時，不應只關注各級學校的教育狀況，社會教育的強化在其間所起的重要作用，亦不應忽視。

　　第三，我們來談談所謂的改換日式姓名活動。1940年日本殖民者宣布「恩准」臺灣人改換日式姓名，按照總督府總務長官森岡二郎所言就是：「作為本島人也必須在實質上和形式上都與內地人毫無相異之處」。史料表明，大多數臺灣民眾拒絕更改姓名，因此改換日式姓名的人數占臺灣居民總數的比例並不高。那麼，即使是少數改換了日式姓名的人，是不是就皇民化了呢？當然不排除極少數的皇民化分子，但總體情況恐怕還是不能一概而論。歷史事實已經證明，一些民族意識濃厚的人就不顧殖民當局的禁令，以大陸故鄉相聯繫的姓名作為改換的依據。普通民眾的改換姓名行為則潛藏著諸多的因素，宜蘭口述史料便揭示了這一點。林洪焰說：「當時物質很缺乏，大家也都很疼孩子。為了孩子可以吃得比較好，或求知升學有

優待,因此才有很多人願意去改姓名或者加入國語家庭。另外也從精神方面鼓勵你,手段可以說硬中帶軟。」藍金興也說:「改姓名或國語家庭在食物配給上有優待。當時實施配給制度,鄉下農民都有一本配給登記簿。領豬肉要有一隻豬肉牌,領米要經過派出所核準,在到土礱間(註:碾米廠)領米。如果是國語家庭或有改姓名的人,配給的食物就會比較多。」李本壁以自己的親身經歷說道:「當時我有三個兒子,配給的食物不夠吃,又買不到やみ。再加上我在市役所服務,上頭有上司的壓力,所以才會改姓名。」林平泉則為我們提供了另一個例子,他說:「很多人迫於現實的情勢,最後乾脆『看破』才改姓名,——當時我爸爸是警防團的幹部,分團長田中先生一直勸我爸爸改姓名,但我爸爸都沒有答應。直到昭和18年(1943)的3月,我要報考宜蘭中學的時候,小學校的老師請我爸爸到學校一趟。老師跟我爸爸說,我的成績要進入中學沒問題,但在申請書方面可能就無法透過。我爸爸一聽,頭都大起來了。因為其他四位本島人同學,都已經改姓名了,只剩下我還沒有。由於這個緣故,所以我爸爸才決定改姓名。我爸爸不希望因為這個原因,讓我無法讀中學。」這些親歷者的描述使得我們可以透過日本殖民者改姓名的叫囂,窺見普通民眾的堅持和無奈。換位思考,在殖民統治機器的高壓和戰時物質匱乏的情況下,部分人為了生存而被迫改換日式姓名,有其歷史的背景,在後人來說這是不是也應給予一定程度的理解呢?

二、民族意識與所謂「日本精神」的交錯

　　皇民化運動作為對臺灣社會與臺灣人的全方位的改造,帶給臺灣的影響是巨大的,這當中既有人心的扭曲亦有反抗和抵制,民族意識與所謂「日本精神」的交錯,構成了日據末期臺灣社會的複雜圖景。而在殖民總督府和法西斯軍部勢力強大高壓下臺灣民眾對皇民化運動的抵制,其民族意志更值得後人欽佩。

　　宜蘭口述史料中,對於皇民化運動中臺灣民眾的反應,有著不少的記載,其中有關抵制皇民化運動資料,充分反映出臺灣民眾強韌的中華民族意識。在強制普及日語禁止漢文漢字的環境下,仍有民眾暗中接受漢學的教育,李本壁說:「因為我

外公是楊士芳進士,雖然我有改姓名,但我不敢做違背祖先的事。從我五歲開始就在碧霞宮的講堂學漢文。」林枝蒲也說:「我的祖父及叔公,都是被日本人殺死的。由於這個緣故,白天我在日本人的國民學校上學,下課後,我父親又特別送我到礁溪的太子爺廟,跟隨廟公讀四書五經。那位廟公是清末的貢生,這樣說起來,在那個時代,我是同齡人中比較有民族精神的人。」殖民當局推廣皇民劇禁演臺灣本地戲曲,臺灣民眾卻暗中偷演,得到百姓的歡迎。如陳旺樅說:「昭和15年(1940)日本政府禁鼓樂,戲都不能演。因為本地歌仔戲的聲音比較小,所以我們常常在私底下偷偷唱,娛樂娛樂。」演出的盛況是「大家一傳十、十傳百,最後整個村裡的人都會去看,就算再遠也趕去看。」在改姓名問題上,臺灣民眾的抵制也是顯著的,江美說:「當時有很多日本人常常到我家來,叫我媽媽改姓名或參加國語家庭。但我媽媽不願意,因為她認為我們是臺灣人,為什麼要去改日本姓名?」林旺斌也說:「我覺得會改姓名或參加國語家庭的人,大都是因為外在的壓力,而內心並不會改變。」周木全就聲稱:「由於我的高祖父是舉人,阿公是秀才,因此我很堅持漢民族的精神。在皇民化時代,我不因為特別的優待,而去改姓名或改成國語家庭。——我們臺灣人的民族觀念很深,所以讓我們臺灣的漢民族精神,才沒有被大和民族的精神同化。」李本壁自己雖然改了姓名,但他強調「我的血統是純粹的漢民族」,「我的漢民族精神,並不會輸給別人」。臺灣民眾的心態正如周木全直截了當的指出的那樣:「臺灣是擁有五千年歷史文化的漢民族,有根深蒂固的民族觀念,因此日本不可能在數十年的時間之內同化臺灣人。雖然日本花了很多的心思,用了很深的精神,來推行皇民化運動,最後還是沒有成功。」

不過,我們在同樣的口述史料中也看到了個別人的言論,認為自己在皇民化運動中受到了所謂「日本精神」的影響,對此我們亦不能視而不見。仔細解讀此類言論,不難發現其實是緣於一般民眾混淆了日本人的影響與「日本精神」影響的分別。那些對日據時期還有抱有記憶的人,他們的談論的聚焦點集中指向的大都是那個年代伴隨自己成長歷程的老師,這是一種再普通不過的師生之情,是對曾經輔導自己學習、指導自己生活的老師的懷舊,是一種純粹的人類情懷。他們所習得的一些誠信、守時和衛生習慣等等,也與殖民者的所謂「日本精神」毫不相干,而是臺灣民眾與普通日本人民接觸過程中感受並接納了的日本文化中的優秀因子,屬於正常的文化涵化過程。同時,就是這些對日本時代有著所謂好感的人們,在民族性的

分別上，也還是有自己的鑒別標準的，以下就是一個典型的例子：

　　林清池說道：「人家說六十五歲以上的人，都有日本精神。到現在我還是保有誠實、守時、重禮節的日本精神。只要我答應人家的事，不論多麼困難，我一定盡力做到。我三年級的老師是東京人，叫做日野中榮，當時他還沒有結婚。因為他住在我家附近，所以我常到他家。有一天我穿著鬃木屐到他家，他卻叫我『清國奴』，這句話影響我很深。從那時候起，我就告訴我自己是中國人，不是日本人，到現在我還是有很深的民族意識。」

　　一面說自己有「日本精神」，一面又強調自己是中國人、有很深的民族意識，這不是矛盾的嗎？其實不然，這裡的所謂「日本精神」實際上就是我們上面提到過的誠信、守時、重禮貌等等普世原則，與日本殖民者傾力灌輸的大日本皇民思想可謂風馬牛不相及。而當民族歧視出現的時候，殖民統治下二等公民的現實，則大大激發了臺灣民眾潛藏於心底的民族意識。於是便有這看似矛盾的兩面集中在一個人的身上的現象。這些事實提醒我們，對臺灣社會至今尚存的所謂「親日」現象，有必要做具體的分析，除了個別死硬的皇民化份子外，大都只是對過去年代個人記憶中若干往事的追溯，並不帶有特別的群體性的政治含義。

三、皇民化運動中的臺灣原住民

　　宜蘭地處臺灣東北部，境內既有平地漢人也有山地原住民部落，皇民化運動作為全島範圍內對臺灣人的日本化改造運動，除了漢人之外，山地原住民同樣被囊括其中。而對於原住民的皇民化運動狀況，一直以來都是研究的薄弱環節，宜蘭地方口述史料所提供的資料，正好得以彌補這方面的不足。

　　眾所周知，日本殖民這占據臺灣之後，實施的將是平地漢人與山地原住民相隔離的政策，山地的一切政務、教育、衛生、動員乃至生產生活等等各個方面，均由日本警察負責監管。日本殖民者為了搜刮山地林木資源，還大肆奴役原住民，以極

低的報酬驅使原住民從事繁重的體力勞動，且不尊重原住民的風俗習慣，1930年曾激起激烈的霧社武裝起義鬥爭。到了皇民化運動時期，日本殖民當局更變本加厲地全面展開了對山地原住民的日本化改造進程，試圖徹底同化臺灣原住民。

從宜蘭的口述史料可以看到，臺灣原住民在日本殖民統治下是生活在社會最底層的一群人。除了被強制與漢族隔離之外，近代社會的法律制度不適用於山地，即便有所謂的「違法事件」也不受法院管轄，而是由警察臨機處分，警察事實上掌握了人民的生殺大權。一般的民事事務也是由警察負責，高榮輝說：「山地的政治是警察政治，所以泰雅族的教育、管理等一切都由警察來掌控。」曹盛源說：「警察工作除了兼任老師外，還要維持治安，取締犯罪，管理山地人生活及訓練山地年輕人等。」許阿福也說：「警察常到部落巡邏」，「控制我們的行動」。李慶臺說：「日本人老師幾乎都是警察，都是穿警察服裝。他們還負責維持治安，若有人態度不好、禮儀不好都會被打。」他又稱：山地原住民也沒有遷徙的自由，「我們高砂族與漢人的差別很清楚，我們沒有（警察頒發的）下山證明就不能下山。我們為什麼不能與平地人自由來往？這種隔離政策是看不起山地人，限制我們山地人的發展。」廖榮民也證實：「我們如果要去別的地方或下山，一定要到警察處登記，詳細寫外出的日期、回來的時間以及事由等。」林茂源則憤憤地說：「我個人對日本人不滿的地方是，他們常罵山地人為蕃人，不懂事的三等國民。我受不了這些辱罵，也曾與他們在酒家前打架。」不平等的差別待遇還鮮明地體現在教育上，曹盛源云：「日本人對山地人的種族歧視及限制行動，令人感到非常不滿。當時日本人是一等國民，平地人是二等國民，山地人是三等國民。學校的教育也分成三種等級，日本人讀小學校，平地人讀公學校，山地人讀教育所。而教育所的教科書，也有相當程度上的差距，即教育所六年所受的教育，只有日本人三年級的程度。」

日本殖民當局一方面將山地原住民封鎖隔離，另一方面強制展開的皇民化運動絲毫不亞於平地漢族。首先是日語普及運動的瘋狂推廣。曹盛源說：「日本人為加強常說日語，叫我們在學校早晚學習。在社會上是設晚間老人日語補習班，一年分成春秋二期，各上一個月。課程結束後，舉行演講比賽，決定成績的高低。」與此同時，原住民的自身語言卻遭到了禁止，違反者必須受處罰。如許阿福就說：「以前日本人，不准我們說山地話，必須要說日語。」廖榮明也說：「一律禁止使用番

語。如果說番語就會被老師處罰，甚至於被打。」值得注意的是，前面說過山地的老師大多由警察擔任，因而在這裡日語普及教育實際上是和暴力結合在一起的。其次就是對山地原住民進行的皇民思想灌輸和所謂忠君（日本天皇）愛國（日本國）觀念的培養。總督府頒布的《高砂族社會教育要綱》明確要求原住民必須做到以下幾點：（一）祭拜日本天照大神、瞭解神明事跡；（二）體會天皇萬世一系的尊嚴和作為日本國民的幸福；（三）常常禮拜天皇的御真影（照片）；（四）高唱日本國歌、遙拜皇宮、插太陽旗，努力成為天皇的忠良臣民。宜蘭口述資料表明，這些皇民化措施在當地被廣泛推行開來。游清豐回顧道：當時日本的政策是想把臺灣人變成日本人，「教唱國歌、國旗歌」，「還得把日本天皇、皇后尊敬如神，把照片掛在禮堂前。每年舉行正月節、天長節時給人看照片。」「說他們是神，是天照大神的後代」。許阿福則指出：「日本人希望原住民早日皇民化，強迫我們說日語，禁止講自己的母語。其次是改姓名，崇拜天皇，每日早會時除唱國歌及向天皇皇后照片敬禮外，還要向東方宮城遙拜。天皇是天長地久永遠不敗的神，是天照大神的後代。日本是神國，設神社規定定期參拜。」「（學校）修身課的內容是強調日本的大和精神，及崇拜天皇」由此看來，日據末期的皇民化運動，不僅廣泛開展於人們熟知的漢人社會，山地原住民更是遭到了日本殖民者的特別關照，由於山地社會處於日本警察的直接管控之下，皇民化運動的實施反而更加徹底，以至一些參加口述歷史座談會的原住民老人還不得不以日語來講話，皇民化運動對臺灣原住民社會的負面影響於此可見一斑，這是宜蘭口述史料提供給皇民化運動研究的又一重要啟示。

從昭和20年到民國34年——1945年的臺灣歷史變局

陳小沖

1945年注定要在臺灣歷史上留下深深的烙印，中國抗戰勝利、日本戰敗無條件投降，臺灣的日曆從昭和20年翻到了民國34年。盤踞臺灣五十年的日本人無奈地撤走了，中華民國政府的接收大員來了，臺灣人從「日本國民」回歸到「中華民國國民」……但是，當這一天真的到來的時候，日本人願意拱手交出富饒的臺灣島嗎？臺灣人民有什麼反應？代表中國前來接收的國民政府準備好了嗎？結局如何？這些都是本文試圖回答的問題。

一、1945年8月前——殖民者之風雨掙扎

1945年（日本昭和20年）5月，臺灣總督府舉行了「領臺」50年紀念儀式。與「始政」40年的宏大慶祝場面不同，這時的慶典冷清異常，日本在臺殖民統治陷入了一片風雨飄搖之中。臺東廳長鈴樹忠信在他的日記裡這麼寫道：

軍方呼號著「臺灣全島要塞化」，進行總動員。現在海岸和山腳地帶正挖掘戰壕、構建堡壘。然而，就我所見，配置的大砲只是幾門十二釐米的榴彈砲，恐怕連戰車也沒有吧。軍隊似乎打算在水際灘頭殲滅美軍，但相對於傳說中美國的傾瀉鋼鐵般的作戰方式，簡直就像橫綱跟小孩進行相撲。美軍來的話……作為地方長官，我要怎麼辦才好呢？為了這重要的問題，我這些天來屢屢站在海岸邊冥想。

需要苦心冥想的不止是鈴樹忠信，為了日本帝國的這塊殖民地的生存發展，為

了配合日本的對外侵略戰爭，臺灣總督府曾費盡了心思。

自從1936年底小林躋造總督提出工業化、皇民化和南進基地化的政策目標後，這三大政策便成為戰爭年代臺灣社會的主基調，對臺灣人及臺灣地方的全方位改造運動——皇民化運動也如火如荼地展開著。臺灣人的地位這時開始發生著微妙的改變，只要聽聽日本人嘴裡對臺灣人的稱謂便可見其端倪。從早期的「清國奴」到「土人」，再到「本島人」、「臺灣人」，到了長谷川總督的口中發展出所謂「臺灣三兄弟」的提法，即內地人、臺灣人和高砂族人是三兄弟，後來還居然親切地稱臺灣人為「臺灣同胞」。眾所周知，日本殖民統治下的臺灣社會歷來以民族的分別將日本人和臺灣人明顯地劃分為兩個陣營，日本人是殖民地臺灣的統治民族，占據著臺灣政治、經濟、教育乃至社會福利的大部分資源，臺灣人則處於「二等公民」的地位。民族的歧視和日臺人的差別對待，不斷激起臺灣人民的民族反抗潮流。現在到了日本殖民統治的末期，民族歧視和不平等的差別待遇的狀況卻似乎有了某些鬆動，譬如1944年，臺灣初等教育的日臺人雙軌制終於壽終正寢，學校統一改為國民學校。在首相小磯國昭的主導下，臺灣人政治待遇改善政策也推行開來，臺灣人得以參與日本帝國貴族院和眾議院的選舉，放寬臺灣人的出入境限制，改善警察行政，為臺灣人升學、就業提供幫助。同時廢除了鎮壓臺灣人民反抗鬥爭的《匪徒刑罰令》及《浮浪者取締規則》，1945年6月17日，正式廢止了封建的保甲制。

然而，殖民當局的這些舉動是別有用心的。

「七七事變」後，隨著臺灣進入戰時狀態，物質、金融、貿易、人力等等均實施統制，以服務於戰爭的需要，尤其是臺灣的人力資源更是成為日本殖民者覬覦的目標。臺灣總督府曾組織了各色臺灣人勞務團體到戰場服務，島內為了軍需工業而進行的生產擴張計劃也亟須大批的勞動力。依據《國民徵用令》、《臺灣護國勤勞團令》等法令對臺灣民眾的戰爭動員也廣泛開展，戰爭末期最高時一天就徵用30萬人以加強臺灣的防衛工事及其他所謂緊急要務的建設。此外更值得關注的是對臺灣人民的直接戰鬥人員的徵用，1942年4月1日臺灣實施陸軍特別志願兵制，被徵用者達到5000餘人。1943年8月1日，臺灣實施海軍特別志願兵制，至1944年7月止，被編入海軍特別志願兵籍的臺灣人約為11000餘人。1944年9月1日，臺灣正式實施徵

兵制。另據戰後日本厚生省的統計，戰爭時期臺灣出身軍人數為80433人，軍屬（含軍夫）126750人，合計207183人，其中死亡30304人。

　　強化對臺灣人力資源的掠奪有其深刻的社會歷史背景。太平洋戰爭爆發後，隨著同盟國在亞太戰場的反攻，日本軍隊節節敗退，兵力消耗大增，日本國內人力資源日漸枯竭。於是，擁有豐富人力資源的殖民地臺灣急切地被納入了日本殖民當局尤其是軍部的視野，陸海軍內部關於將臺灣人民納入日本軍隊送上前線的計劃秘密出籠了。但是，臺灣人民在整個日本殖民統治時期根本就沒有真正享有過完全的日本國民的待遇，有的只是民族的歧視和法律地位上的低人一等，日本人也打心眼裡不相信臺灣人民能夠真心誠意地為日本天皇盡忠。為瞭解決這一矛盾狀況以充分地利用臺灣的人力資源，日本殖民者從兩個方面來對改進臺灣人統治：其一，強化皇民化運動，由表及裡全方位地對臺灣人實施改造。陸續進行的改換日式姓名運動、強制普及日語、對天皇的尊崇、日本文化的灌輸、對中華文化的摧殘乃至日常生活的日本化等等，無不以「煉成」中堅有為的帝國皇民為其目標，就如總督府總務長官森岡二郎所說的：「在精神上形式上都與內地人一樣才稱得上完全的日本人化。」只有臺灣人改變了自身的民族性而與日本帝國同心同德了，他們才有資格成為「皇軍」的一員，日本政府才會放心將他們派遣到戰場為日本帝國盡忠，臺灣的人力資源才能得到最有效的運用。其二，就是我們上面提到的臺灣人政治待遇改善運動。臺灣人要真正成為「皇軍」的一員，除了要在精神和外表上都將其改造為日本人之外，還有不少法律上的障礙。直到太平洋戰爭爆發為止，臺灣人雖名義上是日本國民，但他們並不享有和在臺日本人同等的待遇，各項法律制度也為保護在臺日本人的利益而設計。相反的，封建連坐的《保甲條例》和殘酷的《匪徒刑罰令》倒是由臺灣人來「獨享」並遲遲不予廢除。在法律地位如此低人一等加上民族歧視的狀況下，要讓臺灣人死心塌地地為日本帝國的天皇賣命，恐怕是連日本人自己都不會相信的。於此時出臺的臺灣人政治待遇改善運動，顯然有著直接的目標指向。日本內閣政治處調查會中軍方代表的話更是一語道破了天機，他說：「待遇改善對日本戰力具有很大的作用」。①換句話說，日本殖民者在其統治的末期雖然給了臺灣人民一定的政治待遇，但這種待遇改善的真正意圖是想讓臺灣人由此向天皇感恩、為天皇盡忠「玉碎」，它只不過是日本在殖民統治風雨飄搖之際為驅使臺灣人在戰場上替日本帝國主義賣命而給的一塊小小糖飴罷了！

二、1945年8至10月——真空期之臺灣百態

1945年8月15日，日本宣布無條件投降。直到10月25日的兩個多月的時間裡，日本在臺殖民總督府失去了統治的政治基礎而中國政府則尚未完成接收手續，臺灣進入了一段特殊的政治真空期。這一時期裡，在臺日本人和臺灣本地人這兩個群體分別有著不同的感受和反應。

投降當時的臺灣，日本軍隊的力量還是比較完整的，雖然戰時遭受盟軍飛機的不間斷轟炸有所損傷，但除了經濟目標和基礎設施的破壞較大外，對日軍本身的打擊並不明顯。數據顯示，此時駐臺灣的日軍有總計陸海軍約近20萬人。在美軍占領沖繩、臺灣局勢危急的時刻，在臺日軍配備了兩萬多顆的手持炸藥包準備組織敢死隊與美軍的坦克同歸於盡，卡車的引擎也拆卸下來裝到載滿炸藥的船艇上準備仿效神風隊員向美軍艦艇發起自殺式襲擊，平民則一律疏散到山地，宣稱即使是到了吃草根樹皮的程度也決不投降，這就是軍部所稱之「死亡計劃」！

然而，臺灣的軍部頑固分子還沒有等到他們為天皇「盡忠」的那一天，日本就戰敗投降了，這一消息無疑給他們當頭一棒。軍隊部分少壯軍官稱憑藉臺灣的防衛力量，「即便不能取得決定性勝利，但還是能找到給敵人以一大打擊的轉機」。第8飛行師團的部分少壯參謀認為臺灣有許多完善的機場設施，有約占全日本空軍適航飛機1／3的800架軍機，臺灣砂糖產業發達，其副產品的酒精作為替代燃料足供使用，他們向總督兼臺灣軍司令安藤利吉強烈要求以臺灣一己之力獨立抗爭、繼續戰鬥。但末代總督安藤利吉首先考慮的是臺灣數十萬日本人的安全撤離問題，並且認定即使臺灣獨立抵抗也絕無勝利的希望，所以堅持「承詔必謹」壓制了這些少壯軍人的蠢動。後來有的論者將此次飛行師團部分軍官獨立抗爭事件稱為臺灣「獨立事件」，恐怕是對歷史事實的誤會，在我們看來這充其量不過是一次部分軍官的圖謀抗命事件而已。

緊接著就是所謂的「八一五獨立運動」。1945年8月15日，臺灣軍陸軍少佐中宮悟郎及陸軍參謀牧澤義夫擬定所謂的「臺灣自治草案」，鼓動辜振甫、許丙、林

熊祥等起來組織「臺灣自治會」。8月22日，杜聰明、林呈祿、簡朗山、辜振甫、羅萬俥拜訪臺灣總督安藤利吉，安藤警告云：「島民不得輕舉妄動，並明示絕對禁止有圖謀臺灣獨立或自治。」據稱，「辜振甫等三人聆言後，知事不可為，乃將陰謀取消」。近來有人根據新公布的臺灣總督府檔案和一些當事人的口述史料，認為是臺灣人自己主動策動了臺灣獨立事件，而日本人只是應其請求予以協助。但我們仔細檢閱其論據，卻找不到任何支持指控辜振甫等人策劃臺灣獨立的證據，相反有大量的跡象表明，辜振甫等人似乎並沒有發起臺灣獨立運動的企圖。

首先，從這一事件的最基本史料——1947年國民政府對「八一五事件」的判決書來看，當時中宮悟郎、牧澤義夫擬定的是「臺灣自治案」而不是「臺灣獨立案」，擬成立的是「臺灣自治會」而不是「臺灣獨立會」，安藤總督對他們的警告也是「絕對禁止有圖謀臺灣獨立或自治」，這裡將「臺灣獨立」和「自治」並列提出，倘若是明白的獨立運動，安藤就不必如此繞口費舌了。判決書最後替辜振甫羅織的罪名為「係假自治之名，行竊據臺土獨立之實」，這句判詞也早就洩漏了天機，不論是否「假借」其名，辜振甫等臺灣人明明提出的就是「自治」而不是「獨立」，「獨立」是鎮壓「二二八事件」後官方強加上去的罪名。後人曾驚訝為什麼國民政府對從事「獨立運動」的辜振甫等人居然判得如此之輕，其實他們本來就沒有使臺灣獨立的打算，這樣的判決一點都不奇怪。

其次，牧澤義夫的證詞稱，戰後臺灣有力人士求見臺灣總督安藤利吉時，曾言：「臺灣人希望趁此時機獨立，希望總督府協助」，他在接受訪問的時候也否認曾經策動臺灣人獨立：「這件事他們搞錯了，請不要把我當成陰謀策劃的主角」。我們覺得牧澤的談話有自我解脫之嫌，辜振甫在法庭調查時提供的證詞中揭露：「對中宮等陰謀，當面拒絕，有臺人李忠在場可證。並於十八日往訪杉浦，面請壓制，事經轉告羅萬俥，亦可證明。」「關於日人陰謀，余曾向前長官公署顧問李擇一面陳轉報長官，余果有同謀，焉敢報告，自貽咎戾。」這裡的「陰謀」二字指的就是臺灣獨立。由此我們可以推斷，日本少壯軍人中宮悟郎和牧澤義夫策動的正是臺灣獨立運動，他們以成立臺灣自治會為名，欺騙包括辜振甫在內的部分臺灣人參預其事，而當辜振甫等人知曉其陰謀後斷然退出並報告了當局，加上安藤總督的嚴詞警告，這一「臺獨」圖謀才被扼殺在萌芽之中。至於事後沒有人向被中方關進監

獄的臺灣軍參謀長諫山春樹追問這件事，那是因為臺灣軍高層本身是堅決反對任何獨立或自治圖謀的，故何來進一步的訊問？

第三，正是臺灣總督府的檔案告訴我們，當時的臺灣人民的主流民意對臺灣光復和回歸祖國是歡迎的。史料記載是這樣的：「鑒於過去殖民統治之故，如今日本戰敗，臺灣人則認為角色地位逆轉，而對日本人開始有粗暴的言行產生」，「同時推測，根據停戰協議，臺灣將回歸中國，如果給予島民國籍選擇權，那麼無疑的多數人將選擇中國」。從中我們看到的是臺灣人民對回歸祖國的歡欣鼓舞，而實在是看不出絕大多數的臺灣人有什麼獨立的意圖。末代總督府編撰的《臺灣統治概要》也有這樣的文字：「昭和十八年（1943），南方戰線之日本軍轉進以來，戰況漸次不利。美英軍將進攻本島，日本即將敗退，已是預料之中，必將戰敗的思想逐漸形成。因而趁此機會之本島的獨立運動，或是以回歸中國為目的之民族運動，在各地逐漸抬頭，形成不穩的傾向。」這裡顯示的臺灣民心也是傾向於「回歸中國」，而其中提到的所謂獨立運動，明顯的是以殖民宗主國日本為對象的，是要求將臺灣從日本殖民地狀況下獨立出來，與回歸中國之民族運動並不相悖，不可一見「獨立」兩個字就想當然地認為是要與中國的分離。

那麼，政治真空期的臺灣就沒有臺灣獨立的言行了嗎？也不是，總督府和臺灣軍的警告並不是沒有任何根據的，確有一些臺灣獨立言論散見於各地。問題是這些言行是一些散存的個人所為，沒有形成大的勢力，更談不上掀起所謂「臺獨」運動，並且此種情形的出現有其特殊的歷史背景。在淪為日本殖民統治的五十年間，臺灣民眾從武裝鬥爭到非暴力政治抗爭，進行了不斷的反抗。其間有祖國派，他們希望中國強大、臺灣能夠最終回歸祖國；也有自治派，認為中國在列強侵略和軍閥混戰中，政治腐敗，民不聊生，臺灣人只能自己救自己。臺灣社會在濃厚的中國意識之外，也有臺灣意識的萌發。到了日本戰敗投降、臺灣回歸祖國大局已定的形勢下，對腐敗的國民政府不放心的這部分人，心生恐懼也是情有可原的，臺灣獨立論調的出現，有其歷史的土壤，不足為奇。不過「臺獨」言行並不為臺灣總督府所認可，因為在當時的情形下，總督府在臺灣已經喪失了實施行政治理的合法性，一部分臺灣人開始蔑視總督府的權威。處於尷尬境地的末代總督安藤利吉主要關注的是在臺幾十萬日軍官兵及僑民的安全撤離，不希望在別的問題上節外生枝而影響了這

一大局。因此對於風聞不斷的「臺獨」言行，採取斷然拒絕的態度。實際上，以日本當時的戰敗國身份及臺灣的孤軍奮戰，要想逆大勢而為實乃螳臂擋車，安藤對未曾透露姓名的有臺灣獨立企圖的人說：「諸君推動臺灣獨立的衷情，實可體會諒解，但從世界大局來看，奉勸諸君早日停止此一行動。若諸君無論如何想繼續推動的話，那不得已，吾將以日本軍力斷然討伐之。」平心而論，在安藤利吉的內心深處，也是不願意將臺灣歸還給中國的，但他還是個較有全局觀念的軍人，知道什麼可為而什麼是不可為的，其對「臺獨」言行的強力壓制態度既是明智之舉，也符合歷史潮流，值得後人肯定。至少，這避免了臺灣島內局勢的急劇動盪，避免了可能由所謂的臺灣獨立運動而帶來的毀滅性的戰爭災難。

三、1945年10月後——國民政府的接收

1941年12月9日，中國正式對日宣戰，宣告「所有一切條約協議合約，有涉及中日間之關係者，一律廢止」。導致臺灣割讓的不平等條約——《馬關條約》隨之廢止失效，臺灣正式列入了中國人民抗日戰爭所要收復的失地之列。1943年11月開羅會議期間，中方正式要求「日本於九一八事變後自中國侵占之領土（包括旅、大租借地）及臺灣、澎湖，應歸還中國」。然而，當時英國提出的修改草案卻云：「日本由中國攫取去之土地，例如滿洲、臺灣與澎湖列島，當然必須由日本放棄。」理由是他國被占領土均未明定歸何國所有，為何獨滿洲、臺灣等聲明歸中國所有？中國代表嚴詞駁斥了這一論調，指出：「措詞果如此含糊，則會議公報將毫無意義，且將完全喪失其價值。在閣下之意，固不言而喻應歸中國，但外國人士對於東北、臺灣等地，嘗有各種離奇之言論與主張，想閣下亦曾有所聞悉。故如不明言歸還中國，則吾聯合共同作戰，反對侵略之目標，太不明顯。故主張維持原草案字句。」中國的主張得到了美國的支持，最後達成了如我們所見之《開羅宣言》文本。

對於收復後的臺灣地位設計，國民政府內部雖曾有不同的主張，但臺籍人士對在臺灣設行政長官公署，也大多持贊成態度，認為「唯初接管之時，以臺灣仍有敵

國殘餘勢力存在，奸徒乘機竊發，亦或難免，暫賦行政首長兼領軍事指揮權，以利接受（收），而安社會，自為事實上必要。」作為接收臺灣的主要行政長官陳儀，應當說是國民政府內較為瞭解臺灣的人選，他在福建省任內曾多次會晤了來自臺灣的訪問者，並親自到過臺灣，對臺灣的社會政治經濟各個方面都有一定的感性認識。他在中央設計局臺灣調查委員會上曾說過這樣的一段話：「日本軍閥統治臺灣的動機和目的，在壓迫剝削臺胞，是很壞的。但許多設施如能善為運用，卻是好的。二十四年前本人到臺灣去看過，覺得交通、農業、工業各部門都比內地強。我們收復臺灣以後，一切都要比以前做得好。日本做得好地方，必須做下去，而且做得更好，日本不好之處，必須徹底革除。我們一切興革，須以三民主義為標準，須以人民福利為前提。合於主義的，有利於民的興；違背主義的，有害於民的革。能夠這樣收復才有意義，決心收復也即為此。」在今天看來，撇開「三民主義」等等套話不論，以這樣的角度看日本在臺灣的殖民統治，應當說還是較為客觀的。此外，對於將來赴臺接收的軍、警、憲人員，也有不少的預案，如陳儀稱：「警察幹部——將來我們如隨便派人去，與人民接觸機會多，素質不好，給予臺人的印象亦不好」。參與研究接收大計的各界人士對此也相當呼應，許顯耀稱：「收復後希望政府注意到地方之特殊性，如派到臺灣的軍隊、警察應提高水平，方能給臺人以好的印象。中國軍警的服裝和日本的比較一下，必使臺灣人發生不好的印象。」臺籍人士連震東亦呼籲：「希望散兵游勇不讓帶到臺灣去」。

　　平心而論，該想的都想到了，該呼籲的也呼吁了。但是，登陸臺灣的仍然是軍容不整的「國軍」，臺灣人民面對的依然是專制政治和蠻橫的警察，日本人的遺產成了官有，臺灣人參與政權當家做主的願望得不到滿足，對臺灣人的不信任仍根深蒂固。貪汙受賄、通貨膨脹、特務統治、接收變為「劫收」等等，抗戰勝利後上海等地出現的「五子登科」之類的混亂現象都在臺灣程度不同地重演著。今天的人們當然有權抨擊行政長官陳儀施政的種種失誤，其實這不是哪一個人的責任，而是當時腐敗無能、行將崩潰的國民政府給臺灣帶來的不可避免的災難。臺灣截至1947年2月有1099090萬元的日本公私財產被政府接收為官有，在大陸同樣接收敵偽物質價值62000000億元，且有四大家族為代表的官僚資本參與巧取豪奪。臺灣糧價上升，物價騰貴，臺南白米一斗百元，大陸更有過之而無不及，1946年全國躉售物價指數比戰前上漲了3790餘倍。美聯社的一則消息說：法幣一百元，1937年可買兩頭牛，

抗戰勝利時只能買一條魚，1946年可買一隻雞蛋，1947年只能買可憐的1/3盒的火柴了。臺灣經濟由於戰爭破壞和政策不當導致生產能力大幅下降，大陸恐怕更勝一籌，作為經濟中心的上海，1947年工廠開工率只有20%，陪都重慶1947年參加全國工業協會重慶分會的470多家工廠有2／3以上停工。臺灣「二二八事件」的導火線是街頭小販遭槍擊事件，而此類事件在大陸更多，1946年的上海攤販慘案即其明顯例子，當五千餘小攤販上街遊行示威的時候，「蔣宋孔陳四大家族的政府竟對他們採取無情的鎮壓手段。它竟然動員了軍警特務，使用了美帝國主義給它的武器——步槍、機關槍、催淚彈等等，來殘害和屠殺這些飢寒交迫的同胞！」換句話說，光復後的臺灣已經被深深地捲入了全中國政治經濟的大漩渦中，臺灣出現的腐敗混亂現象是必然的，即便不是陳儀主政，行政長官公署也一樣擺脫不了困境，臺灣人民的反抗鬥爭也是遲早要爆發的。1947年臺灣「二二八事件」儘管具體的內容與大陸各地有所不同，但實質上就是全中國人民反獨裁、反饑餓、反內戰鬥爭在臺灣的具體體現，是全國人民反對國民政府腐敗統治鬥爭的一個組成部分，臺灣人的不幸就在於遇上了代表祖國前來接收的政權是一個正在被全中國人民唾棄的政權。

臺灣光復前後福建對臺灣的支援與幫助

林仁川

　　福建與臺灣隔海相望，唇齒相依，在反抗日本殖民者的侵略鬥爭中，相互支援，互相支持，用鮮血和生命譜寫了一曲曲光榮的歷史篇章，體現了中華民族反侵略反壓迫的優良傳統。

一

　　1895年4月17日，清朝政府被迫簽訂了喪權辱國的《馬關條約》，將臺灣、澎湖割讓給日本。馬關條約簽訂的消息傳出後，舉國震驚，彙集在北京的福建、臺灣等18省舉人舉行大會，強烈反對不平等條約，並有600餘人簽名「公車上書」，痛斥李鴻章的賣國行為。臺灣島內人民義憤填膺，鳴鑼罷市，自發組織起來反抗日軍的入侵，堅持長達7年的抗日武裝鬥爭給日本侵略者以沉重的打擊。

　　1937年7月7日盧溝橋事變，爆發全面抗戰，臺灣人民的抗日鬥爭進入一個新階段。他們擺脫孤軍作戰的狀況，與大陸人民的抗日鬥爭密切配合，互相支持，特別是海峽兩岸的閩臺軍民聯繫更為密切。早在1923年臺灣嘉義縣人李思禎已在廈門組織「臺灣尚志社」，名義上是切磋學術，實際上要喚醒民族思想，脫離日本統治實行「民族自決」。第二年以「尚志社」為骨幹，召開「在廈門臺灣人學生大會」，發表宣言書和決議文，寄送臺灣、大陸各地和日本東京。《宣言書》的發表，引起日本廈門總領事館的注意，他們偵騎四出，加以迫害。然而，在廈門人民的支持下，反日鬥爭並沒有停止。不久以郭丙辛為首，招集廈門及臺灣之學生共同組織

「廈門中國臺灣同志社」，兩次發表宣言。宣言呼籲在廈的臺灣人同胞：我們臺灣人並不是日本人，日本人是我們的仇敵，我們臺灣人是漢民族，中國的同胞，應該相互提攜，相互支持。宣言也呼籲廈門的中國同胞：我們應該牢記國恥，永勿忘國恥日，要團結，要奮發，回收國土，撤廢不平等條約，脫離外國羈絆，建立獨立自主的民主國。中國臺灣同志社的第二次宣言，除繼續揭露日本在臺灣的殖民統治和經濟掠奪外，再次呼籲：臺灣同胞啊！倭奴的凶焰，有進無退，在對岸廈門的臺灣同胞，也要受暴日的壓迫，我們已被迫到無容身之地了，應該快和中國同胞協力，來雪恨報仇。

在宣言的鼓舞下，在廈門的臺灣學生，如嘉義李思禎（廈門大學）、彰化王慶勛（廈門大學）、臺北甕澤生、洪朝宗（集美中學）、基隆許植亭（同文書院）、臺南江萬里（中華中學）等人，經過數次的協商，決定組織「閩南臺灣學生聯合會」。1924年4月，在廈門舉行成立大會，到會者400餘人，廈門《廈聲時報》主編代表來賓發表熱烈的演講。同年11月，又在廈門思明教育會館召開聯合會秋季大會，計劃發行宣傳刊物，取名為「閩南臺灣學生聯合會共鳴社」，由嘉義莊泗川、張棟二人任主編。

由於有以上的組織基礎，因此「七·七」盧溝橋事變發生後旅廈臺灣同胞立即發起組織抗日復土總同盟，據1937年8月30日的《江聲報》報導：昨聞留廈臺人部分青年，將聯合呈請我當局予以自新，為祖國效勞，昨日有宋重光、施朱、游新民、葉永隆等，假廈門大中路回生醫院一樓開會，討論恢復國籍效命我中華民國。會議決議：（一）組織：臺灣同鄉抗日復土總同盟；（二）宗旨：本會聯絡有志同胞站在同一戰線，以收失地及力謀我中華民族自由解放為宗旨。根據決議精神，30日下午，召開廈門市臺灣同鄉抗日復土總聯盟第一次籌備會議，出席會議的有許新居、潘文村、王任本、王逸華、王志文、葉永青等40多人。會上，由游新民作組織報告，他說：我們不願在日本帝國主義鐵蹄下過著奴隸生活，我們要和祖國與我們同胞站在同一戰線，爭取我們的自由解放。現在我們祖國已到了最後關頭——全面抗戰，也就是我們臺胞發揮我們熱血的時候了。現在發起組織本會，就是要聯合我們臺胞站在同一戰線，以鐵和血與日本帝國主義作殊死戰。接著，指揮部代表吳明均致詞：今天到會諸君能擴大組織此會，為民族爭取自由解放這是祖國的榮幸。我

們要準備一切，犧牲一切，為中華民族爭取自由解放而戰。

廈門市臺灣同鄉抗日復土總聯盟成立不久，居住在石獅的臺籍醫師周燕福等9人，也聯呈駐泉八十師二三九旅部、晉江縣黨部、晉江縣政府暨第三區署，要求成立石獅同胞抗日復土總同盟。呈文說：竊民等原屬炎黃子孫，或因往臺謀生，或在臺灣淪陷後被迫入日本籍者。數十年來，受日本帝國主義之壓迫，罄竹難書，冀圖復土者再，曾屢次革命，熱血青年殉難者至為壯烈，以後援不繼，革命終不得成功。此次暴日侵略祖國，全國軍民精誠團結，決心徹底抗敵。民等圖報有機，非團結組織共負復土之責不可。查廈島同胞經在政府指導下成立抗日復土總同盟，進行復土救國工作。民等繼起響應，按照廈門組織辦法，籌備組織石獅臺胞抗日復土同盟會，與廈會連成一氣，作抗戰復土運動，懇準於備案。臺胞周燕福等人的申請，很快得到晉江黨政軍當局的批准，於是9月21日下午在晉江召開第一次籌備會。籌委會成立後，開始登記會員及印發宣言，宣言號召：我們要流盡最後一滴血，我們要抗爭到最後一刻，我們要集中力量，在祖國政府領導下統一抗戰，恢復失土。宣言最後高呼：臺灣的英雄民眾們起來，一致殺盡日本獸政府的日本獸兵，最後勝利是我們祖國及臺灣。

隨著全國抗日運動的發展，在福建的臺胞抗日活動更為活躍。1939年臺灣革命青年大同盟，配合廈鼓中華青年復土血魂團在廈門、鼓浪嶼散發抗日傳單，號召臺胞從事革命，探敵軍情況，報效祖國，幫助中華復土血魂團愛國分子，暗殺敵人高級軍官。

在臺胞的抗日活動中，以李友邦的臺灣義勇隊最為著名。李友邦是臺北市人，早年受五四新文化運動影響，參加反抗日本統治的學生運動，被學校勒令退學後，西渡臺灣海峽，到廣州考進黃埔軍校。在孫中山的革命精神感召下，成立臺灣獨立革命黨，自任黨主席。1925年從日本繞道回到臺灣，從此，奔走於臺灣、日本、上海、杭州、廣州之間從事反對日本殖民者活動，一度還被國民黨特務逮捕入獄。在獄中他受到駱耕漠等一批共產黨員的影響，增強了為臺灣回歸而奮鬥的決心和意志。出獄後，在共產黨的大力支援下，1938年在浙江金華宣布將成立臺灣義勇隊。為了擴大隊伍，他帶著《告臺灣同胞書》到福建崇安臺民墾殖區招募臺胞入伍，受

到熱情的接待和歡迎，崇安縣長「以該臺胞服膺祖國參加抗敵工作，表現大民族團結精神，增強抗戰力量，意義深長。經於先一日召開茶話會竭誠招待，並於十日午召集各界舉行歡送大會，熱烈歡送，以資勉勵」。當李友邦提出派車輛接送，補助3個月伙食費（每月每人7元），每人給予軍裝衣褲、鞋靴各兩套的要求時，得到了支援。1942年5月，日寇分五路向金華、蘭溪方向進犯，臺灣義勇隊奉命撤往福建，在閩北浦城作短暫停留，10月再次遷移到閩西龍岩，自此以閩西為基地，在福建人民的大力支持下，開展一系列抗日救國活動。首先，開展各種抗日宣傳工作和社會工作。臺灣義勇隊配合福建各級地方機關開展各種紀念活動。如發動從軍、擴大節約以籌募從軍家屬慰勞金等工作，如他們到福建後，兩次派人到閩南沿海活動：第一次有48人，分三組到漳、泉各縣，宣傳抗日。第二次由李友邦親自帶領第二區隊全體人員到閩西南各地，為軍中文化基金及豫省災救濟金進行募捐公演。第二，蒐集及傳送敵偽情報。他們透過偽裝走私船，密派交通員潛入敵後，利用村民打探消息，潛入敵偽軍或行政機關內供職，暗中打聽消息，潛入敵偽淪陷區各種職業團體，千方百計蒐集敵偽的政治、經濟、軍事情報。據統計，1943年獲取廈、金敵偽動態情報72件，1944年又獲取廈、金敵偽動態情報18件，這批情報的獲得，為福建軍民打擊日偽政權起了一定的作用。第三，直接開展軍事鬥爭。對廈門市的日本侵略軍展開三次武裝突擊，打擊日寇的囂張氣焰，成為福建人民抗日戰場的一個組成部分。

從上可見，臺灣義勇隊的各種抗日宣傳活動，刺探敵偽情報和直接的軍事鬥爭，有力地協助了福建軍民打擊日本侵略者。同時，福建軍民也給臺灣義勇隊各方面的支持和援助。

二

1945年中國人民經過8年抗戰，終於打敗了日本侵略者，取得抗日戰爭的偉大勝利。同年10月25日，臺灣省行政長官兼警備司令陳儀在臺北接受日軍第十方面軍司令長官安藤利吉的投降。從此，被日本占領長達50年的臺灣省，重新回到祖國的

懷抱。

在臺灣光復的過程中，與臺灣一水之隔的福建成為培養收復和管理臺灣的黨政軍幹部的培訓基地。早在臺灣光復之前，福建的有識之士已主動提出要協助國民政府做好收復臺灣的準備工作，1944年4月27日舉行的福建省臨時參議會第二屆第二次大會上，黃謙若、顏子俊、王孝泉、陳村牧等人提出「發動研究臺灣問題，加強民眾認識」的議案。議案理由是：「臺灣原屬本省轄區，其人民多係明朝忠臣移民後裔，至今風俗語言與漳泉無殊，自開羅會議決定歸還中國後，中央對臺灣復歸問題已多方研究，我閩因地理歷史之密切關係，將來在軍事、政治、教育、經濟各方面所負之任務甚重，極應發動研究，加強民眾認識」。為此，議案提出兩條具體的辦法：（一）發動本省專科以上學校多作臺灣問題研究，並通令各中小學於講授史地時，增加有關臺灣材料。（二）本省黨政機關及臺灣黨部應編印臺灣史地（包括臺灣革命史）供應各級黨部、軍隊、學校、社團作訓練及參考資料。此項議案獲大會透過，並決議送請福建省政府查照辦理。同年12月在福建省臨時參議會第二屆第三次大會上，臨時參議會副會長林希謙又再次強調協助收復臺灣，他說：「自從盟機不斷地轟炸臺灣，美軍在菲律賓大舉登陸後，太平洋我敵形勢為之一變，而臺灣收復的時期，亦更逼近。關於臺灣收復後的復員及一切措施，中央固然籌之已熟，可是閩臺原屬一家，我們福建人士，對於臺灣的一切，實負有兄弟相扶持的先天義務，同時中央亦已需要我們福建人士作更進一步的幫助」。

在收復臺灣的準備工作中，人才準備最重要也最困難。1944年5月15日臺灣調查委員會主任委員陳儀給陳立夫的信中認為，「臺灣收復後最困難的問題是人員問題，因為臺灣各機關高級人員幾乎都是由敵人擔任，收復以後，立刻須由中國人接任，這一大批人員的補充真是問題，如何補充，本會正在考慮計劃」。因為臺灣被日本奴化統治50年之久，特別是日本推行「皇民化運動」，強行推行日語教育，使許多臺灣同胞只會講日語或閩南話，而不會說國語。所以會講閩南語成為選拔接受臺灣幹部的重要條件之一，1944年行政院秘書處關於收復臺灣準備工作中明確指出：「訓練儲備辦理臺灣之各項人才，尤以警察及小學教員為重要，以閩南訓練為適宜，稗語言可通」。在臺灣調查委員會座談會上，許多委員也提出要訓練通曉閩南語的接管幹部，有的委員認為：臺灣收復以後在工廠工業方面需要人才，臺灣的

中級人才很多，高級人才很少，行政教育人才需要亦多，現在應即開始訓練。軍事方面應訓練閩南的軍事人才，以備參加盟軍登陸的工作。有的委員提出：應在福建或廣東訓練大批，至少1千人適合臺灣工作之政工人員。

經過一段時間的籌備，1945年1月專門委員胡福相到福建長汀會同中央警校主辦臺灣警察幹部訓練班，不久又遷移到福建三元縣梅列鎮原福建省保安司令部舊址。中央警官學校臺幹班共畢業人數922人，其中福建籍662人，占72%。詳見下圖：

期　　數	畢業時間	畢業人數	籍貫									
			閩	粵	浙	鄂	湘	蘇	桂	皖	晉	贛	台
台幹講習班第一期	1944年10月	36	11	16	3	2		1		1	1		1
台幹講習班第二期	1945年6月	28	15	4	7			1	1				
台班學員隊	1945年10月	75	65	5	3		2						
初幹班第一隊	1945年10月	116	98	13	4							1	
初幹班第二隊	1945年10月	112	90	18	2				1		1		
初幹班第三隊	1945年10月	60	5	39	15								1
初幹班第四隊	1945年12月	128	105	14	9								
初幹班第五隊	1945年12月	117	88	23	6								
台幹班學生隊		250	185	52	11			1	1				
合　　計		922	662	184	60	2	3	3	1	2	1	2	2

除了中央警校臺幹班之外，還舉辦中央訓練團行政幹部訓練班，培養接管臺灣時的民政、司法、工商交通、財政金融、農林漁牧、教育方面的行政管理幹部。行政幹部訓練班的師生也多數是福建人，具體名單，詳見下表。

教師	姓名		籍貫	現任
外國語講師	何孝怡		福建	中央設計局專門委員
	高翰		福建	正中書局編審委員
民政組導師	宋斐如		同安	中央設計局專門委員
財政金融組導師	劉玫芸		福建	四聯總處秘書長
工商交通組導師	張天澤		福建	中央設計局專門委員
司法組導師	李景禧		閩侯	四川大學教授
學員	姓名	籍貫	學歷	現任
民政組	周士弘	林森縣	中國公學政治系	黨政工作考核組
	馬仁波	長樂縣	復旦大學政治系	中央黨部編審
	陳澐齡	莆田縣	協和大學	農林部
	林振漢	詔安縣	中央警校	重慶市社會局

續表

學員	姓名	籍貫	學歷	現任
民政組	郭鋒	林森縣	清華政治系	侍從室第三處
	林頌和	林森縣	福建學院法律系	軍委會
	張振漢	莆田縣	明法大學法律系	外交部
	康玉湖	龍溪縣	中央軍校	軍委會
	陳國犀	林森縣	震旦大學文學系	重慶市
	連震東	龍溪縣	慶應大學經濟系	軍委會
	周點	林森縣	福建學院政治系	中央設計局
工商交通組	張源	詔安縣	廈門大學教育系	西北公路局
	陳永健	林森縣	北平大學經濟系	交通部
	陳壽民	林森縣	早稻田大學經濟系	侍從室
	張邦謨	永定縣	勞動大學機械系	華紗布管理局
	徐積清	林森縣	交通大學管理系	交通部
	李佛續	晉江縣	金陵大學電機系	資源委員會
財政金融組	鄒幼臣	林森縣	廈門大學經濟系	財政部
	林基芳	永泰縣	廈門大學銀行系	財政部
	丘信亮	長樂縣	北平法文專科	郵政總局
	陳際湜	林森縣	復旦大學法學院	國防委員會
農林漁牧組	李兆輝	長汀縣	中央大學水產專科	農林部
教育組	涂宇青	廈門市	南洋華僑中學	台灣革命同盟會
	薛人仰	林森縣	中央大學教育系	中央組織部
	吳國棟	南靖縣	廈門大學教育系	軍委會
	鄭騰輝	惠安縣	莆田高師	軍委會
	沈國英	詔安縣	省立師範	軍委會
	林紹賢	龍溪縣	廈門大學教育系	邊疆學校
司法組	鄭孝良	林森縣	福建政法學校	阜陽地方法院
	陳丞城	壽寧縣	福建學院法律系	建甌地方法院

以上這些閩籍行政幹部在接管臺灣、恢復臺灣行政建制中起了重要作用。

在臺灣光復過程中，除了行政幹部外，中小學教師是福建支援臺灣最大的群體，在光復之前的1944年4月27日召開的福建省臨時參議院第二屆第二次大會第十一次會議上，鄭玉書、顏子俊等人已提交「請中央迅在福建設立特種師範學院培植臺灣小學師資案」。提案認為：「抗戰勝利為期已近，勝利之後，臺灣歸還中國毫無疑問。唯臺、彭兩島被敵占領迄今五十年，臺胞飽受奴化教育，思想中毒已深，

收復之後，人心之改造為當務之急，而改造人心首重教育。查臺灣在戰前有小學一千一百五十餘所，學生三十八萬五千餘名，以每四十名學生需教師一人計，即小學教師九千餘人，或以每一小學需教師八人計，其數目亦復相同。如此大量師資自應由政府廣設學校，加緊培育。又查臺民五百萬中，祖籍漳、泉州占全數百分之七十六，約三百八十餘萬人，祖籍廣東潮、惠兩地占全數百分之十四，約七十萬人，全數不諳國語，僅能採用閩南方言，師資之選擇應以閩南人士最為適宜。故應迅在閩南泉、漳二屬，設立師範學校，造就特種師資，以便抗戰勝利之後，派赴臺灣充任教師，推行三民主義教育，發揚祖國文化」。解決辦法：一、在泉漳屬內設立國立特種師資學校1所，造就大量師資。二、該校應特別注重三民主義的思想訓練，以國父遺教，總裁言論列為必修科目，並應注重臺灣史地之講授。提案人：陳村牧。連署人：鄭玉書、顏子俊等。該項決議獲得臨時參議院透過後，提交福建省政府辦理。為了落實陳村牧的提案，1944年5月15日陳儀寫信給教育部長陳立夫建議在福建晉江設立海疆學校，7月10日陳立夫覆函陳儀，同意在海疆學校培養接管臺灣時的中學師資和行政人員。

由於福建做好支援臺灣師資的準備工作，臺灣光復後立即到漳泉招聘通曉閩南語的各類教師。1946年1月，臺灣省訓練團電請廈門財政局徵聘國語教師。電文云：「財政局楊局長：臺灣省訓練團徵聘國音國語教員多位，以大學出身，曾任高中國語教師，能教注音符號及通閩南語者為合格，待遇從優，旅費另發，請速代登報徵聘逕行赴臺或來榕轉臺」。廈門財政局接到代徵聘國文教師後，經登報徵聘，到1月26日，經查合格者有春浩泉等6人，被送往臺灣執教。2月份臺灣行政公署又委託廈門市政府招選國語教師，廈門市政府接臺省行政長官公署電云：「廈門市政府市長黃，本省接管伊始，國民學校國語教師需要迫切，茲擬在閩南招選240名，以師範畢業年齡在26歲以上，能操國語及閩南語者為限，每人發給旅費3萬元，錄用後薪津以委任9級起支，學驗特優者，得以薦任待遇，請就近代為招選」。據廈門《江聲報》報導：到3月7日廈門市政府已選送第一批28名，第二批65名，從廈門坐輪船赴臺，第三批100餘人也準備赴臺就教。同時，高雄市政府委託泉州新南書社招聘閩南籍小學教師100名。在智力支臺中，以廈門大學畢業生赴臺工作者最為著名，1945年上學期的畢業生，經廈大校長汪德躍介紹到臺灣工作的有會計系林爾芬到會計處就職。機電系張汝湘、錢學新、許益新、章京南、章洪官、林頤壁等6

名去工礦處工作。政治系林幗英、會計系陳人信等多名去民政處工作。銀行系鄧添保等多名去救濟分署工作。1945年下學期的畢業生去臺灣工作的有機電系盧傳曾、薛小生、林南洲、陳俊德、朱思明、翁賢諒等6名去工礦處工作。政治系連茂範、張進才、陳躍南、黃奮志、楊民坊、塗元渠、李陸大等7名去民政處工作。化學系陳振興、李星輝等3名去臺中市政府工作。化學系江培萱、張天仁、陳鴻宅等多名去臺灣工業研究所工作。

除了教師和廈大畢業生去臺灣工作外，還有閩海關職員吳殷選等21人奉總稅務司署電令調往臺灣海關服務。福建鹽務局陳祺等47人到新成立的臺灣鹽務管理局工作。福建郵政局的郵政人員到臺灣工作。大批的福建籍教師、行政管理人員、技術人員到臺灣工作，對臺灣光復初期的社會事業、經濟建設的恢復和發展造成積極作用。

光復初期招商局在臺灣的接收與經營

王玉國

　　招商局創建於1872年，在晚清、民國、新中國都留下了深深的歷史足跡，與民族、國家的命運休戚與共，始終站在時代的前列。1945年8月15日，日本帝國主義無條件投降，被其強行侵占51年之久的臺灣重新回到祖國的懷抱。臺灣光復在中國近現代歷史上具有偉大歷史意義，招商局在臺灣光復前後都積極參與，無論是接收前的準備，還是光復後的接收以及航運的恢復，都發揮了重要作用。

一、臺灣光復前招商局的準備工作

　　1943年11月21日至26日，中美英三國巨頭在開羅舉行會議，商討聯合對日作戰事宜，會後發布的《開羅宣言》指出：三大盟國為制止及懲罰日本侵略而戰，在於奪回日本自1914年第一次世界大戰以來，在太平洋上所攫取或占領的一切島嶼，使日本從中國竊取之一切領土，如滿洲、臺灣及澎湖列島歸還中國。《開羅宣言》發表不久，國民政府就已著手作收復臺灣的準備。收復臺灣，除事先的調查準備工作外，專門人員的訓練極為重要。1944年3月15日。行政院秘書長張厲生向蔣介石彙報時，重點提到「訓練儲備辦理臺灣之各項人才」。陳儀也認為，接管人員十分重要，「必須專業化」。4月17日，臺灣調查委員會成立，陳儀為主任委員，設委員若干名，主要任務是調查臺灣省情，訓練幹部，為收復作準備。8月17日，蔣介石指示中央設計局秘書處，收復臺灣的準備工作「應先從訓練與儲備幹部著手」，要統籌訓練「所需黨務與行政之高級及中級幹部」，並要注意選拔在教育界、工程界的臺灣籍專門人才，具體訓練辦法由臺灣調查委員會擬辦。9月21日，臺灣調查

委員會第六次委員會議正式確定訓練臺灣行政幹部及警察幹部。隨後，陳儀派臺灣調查委員會委員黃朝琴負責物色教官、編配課程。陳儀任臺訓班主任，週一鶚任副主任，錢宗起、夏濤聲、何孝怡、宋斐如等人兼任臺訓班導師，還聘請當時國內一些著名專家如趙乃仲、趙連芳等為各組導師。12月25日，臺訓班第一期開課，招收各機關在職人員，經考試合格錄取120名，分為民政、財政金融、工商交通、農林漁牧、教育、司法六組訓練，1945年4月20日結業。該班共同科目包括臺灣歷史、臺灣地理、臺灣行政組織、臺灣教育制度、日語等，其中臺灣地理課程包括：（一）位置與面積；（二）地形；（三）河流；（四）湖泊；（五）海岸；（六）氣候；（七）居民；（八）民情風俗；（九）物產；（十）畜業；（十一）交通；（十二）城市。臺灣幹部訓練班「注重臺灣現在一切制度及設施之研究」，使各組學員經此四個月短期的學習，對其將在臺灣主管的事務有基本認識；並注重國內制度與臺灣制度的比較，以便學員到達臺灣以後酌量參照應用。

招商局在抗戰期間內遷，1943年4月26日在重慶恢復總局，徐學禹任總經理。徐學禹應邀於1945年3月31日給臺灣行政幹部訓練班學員講授航政。徐學禹先從航業的演進、中國航業的演進以及戰前各國在遠東及中國沿海內河的航業講起，然後重點講授臺灣的航業，最後對戰後世界航業的趨勢加以分析並提出中國應採取的方針的對策。徐學禹指出，「臺灣的航業完全操在日本人手裡」，「日本對於臺灣的航業政策，只在儘量運出臺灣的農產品及原料和傾銷本國的工藝產品，是十足的帝國主義經濟剝削的政策」。徐學禹還列舉1939年臺灣的航線、航行船隻、航行次數、船隻噸位等情況，說明臺灣的航業並不發達。徐學禹透過1939年臺灣的進出口貿易主要商品，總結了臺灣貿易的特點：（一）出口較進口多；（二）出口的全是農產品和原料；（三）進口的多半是交通器材、工藝器材、兵工器材、化學原料及軍火，這些都是為備戰用的；（四）其餘糧食食品飲料煙草及棉織物等，亦多半是為居留臺灣的日本人用的，對臺灣人並沒有什麼好處。（五）這種出超的現象，對於臺灣人並非幸事，卻正充分表現出日本對於臺灣的榨取和臺灣人所受的困苦。進而，徐學禹對臺灣行政幹部訓練班的學員指出，「戰後臺灣回到祖國來，我們當然要把日本人的勢力排除淨盡，但是我們卻絕不會步日本人的後塵，去榨取臺灣同胞，而應該本互助合作的精神，謀共同的繁榮。」徐學禹最後對戰後世界航運業的趨勢加以分析，並提出中國應採取的方針：（一）接收日本的殘餘船隻；（二）沒

收偽組織所用及向偽組織登記營業之私有船隻；（三）租用美國的過剩船隻。透過徐學禹的講授，臺灣行政幹部訓練班的學員對臺灣的航運有所瞭解，尤其是徐學禹提出的中國戰後的應對方針，同戰後接收及發展中國航運基本一致。

臺灣自甲午戰爭之後，被日本侵占長達51年之久，由於海峽阻隔，日本殖民者控制森嚴，訊息交流困難。在國民政府籌備收復臺灣的工作中，臺灣調查委員會透過各種渠道蒐集來有關臺灣省情、民情，完成了大量的調查研究工作，促進了接收準備工作迅速展開，使國民政府能夠正確、有效地統籌復臺工作。招商局在籌備臺灣光復的工作中，積極參與臺灣行政幹部訓練班的工作，講授臺灣航政，為臺灣光復後的接收及航運的恢復做出了應有的貢獻。

二、臺灣光復後招商局參與接收工作

1945年8月15日，日本無條件投降。8月25日，招商局即擬訂《接管敵偽船隻辦法》12條。10月，經國民黨行政院敵偽產業處理局同招商局商定，凡敵偽有關水運的產業和船舶均由招商局統一接收，再由該局與敵偽產業處理局協商分配處理。10月，招商局由重慶遷往上海，陸續恢復長江沿海各埠分局及辦事處，並恢復各線營運。12月1日，交通部成立全國船舶調配委員會，劉鴻生任主任委員，盧作孚任副主任委員，徐學禹任秘書長，主要負責統一調配全國國營與私營船舶，辦理復員運輸及接收敵偽船舶事宜。

臺灣在日據時期處於殖民地的地位，由日本人設立總督府統治，一切行政管理均與日本本土有異，於航政方面採取港航合一制。臺灣光復後，國民政府設立行政長官公署主理臺灣省區行政，公署下設交通處，在基隆、高雄分別設立港務局，沿襲日制，航政事務由港務局主理。10月，行政長官公署又設航務管理局，掌理臺灣地區航路標識、船舶勘驗等航政事務，並在基隆、高雄兩港設辦事處，分別辦理各轄區內航業行政監理業務，形同地方局，而未受交通部轄屬。1946年8月，航務管理局撤消，其基隆、高雄二辦事處復併入當地港務局，在局內設航政組管理航政事

務。

　　臺灣光復初期,對日本人及臺胞的船舶並沒有及時予接收管理,由臺灣往來船舶大多為機帆船兩用汽船,往往以軍事徵用名義載貨來往,航行秩序無法維持。招商局福州辦事處主任王濟賢提出,「請臺灣長官公署組織機構清查是項船舶之所有權,日本之船舶或臺人之船舶均應予以分別處理」,「由長官公署給予證書之後方準航」,並請求將200噸以上船舶,由長官公署撥交招商局維持福州、臺灣及廈門間航線。招商局鑒於臺灣與大陸間交通的重要,於1945年12月12日設立臺北分局,由陳德坤負責。陳德坤1946年1月21日在給胡時淵副總經理的信中寫到:「臺北為本省政治、經濟、交通之中心,過去如此,現在亦如此。故省屬船運處及通運公司……似應設於臺北,而在基隆、高雄二港分設營業一所。目前先成立基隆營業一所,將來業務發展再設高雄營業一所。」不久,在基隆、高雄分別設立辦事處,分別由黃慰庭、白標第負責。截至1948年,招商局臺北分局及基隆、高雄兩辦事處共有職員42人,其分配如下表:

招商局在臺職員統計表

局處別	管理人員	理貨人員	棧埠人員	電台人員	合計
台北分局	12	1		2	15
基隆辦事處	7	4			11
高雄辦事處	5	5	5	1	16
共計	24	10	5	3	42

　　資料來源:《臺北分局工作報告(1945.12-1948.3)》,上海海運局(二類)檔案B015-454,招商局檔案館藏。

　　招商局在臺灣建立辦事機構的同時,還積極接收敵偽地產。基隆港在日據時期棧埠設備頗臻完善,擁有碼頭十八座及附屬倉庫,均由當地港務局管理。第二、三號碼頭為日本郵船碼頭附有二層倉庫(計四間)各一座;第七、十二號碼頭附有冷藏倉庫供堆儲出口水果魚類之用;第十四、十五、十六、十七、十八號碼頭均附有三層倉庫一座,底層歸鐵道局,二層及三層歸臺灣倉庫株式會社分別運用;第一號

碼頭為港務局海關辦公所在地,第四號為軍用碼頭,其餘碼頭均無附倉庫,供煤斤堆積裝卸之用。太平洋戰事爆發,基隆由於其主要物資吞吐港及海軍基地的地位,成為美軍轟炸的首要目標,港灣設施,無一倖免。臺灣光復後,先將該棧埠交基隆市港務局接管。但第一號碼頭已破壞,第十八號碼頭前有沉船一艘,尚未撈起,均不能使用;第十一、十二號碼頭淤泥塞積,吃水太淺,不能靠泊;第七、十二號冷藏庫停止使用。裝卸工具則有三噸起重機十架及卅五噸流動起重機一架可以使用,但限於當地工人工作能力平均每船每日,裝卸不能千噸。而「基隆市完整房屋僅存十分之一強」,招商局覓址困難,無適當地址可供辦公使用,「一面商由省交通處嚴處長令飭港務局代為籌覓,一面暫在臺北市北門町七番地前日東運輸株式會社原址辦公。」在招商局的努力爭取下,基隆港務局撥給招商局二樓大小辦公室各一,1946年1月30日正式遷入。招商局總經理徐學禹與臺灣省交通處處長嚴家淦商定,將大阪輪船會社樓下全部撥給基隆辦事處,並就各輪船會社所屬宿舍撥出十棟,作為員工宿舍。日據時期,高雄為日本南進的跳板,高雄港規模宏大,設備完善,戰時港埠建設破壞嚴重。光復後,招商局鑒於高雄港的重要性,並為協助恢復繁榮起見,經擇定該港第六、七兩號碼頭被炸倉庫之廢墟,斥資興建一層及雙層倉庫各一座,共計容積21961噸,於1948年3月間竣工。招商局在臺灣省交通處的協助下,先後接收敵偽航業地產多處,具體如下表:

臺灣光復後招商局接收地產一覽表

產業名稱	坐落	建築物	原來機關
台北分局辦公房屋	北門街	鋼骨水泥西式樓屋	大阪商船株式會社
基隆辦事處房屋	火車站對面	自建鋼骨水泥三層樓屋	基地,原屬日本郵船會社
基隆辦事處職員宿舍	同上	日式平房	大阪商船株式會社
高雄辦事處房屋	新濱町	自建三層磚瓦西式樓屋	基地,購自高雄港務局
高雄倉庫	新濱町	自建一層及二層鋼骨水泥石庫各一棟	同上

資料來源:沈仲毅主編:《國營招商局七十五週年紀念刊》,國營招商局七十五週年紀念刊編輯委員會,1947年,第38頁。

在臺灣回歸中國前,日本在臺灣省設立的輪船公司共有7家,在臺灣航運最盛

時期，7家公司的船隻共達63艘，計333700噸。臺灣光復前，這7家公司所有留在臺灣的船隻，均毀於戰火，或被盟軍炸沉，或自行鑿沉以封鎖港口，航運停頓。1945年11月，國民黨政府臺灣省交通處處長嚴家淦派員接收7家公司的資產。1946年1月，臺灣航業公司籌備處成立，一方面利用接收僅存的機帆船，先行恢復省際航運，一方面撈修沉船，以壯大航運實力。根據當時國民黨政府規定，凡屬敵偽輪船公司的資產，統由國營招商局接收。1946年1月1日，敵產「大雅丸」經由交通處航務委員會在基隆港舉行典禮，改名為「臺北」號。該輪構造為日本戰時設計之載貨輪船，於1944年9月在東京石川島造船所完成，船身總長為136.5米，寬18.2米，深12.1米，總噸數為6923.10噸，登記噸數4927.57噸，最大載貨量為9000噸。該輪鍋爐原係燒油，後改用燒煤，每日耗煤量約為35噸，最大速率為13.1海里，該輪「運日俘回國後，將航行本省及本國各口岸」。招商局先後撈修沉毀敵船，「較大者有臺北、臺南、臺中等號」，此外，還接收「勝島丸」和「千歲丸」，分別改名為「飛臺號」和「飛高號」。招商局除了參與船舶的接收外，還利用臺灣船塢設備完善及工價低廉等積極參與船舶的維修，先後有國寧、海宇、海浙、海皖、海黃、海魯、飛高、飛臺在基隆維修。但材料缺乏，工作遲緩，有時不免浪費船期。

招商局在抗戰中作出了巨大貢獻，也蒙受了巨大損失。據統計，因日軍狂轟濫炸和大肆擄掠，加上塞港沉船，招商局共損失大小輪船、躉船、駁船73艘，計8.9萬總噸，其運力被日軍摧毀2／3以上。到抗戰勝利前夕，招商局只有大小船隻18艘，計23841噸。抗戰勝利後，招商局「係唯一之國營航業機構」，積極參與臺灣的接收工作，打撈各類船舶，接收地產，招商局經濟實力得到迅速增強，為臺灣光復後的運營恢復奠定了基礎。

三、臺灣光復後招商局的營運

臺灣光復後，招商局高度重視對臺航線，相繼恢復了臺北、基隆、高雄航線，發展了滬臺、臺日航線。這些航線運輸，包括臺鹽、臺煤、臺糖、大米、玉米、水泥、桐油等大宗散貨以及日本的戰爭賠償物資，並接運僑胞回國，同時將日俘、日

船員運送回日本。滬臺、臺日輪運在招商局沿海貨運中占有重要地位。招商局「開辦滬高線班輪，指派海遣、海隴兩輪常川行駛」，「滬基線自中興、華聯兩輪停駛後，旅客頗感不便，為適應社會需要起見」，「海黔輪經總局指定為基滬線定期班輪，已自七月廿八日開始班期，自滬開出，卅日抵達基隆，八月三日自基返滬。此後定每月之八、十八、廿八日自滬開基，三、十三、廿三日自基開滬。」基隆貨運從四百餘噸，增至二千六百餘噸，「打破基隆港每月來各公營及民營輪船一次承運量之記錄」。

招商局恢復對臺航線後，積極投入對臺航運的同時，還代理其他輪船之進出口業務，致力承運土產及特產、民生物資煤糖鹽糧、林產品、礦產品及肥料、工業品及機器鐵路材料等。臺灣是中國最重要的甘蔗產區之一，臺灣的製糖產業在經濟建設中扮演重要的角色。因此，糖運是招商局承運的重要內容之一。臺灣糖業公司擬將存糖大量運銷香港及南洋各埠，以拓展海外市場，換取外匯。招商局「與臺灣糖業公司簽訂承運臺糖合約，凡該公司出口之糖」，統歸招商局承運，並由招商局「分一部分交臺航公司及基滬線中興、華聯、民眾等班輪承運。」從1948年3月7日至6月15日，「陸續派輪至高雄承運」，「共計運出12470噸，計香港4600噸，新加坡1550噸，檳榔嶼800噸，曼谷1670噸，Port Swettenhan 850噸。」臺糖公司花蓮港存糖7000餘噸，7月，先後運糖4800噸赴上海、200噸赴天津、1300噸赴高雄，「花蓮存糖已全部運清」。煤運是招商局承運的另一項重要內容，廣東省政府委託招商局承運運粵之煤，「每月一萬三千噸」，起初招商局船隻不敷調配，「故大部分均交臺航公司承運。」但臺灣航運有限公司船隻常有損壞，不能按期運清。1948年7月，招商局「調派海黔運2250噸，代理輪懷遠運2200噸。」8月，調派海吉及代理輪懷遠、福民、福祥、新亞洲、臺中等輪，加緊裝運，共計運出17467噸。除糖運、煤運外，招商局還積極參與臺鹽、水果、水泥、茶葉等物資的運輸。「臺省鹽務局將於十月份起，由高雄及布袋兩港運鹽九萬五千噸至漢口及岳州」，招商局高雄辦事處派員前往接洽，其中久大、大業、安華、鼎昌、怡生等十一家，已與招商局簽訂運約。臺灣省鋼鐵公司每月有生鐵一千噸，從基隆運往上海，招商局派員前往洽談，臺灣省鋼鐵公司因招商局「海黔輪班期準確，已允全部交該輪承運」。招商局1946—1948年承運及代理貨運情況如下表：

招商局輪出口貨運統計表

貨別	1946年	1947年	1948年1－5月
煤	10926.00	19598.00	20450.00
糖	54587.47	58038.87	58040.32
鹽		3525.00	2465.00
茶葉	1306.90	207.08	
水果	2562.38	1027.66	
木材	952.16	417.33	530.77
水泥	3000.00	2385.72	14000.00
軍品	7204.50	1195.65	554.11
其他	6784.66	18443.95	6732.62
共計	87324.07	104839.26	102772.82

備註：表內所列軍品一項，僅係零星附運之軍品，其整船裝運之部隊軍品糧秣等均不在內。

資料來源：《進展中之臺北分局業務》，國營招商局：《業務通訊》第77期，1948年6月16日。

招商局代理貨輪出口運統計表

貨別	1946年	1947年	1948年1－5月
煤	2445.00	117789.50	101835.00
糖	5136.58	2514.74	19056.78
鹽		5000.02	16460.00
茶葉	591.48	202.86	
水果	844.57	151.16	
水泥			11500.00

續表

貨別	1946年	1947年	1948年1－5月
燃油		23930.00	24005.00
其他	128.88	7769.50	4839.50
共計	9142.51	157357.78	177696.28

資料來源：《進展中之臺北分局業務》，國營招商局：《業務通訊》第77期，1948年6月16日。

招商局不僅將臺灣物資運到大陸，還積極運輸島內所急需的物資。「臺灣鋼鐵機械公司在上海有鐵礦砂1423噸」，急需運臺應用，即由招商局派海滇輪承運，於1948年6月3日抵達基隆。臺灣鋼鐵機械公司在大冶採購鐵礦砂4000噸，也由招商局臺北分局與該公司訂約承運，由鄧鏗、海吉兩輪各運2000噸抵達基隆。臺灣糧食局從上海委託進口大批肥料，以供農民施肥之用，也委交招商局承運。第一批進口豆餅2500餘噸，由海隴輪運抵基隆；第二批由海津輪承運950噸，海穗承運532噸。948年8月來，自上海運進貨物，計有豆餅1234噸，日本賠償物資250噸，自青島運進礬土2050噸，自連雲港運進礦砂4000噸，自沖繩島運進物資1100噸，共達8634噸。臺糖公司花蓮港糖廠需要「肥料及煤炭共萬餘噸，至為迫切」，招商局臺北分局為適應該公司的需要，「派B型輪陸續自基隆運煤炭及肥料赴花，現已運煤炭及肥料共5098.55噸」；7月，「再派海穗輪自基隆載運煤炭1200噸赴花，又鄧鏗輪自基隆載運煤炭肥料1800噸赴花」。透過招商局的貨運統計可以看出，臺灣光復後，國民政府並非僅將臺灣大量物資到大陸，也將大陸的物資運往臺灣，促進臺灣的恢復與重建。

招商局除了承擔兩岸的貨物運輸外，還承擔著繁重的軍運任務，「以軍公運輸為主。所有航行船隻，十之八九調充軍運」。臺灣駐軍的調防與整船軍品之運輸，除極小部分由其他輪船裝運外，其大部分悉由招商局負責。1946-1947年，招商局在臺灣擔任軍運船隻共約三十艘，載重約十餘萬噸。而在客運方面，因招商局沒有專供搭客的海輪行駛於臺灣，僅在貨輪附裝搭客設備，且無定期班輪，所以客運業務發展緩慢。臺北分局運送普通旅客，1946年度計3906人，1947年度計6972人。臺北分局在1945年12月到1946年12月的經營中，業務進款合計215679205.62元，共有31艘船舶投入運營，其中海黔、延閩、仲愷、國寧和海康號，分別航行24、27、30、31和60次，業務繁忙可見一斑。

招商局在臺灣經營的同時，還積極加強臺灣、福建和廣東之間的運輸，1948年招商局總公司專門頒布《招商局總公司加強臺閩粵航運辦法》，其中關於臺北分公司，規定：（一）派海穗行駛基隆——廈門——福州線，每月往返4次。（二）派

廷樞行駛基隆（或灣高雄）線，每月4次（以上兩輪均可由基隆運煤赴廈，由榕運木材駛基，兼可疏運旅客）。（三）派鄭和、登禹兩輪行駛基隆——廣州線，每月約各三次，按月可運濟粵煤15000噸。（四）派培德、執信兩輪行駛高雄——南洋、荷印、緬、菲各埠，並積極與APL加強聯繫，簽發聯運提單，俾臺灣貨物可以運銷英美各地。（五）派利106鐵駁另1000噸等級鐵駁一艘前往基隆候用。以上各輪由臺北分公司負責調度。

臺北分局「一切端賴自力更生」，「每遇局輪到埠，一應寄泊裝卸等事，均須俯仰隨人，影響業務」，招商局的海宇、海皖、海浙等六艘及臺北分局的飛高、飛臺二小輪先後在基隆維修，「材料缺乏，工作遲緩，有時不免浪費船期」。因此，陳德坤致信招商局副總經理胡時淵，「如能設法一、二千噸之輪只二、三艘，常川行駛臺、滬、閩，當足應目前之需要。」但總體而言，臺灣光復後，招商局積極開展在臺運營，開闢對臺航線，承擔貨運、客運及軍運任務，在一定程度上加強了兩岸的溝通及聯繫。

結語

臺灣的光復是在抗日戰爭勝利的大背景下進行的，招商局又一次站在時代的前列，對臺灣問題始終給予了高度關注。徐學禹的《中央訓練團臺灣行政幹部訓練班航政講義》，不但讓臺灣行政幹部訓練班的學員對臺灣航運有了基本瞭解，提出接收臺灣應注意的問題，還為臺灣接收及重建做了展望。臺灣光復後，招商局又積極參與日偽船舶及敵產的接收，建立臺北分局及高雄、基隆辦事處，開展對臺運營，開闢對臺航線，運送人員物資，促進了臺灣航運業的復興與發展，加強了兩岸的交流與溝通，在一定程度上為招商局1949年的遷臺工作奠定了基礎。

「二二八事件」中的本省人與外省人

陳孔立

關於「二二八事件」時期本省人與外省人的關係問題，有這樣一些結論性的看法：

李敖指出：「二二八的事件就是在一九四七年二月二十八號，臺灣發生了一個民變，發生了以後臺灣人就殺外省人，連殺了十天。然後外省人的增援部隊到了臺灣，又開始殺臺灣人。殺臺灣人的過程裡面，這些軍人他不曉得誰該殺誰不該殺，結果臺灣人檢舉來殺，所以最後一段就是臺灣人來殺臺灣人，整個的故事就這麼個故事。」

賴澤涵等在《「二二八事件」研究報告》中指出：受難的臺人，自信並無反叛政府的行為，卻死於祖國軍警的鎮壓，或秘密處決，有的則因軍隊的掃射成為冤魂。大陸籍人士並非盡皆貪官汙吏，而部分人士卻成為代罪羔羊，為不法群眾盲目攻擊，因而傷亡。

顯然，當年國民黨當局殘酷鎮壓了臺灣民眾，當今的國民黨主席馬英九承認那是「官逼民反」，為此，他代表國民黨向受難者親屬表示道歉。至於在這次事件中，外省人被毆打、殺害應當也是事實。但是，臺灣出版的一些著作卻不講或少講本省人毆打、殺害外省人，只講外省人鎮壓、屠殺了本省人，並強調本省人保護了外省人；於是，有的言論則認為不應當抹殺外省人被本省人毆打和屠殺的事實，這一部分受難者也應當得到平反。有一位「二二八事件」的親歷者寫信給我，迫切希望歷史學者能夠把「二二八」的真相告知後人。

二二八事件發生時，我還是福州一所中學的高中生，在我的記憶中，當時有親戚在臺灣的福州人，紛紛打電報去臺灣，電報局裡擠滿了人，電文卻幾乎一樣，只有兩個字：「安否」？事件之後，有大批外省人回到福州，報上說「福州旅臺者紛紛逃回」，他們「飽歷臺變驚險」，而「留臺者均急於求去」。這是當年作為臺灣鄰居的「外省人」對二二八事件的一種「記憶」。

楊渡《二二八的六個最基本問題》一文指出：「今天臺灣研究二二八的人，彷彿只有一種聲音，卻忘記了臺灣人也曾是暴動的發動者、加害者。在二二八的歷史裡，本省人外省人都有受害者。如果事情只有一種面向，歷史怎麼會有真實？和解，應該是一種互相傾聽、互相瞭解的過程，而不是單向的。」這個意見值得重視。

是的，究竟本省人有沒有毆打、殺害外省人？為什麼本省人要打殺外省人？為什麼又要保護外省人？是誰打殺外省人？時間多長？死傷多少？當時外省人與本省人的關係究竟如何？這些歷史的真相有必要給予釐清，如果有意掩蓋真相，「歷史的傷痕」將永遠無法撫平，「二二八事件」的處理就不能得到比較完滿的終結。

百尺竿頭，何不更進一步？

一、本省人有沒有毆打、殺害外省人？

臺灣學術界對於這個問題有三種不同的說法，第一種是不講毆打殺害外省人的事實，他們對「二二八事件」的講述主要從3月8日開始；第二種是指出了「毆打」「辱罵」外省人的事實；第三種則指出外省人被殺害的事實。

黃秀政等所著的《臺灣史》指出：「此時民眾遷怒外省人，因此在臺北、基隆、板橋等地開始有民眾毆打外省人，從2月28日至3月5日實為外省人在臺灣最艱苦的時期（當然此一期間也有不少臺人保護外省人）。」

戴國輝著：《臺灣總體相》指出：「一看到外省人，就處以私刑，還襲擊外省人經營的店鋪，逞兇加暴。」「曾經是日本人向包括漢族系臺民在內的中國人呼喝的『清國奴』的罵聲，如今居然由本省人嚮應該是同胞的外省人亂罵一通。」

戚嘉林著：《臺灣史》則指出了外省人被殺害的事實：「瘋狂毆殺迫害外省人」，「腥風狂襲臺北外省人」，「許多外省人橫遭凌辱毒毆，慘死異鄉臺北」，「外省人哀號、求饒、僕地、呻吟、濺血、橫屍、斷魂」。

賴澤涵等：《二二八事件概述》在「說明十九」中提到三月一日在臺北：「不少外省人無端挨打」，「盲目排斥外省人的暴動」，「據聞，外省人被打死者至少有十五人，有些被木棍打成癱瘓」。

其實，在當年發表的原始資料中，有關外省人被打、被殺的記載俯拾即是。被臺灣學者李筱峰稱為「有良心的中國記者」唐賢龍，在他所著的《臺灣事變內幕記》中就有觸目驚心的記載，沒有必要一一引述。近年來臺灣又發表了不少口述歷史，也提供了相關資料。事實證明，被打、被殺的主要是外省一般民眾，而不是貪官汙吏。正如當年的《新聞天地》所報導的：「他們沒有目標的看見外省人就打，結果呢，原先作為對象的高貴大員絲毫無損，而遭殃的卻是餓不死吃不飽的小公務員、商人、婦孺。」

因此，歷史的真相應當是：

當時確實出現過「毆打」「殺害」外省人的事實。

只承認「毆打」不承認「殺害」是不夠的。

如果連「毆打」都不承認，那更不符合歷史真實。

可是，至今臺灣仍然有些人對此卻視而不見，在他們的文章、談話中，極力掩蓋、抹殺或不承認這些歷史事實，企圖歪曲歷史真相，實在令人遺憾。

二、是哪些人毆打、殺害外省人？

以下原始資料記載了毆打、殺害外省人的人，但說法有所不同。

一是流氓。參加「處委會」治安組工作的湯德章問臺灣籍刑事：「到底是誰在打外省人，刑事說，都是市內的流氓，於是他（湯）就叫了各地友頭（角頭）來開會，向他們拜託，並說，不可以當土匪搶人，我請大家來幫忙。」

二是前臺籍日本兵。「二二八爆發首日，主要的行動者是失業的前臺籍日本兵，穿著日本軍裝，戴著日本軍帽，模仿日本士兵喝斥的語調。」

三是流氓和失業的臺籍日本兵。「據研究，在事件中痛打外省人的，多數是臺灣本地的流氓和從海南被日軍徵召入伍而在戰後返臺失業的臺籍士兵。至於廣大善良的臺灣同胞卻是保護外省人的。」

四是有「浪人」參加。「那些從海南島回去的兵，從福建回去的浪人，行動最為凶暴。」「施暴動粗的，主要有兩種人：一、為戰後由海南島、大陸各省以及南洋各地回來的、原日本軍『志願兵』、徵兵、軍伕等。二、為福建一帶及火燒島回來的浪人流氓。」「我們被一群浪人攔車盤查，為什麼稱他們為浪人呢？因為他們都是一副日本打扮：頭綁日本巾，手持武士刀。都是五十歲以下之壯丁，二三十人一夥，攔人攔車查問。我們廈門也講臺語，因此未遭毒手，但當時我親見車外兩位男子被盤問砍殺的整個過程。」

五是失業工人、饑餓百姓。「一些蟄伏良久的流氓地痞，和由海外返退伍軍人，以及大多數失業的工人，饑餓的老百姓，更迅速糾集起來，到處毆打外省人。」

六是青年學生。「在這次事跡中，鋒頭最健、也最傻瓜、最可憐的應是忠義服務隊和學生了（忠義服務隊也以學生為主要分子），這些大中學生（有的還是未成年的小孩子）『不知』也可以說是『樂於』被人利用。」「他們打了自己的同胞兄

弟,學生打了先生、同學。」

七是有日本人。「日本朝日新聞談到了,它說,二二八事件中,擔任學生代表及忠義服務隊副隊長,現為二二八關懷協會總聯絡的這個廖德雄談話,談到了當時有一百多個日本人死掉。」「有日本人介入了二二八事件,在鬧事。」

以上原始資料表明,參加毆打、殺害外省人的,不單純是那些「流氓、浪人、臺籍日本兵」,也有一些本地民眾,特別是青年學生參與了行動。同時,根據記載,當年某一位臺灣省籍高級知識分子也主張「應該加諸於大陸人的暴力,以及對公務員的傷害,來表達極端的憤怒」。

李敖說:「我將這些資料告訴大家,二二八今天絕對被簡化成外省人殺臺灣人是不對的,因為臺灣也殺外省人,並且這裡面還有日本人介入,有美國人介入。這些真相我們搞清楚以後,才發現它不是那麼簡單的一個案子。可是只有我們這種歷史家這麼有耐心的,把這真相一點一點掏出來,才知道二二八不是今天所說的那麼簡單,二二八原來有國際的背景,其中有日本人和美國人。」他說明了事件的複雜性。

我想,如實地把當年打人的人和主張打人的人說出來,可以看出,除了一些流氓浪人、退伍日本兵以外,還有一些普通民眾和青年學生,支持者還包括某些「知識精英」。指出這一事實,目的不是為了說明這些人都是「壞人」,而是為了說明事件的複雜性。他們之所以會有這樣的思想、會被人煽動或自覺參與這種行動,不是用簡單的理由,諸如「受到奴化教育」、「先進文化與落後文化的衝突」,或是「打不到大的貪官汙吏,便拿毫無保障的小公務員出氣」的說法就可以解釋的。

應當指出,即使是「穿著日本軍服、掛著日本指揮刀」的,也不都是壞人,有這樣的事例:三月七日在從臺南開往臺北的火車上,有些本省人拿槍對準外省記者進行檢查。這時,有一個穿著軍服、掛著日本指揮刀的臺灣人說道:「他們(指記者們)都是好人」。並解釋說,這次人民運動完全是要改革不良政治,檢查的原因是怕你們有武器,怕共產黨破壞鐵路。外省記者在文章中表達了對這位「穿日本軍

服」的本省人的謝意。

　　由此可見當年本省人與外省人關係的複雜性。所以，對於這個問題，需要從臺灣特殊的歷史背景、當年國民黨政府對臺灣的統治，以及臺灣同胞的複雜心態，做綜合的研究，才能得到正確的認識。不要對複雜的問題做出簡單的解釋。

三、持續了多長時間？死傷多少人？

　　毆打、殺害外省人，持續了多少時間，也有不同的記載：

　　一是只有一天。「以外省人為主要洩憤對象，包括基層公務人員。但這現象很快在第二天就被制止了，也就是二月二十八出現打外省人的情況，到二月二十九這個現象就被有志之士制止了。」（按：當年沒有二月二十九日，應是三月一日）「到了3月1日，毆打外省人的事就沒有了。」

　　二是只有兩天。「毆打外省人之情況，以二月二十八日下午的臺北市最為嚴重，三月一日又持續了一天，以後就很少聽到了。」

　　三是延續到3月5日。「從2月28日至3月5日」。

　　美國駐華大使司徒雷登向國務卿報告，3月4日臺北來電說：臺北沒有再發生攻擊外省人的事件，但島上其他地方仍有騷亂不安之情形。

　　四是幾天。「二二八事發的幾天後，臺灣的士紳出面組織二二八事件進程委員會穩定局勢，這種報復性的騷動也較為少見了。」

　　五是一星期。「至少一星期時間」，「殘酷地毆打外省籍的官員和老百姓，其中也有因傷重致死的。」

六是十幾天。「在事變的十幾天時間裡，最主要的一件工作應是打『阿山』也。」「十幾天裡，學生出盡風頭，連十幾歲的學生也參加行動。」

上述說法，有的是明顯錯誤的。即使在臺北也不是只有一天、兩天，《二二八事件研究報告》指出：「三月五日，（臺北市）秩序已經完全恢復」，「治安也顯著好轉，盲目毆打外省人的暴行已減少」。

其他地區三月五日以後情況，在《研究報告》中有如下記載：

「（高雄）暴徒奸黨及陰謀分子，即乘機煽惑學生、無知民眾與失業青年，供給武器，使其四出騷動，搶掠外省人財物，將外省人集中看管。」

「三月五日下午五時，有十餘名激進民眾，帶著槍、刀、手榴彈到（高雄）招商局宿舍，將全體人員拘捕，集中管理，並洗劫財物。」

三月六日，宜蘭蘇澳公路，「沿途各站均有暴民攜帶武器，登車檢查行旅，凡遇外省人即予扣留毒打。」

花蓮「三月五日事起之初有公務員四人（本、外省各二人）遭毆輕傷。」

從以上記載，可以看出，毆打、殺害外省人的情況，基本上在三月五日已經得到制止，而在邊遠地區，則還可能有個別的事例。吳濁流回憶說：三月五日「臺北市可以說完全鎮靜下來，但地方卻相反地陸續在紛亂中。」還有的報導說：「在偏僻地區仍間或有一些流氓乘機搶掠外省人的財物」，「外省人仍不敢在街上走動」。

總之，毆打外省人大約持續了六、七天的時間。「十幾天」的說法，也沒有確切的史料根據。

此外，對於外省人被本省人毆打、殺害的人數，也有多種說法：

一是死亡147人。「外省人死亡合計為147人」。

二是傷亡400多人。「中央社報導：到3月3日止，臺灣人傷亡一百人，外省人傷亡約四百人。」

三是1300人。「據估計傷亡的人數至少是一千三百人」。

四是二、三千人。「從2月28日至3月7日左右，街上、公交車、火車、汽車、腳踏車上被打死的外省人就有二三千人之多，也有不少良善的臺灣同胞不怕冒險地搶救掩護不少外省人。」

五是死亡398人。根據朱浤源的研究，當年被「暴民」加害者，死亡398人，失蹤72人，受傷2131人。作者同時引用民進黨當局二二八基金會的「受難人數」：死亡673人，失蹤174人，受傷1237人。他的結論是：「2月28日開始的短短幾天之內，政府及民眾被暴徒傷害的，高過後來3月6日之後較長的時間中，政府軍被迫出兵平亂，所造成傷亡的人數。」這個看法是否正確，還有待證實。

總之，究竟有多少人在二二八事件中傷亡，至今尚未有明確的結論。至於外省人的傷亡人數，估計也難有定論。儘管如此，故意誇大和縮小傷亡數字都是不可取的。正如當年著名本省籍人士丘念臺所說的：「地方當局透露，外省籍同胞被暴民殺死幾千人；而民間卻說事變期中，臺民死傷近萬。根據我的調查訪問，雙方實際傷亡數字，不及上列傳說的十分之一，乃至不及百分之幾。他們為什麼要誇說死亡數字呢？難道死多了人變成為有理的一方？這種故作誇大的做法，大概是亂世變態心理的表現吧。」

難道時至今日，這樣的「變態心理」和「誇大做法」還要繼續下去嗎？

四、本省人怎樣保護外省人？

有關本省人保護外省人的事實，臺灣、大陸的不少出版物都給予肯定。《臺灣史》指出：「有不少臺人保護外省人」；《簡明臺灣史》指出：「廣大臺灣民眾由保護了外省同胞」；《臺灣二二八事件檔案史料》指出：「許多外省籍公教人員、商人、學生都受到臺灣同胞的保護」。原始資料、口述歷史以及臺灣省專賣局的檔案中都詳細記載了有關事實，有些事跡十分感人。以下列舉一些事例。

（一）本省籍著名人士

作家吳濁流說：「二二八事件是個不幸的事件。這個時候最重要的是保持冷靜，不要迫害外省同胞。」

作家楊逵說：「二二八發生時，外省人都不敢出來，我就把他們安排在一家旅館保護。」

牧師黃武東說：從廈門、汕頭來的外省會友被打得遍體鱗傷，「我乃設法讓他們先洗浴，讓他們換過衫褲，在傷處敷藥，然後漏夜帶他們到已接收的西門教會牧師宿舍中躲藏。」

國民參政員林獻堂將財政處長嚴家淦保護在自己家中的故事，更是作為典型事例，廣為流傳。當時林獻堂以自己的生命為嚴家淦做擔保，他說：「這個人對臺灣是好的，你們要嚴家淦的話，先要踩過我的身體才可以過去。」不僅如此，當臺中等處的外省籍公務員被暴徒拘禁於集中營，並決定全部殺光時，林獻堂發出警告：「你們如果把外省籍的公務員殺光，國軍來了就要把臺中的人民殺光」，九百多個外省籍公教人員的性命才得以保全。

（二）平民百姓

許多史料記載了這些事實，指出：「大多數臺灣老百姓依然是很善良的，並且在重重嚴密的監視當中，還想盡方法來保護外省人」，「許許多多的本省家庭保護了外省同事、老師、朋友」，「有很多臺灣人暗地保護外省人，否則將有更多外省人傷亡」。在臺中一帶，有200多名外省教員受到本省人的保護，有的躲到本省人的親戚家中。當年的《新聞報》指出：「幸賴大多數良善臺胞發揮同胞愛，用各種方法保護外省人」，「自二月二十八日至三月十五日，散處全島外省人多仰賴良善臺胞私人保護，這種高情厚誼使身受者永誌不忘」。

下面是一些事例：

廈門人何志聰說：他的父親當時的鄰居是一家魚販夫婦，他們吩咐父親不要外出，有人來時，可從竹籬小門逃到他家的田園裡躲避。「那扇籬門拯救了父親一命」。

「本省人王先生兄弟冒著危險，領我們到他家避難。王家的人把僅有的米煮成稀飯給我們吃，而他們則用地瓜粉煎粿吃，這種情形實在令人感動。」

當時就讀師範學校的張永福回憶，他下課時發現有人在打「阿山」（外省人），趕緊趨前把人架開，還說：「貪汙那有輪到他們的份」。他再晚一點，那人就會被打死。

有一個臺灣人，帶著幾個外省人跑到中山堂去躲避，結果被亂民擋下來，幾個外省人自然不能倖免，連帶路的臺灣人也一併被打死。

一個外省人被本省人追逐，一位姓王的臺灣人出來救助，令其躲進他太太的房裡。追逐者要搜他的家，王不肯，被打得遍體鱗傷，但依然橫臥在門口，不讓人進去。等到王已奄奄一息時，追逐者湧入搜尋，終未發現。這個外省人倖免一死，但姓王的本省人卻已氣絕身亡。

失業人員吳深潭保護新竹縣長朱文伯的事例也很感人。當朱被打重傷時，吳把他安置在朋友家裡加以掩護，但又不便送入醫院或請醫師治療，就去購買藥物，施

行緊急治療。第二天戒嚴，常有槍聲，為安全起見，又趁夜化裝，走避吳家，藏匿四天。吳出外探聽消息，不幸被流彈所中，右手折斷兩指，左手手掌穿洞，流血很多，但沒有絲毫怨言。

臺南曾文區民眾保護區長丁名楠（陳儀的外甥）的事例也很典型。丁在當地有很好的名聲，二二八發生時，當地年輕人將他保護起來，保證他的安全。當「國軍」到來時，丁要當地青年放下武器，他會保證他們的安全。可是有人當場端起槍，拉開保險，準備向他射殺。這時持槍者的家屬反而靠攏到丁的周圍進行保護，這樣才化解了「一場箭在弦上的危機」。後來，丁名楠遵守他的諾言，軍隊到來時，他保證曾文區沒有任何衝突，當地百姓沒有傷亡。

楊熾昌回憶說：他的好朋友（臺南）市參議員翁金護，為了保護外省人，將他們安置在今康樂街，安排住宿，準備膳食。但後來卻被以「監禁外省人」的罪名被捕，「好心被雷打」。

新營鎮長沈義人回憶說：為了收容外省人，他向各界募款買東西，去募款的都是婦女會的成員。事後政府卻說這是欺侮外省人，讓他們失去自由，是犯法行為。

（三）「集中保護」

有些地區對外省人採取了集中保護的措施。例如，高雄旗山地區由士紳召開治安維持會，保護外省人安全，乃將之集中青年旅社。嘉義中學的老師、學生做飯、送飯到收容所，照顧外省人。宜蘭縣將外省人集中於開化樓給予保護，並設立救護所，救護傷患。虎尾區則本省人陳明崙帶領外省人到中山堂集中，加以保護，其他人不敢欺負。高雄的澎湖同鄉會和三青團收容了不少外省人，並為他們療傷。臺中師範的師生收容了二百多名男女老幼的外省同胞，加以保護照料，地方人士捐助白米，用十幾口蒸汽飯鍋，炊出乾飯，由市婦女會合作，捏成飯糰，配以醃菜、蘿蔔乾，每天三頓，按口配給。

至於高雄第一中學，也集中保護了外省人。但卻有不同的記載。一種是正面的，即「集中保護」，「學生們還是給他們東西吃，只是暫時將他們隔離而已」。另一種則是負面的，即「集中看管」，認為所謂「集中保護」，實為「拘禁」。當軍隊到達時，發現校舍的窗口上有一些外省人被綁在那裡當人質。在嘉義，被「集中保護」的外省人經常受到斥責和鞭打，有1400多名外省公務員和家屬被集中拘禁，當做人質。在臺中，外省人則被「集中看管」，「不準自由行動，每天只給杯大的飯球兩顆，且時被流氓毆辱」，甚至強迫外省人唱日本國歌。新竹縣把外省人拘禁在大廟、警察局官舍、忠烈祠後山，有五個女眷被強姦。

　　以上資料表明，本省人保護外省人是無可辯駁的事實，有的甚至為了救助外省同胞，犧牲了自己的生命。但是有些情況則比較複雜，需要具體分析，既不要全面肯定，也不要全面否定。

五、外省人怎樣保護本省人？

　　有關這方面的情況，一般論著很少提到，但在原始資料中卻有所記載。曾可今的《臺灣別記》寫道：「有很多臺灣人暗地保護外省人，否則將有更多外省人傷亡。同樣，當國軍鎮壓時，確有誤殺和濫殺臺人，而當時也有很多外省人出力救援。」此外，還有如下的說法：「在國府部隊開始鎮壓後，外省人回過頭來保護本省朋友」。「善良的本省同胞保護外省同胞不受流氓暴民打殺，甚至因此而犧牲生命。而善良的外省軍民也保護本省同胞免遭誤殺」。當年的機密文件顯示，常常有多位外省人聯名保證幾位本省人，親手用毛筆署名寫下：「以生命擔保，本省人某某未來不會有問題」。

　　《彰化縣二二八事件檔案彙編》中有七名外省人聯名陳情警方，要求將「保護我等外省同胞之性命」的本省人釋回。「在溪湖，六名福建、一名廣東人聯名向員林區警察所長陳情，說楊金等這些人熱心公益，事件爆發之後『勇敢力為、日夜奔走，保護我等外省同胞之性命』。然而，軍方卻來捕人。六人說，他們願意連名具

保」。「擔保臺灣籍商人楊金，愛祖國護民，絕無聚眾毆人等行為」。該書編撰者呂興中指出，在本省施暴、外省人清鄉的同時，不乏彼此保護的。

一個外省人說：「三月五日前後，國府軍隊來了，抓了一群人要我們指認。我覺得與這些人無冤無仇，雖認得其中數人，但是我跟軍隊說：『他們是無辜的，並未參與』」。

本省人許成章回憶說：他的弟弟的鄰居擔心發生戰爭，開始挖防空洞，部隊來時，以為他們要反抗，把他的弟弟和鄰居一家老小都趕到市政府要槍斃。有一個較高階的軍官查問以後說，老人、小孩怎麼會反抗？要將其釋放。他的弟弟不敢回去，擔心又要被抓。要求軍官帶他們回去。軍官答應了。「可見軍隊中也有講理的」。

逃難到臺中師範、受到保護的外省人，多替臺中師範師生說好話，沒有一人被檢舉，人們都說這是「善有善報」。受到本省學生曾重郎保護的新竹中學校長辛志平，在「國軍」到來時，也保護了曾重郎，並且幫助他逃過殺身之禍。國民黨省黨部主委李翼中，則極力擔保本省籍知名人士蔣渭川的清白。

「國軍」到達臺灣以後，大多數外省人沒有對本省人採取報復的行為。一個曾經被打的外省人說：「我雖然被打三次，幾乎被打死，但我不想報復，我原諒那些臺灣人的幼稚和盲動。假使冤冤相報，仇恨越積越深，從此便永無寧日。」

但是，也有「少數心存報復的軍警，以射擊人命為兒戲，有時將善良的臺灣人當成『暴徒』來處決，任意予以擊斃」。

有關這方面的資料，顯然比本省人保護外省人的資料為少。但也體現了本省、外省民眾之間互相關心和互相幫助的事實。當然，社會是多樣的，相互關係也是複雜的。只講任何一面，都是片面的，不能全面地反映歷史的真實。

六、幾點看法

從以上事實可以看出，在二二八事件期間，本省人與外省人都是國民黨政府的受害者，同時，本省人與外省人之間也存在著複雜的關係。概括地說，他們的關係是這樣的：

　　（一）由於臺灣回歸不久，本省人和外省人的經歷不同，文化上存在差異，彼此相處比較陌生，難免因各種差異而產生一些矛盾，但在「二二八事件」之前，他們和平相處，並不存在對立的情緒，更沒有什麼仇恨。陳明忠回憶說：當時並沒有本省和外省的觀念，本省學生喜歡從大陸來的外省老師。

　　（二）當年接收臺灣的國民黨政府，在大陸上已經相當腐敗，即將下臺。他們統治臺灣不到兩年，就因貪汙腐敗導致民間的強烈不滿。一般不明真相的臺灣民眾把國民黨當局的統治視為「外省人」的統治。有人認為「由於外省人大多居於『能夠貪汙』的職位，因而『打倒貪官汙吏』在一定程度上變為『打倒外省人』」。「不少民眾把對於政府的不滿投射於外省民眾身上，造成外省民眾無辜受害」。一位歷史學者指出：「外省人之所以慘遭毆打、侮辱、搶劫，甚至喪失了生命，考其原因乃源於臺灣人對政治不清明忍無可忍的一種行動，原本『報復』的對象應該是有限的貪官汙吏，及不守紀律的駐軍，而不是廣泛的公教人員與善良的百姓，因此行為難免過激」。在這種情況下，與本省民眾並無衝突的無辜的外省同胞成為國民黨政權的替罪羊。

　　（三）在二二八事件初期，對外省人造成傷害的，有流氓、浪人，但不僅僅只是流氓、浪人，有一些普通民眾，特別是青年學生也參與了毆打、侮辱、拘禁等行動，甚至有些「知識精英」也主張對外省人施加暴力，因而到處出現了「打阿山」的狂熱。由此可見，把責任完全歸於流氓、浪人，而否認本省人的任何過錯是不符合事實。當年由本省籍各界人士組成的「處理委員會」對此已經表示了遺憾：「二二八那一天有一部分外省同胞被毆打，這是出於一時的誤會，我們覺得很痛心，那也是一個我們同胞的災難，今後絕對不再發生這種事件」。因此，在評論一段歷史時，至少應當承認本省人有過「過激行動」，這對外省人來說，可能是比較公平、比較可以接受的。

（四）與此同時，許多本省民眾保護了外省人，外省人對此心存感激，永誌不忘。其中有的體現了彼此間同事、師生、鄰居等等的情誼，有的體現了同胞愛，有的則是善良人性的表現。各人的思想和動機不同，不要簡單地或誇大地把它一律歸入哪一類。

（五）「國軍」到達以後，本省人受到殘酷的鎮壓，濫殺無辜的情況十分嚴重，國民黨政府是有罪的。外省人則沒有罪。有人說，「在初期，本省人打了外省人，後來，外省人打了本省人」。這種說法如果不是無知，就是有意煽動省籍衝突。打殺本省人的不是外省人，而是國民黨當局，作為打手的外省來的軍警，執行的是國民黨當局的命令。這個罪狀不應當歸到外省人身上。當然也有少數外省人乘機報復，透過檢舉，傷害本省人，他們是有罪的，但與大多數是外省人無關。

（六）從當年本省人與外省人關係的主導面來看，一般老百姓是互相關心、互相幫助的。當時，人們都承認這樣的事實：「二二八事件時，曾有不少臺灣人保護外省人，事件後，亦有不少外省人伸手援助臺灣人」。從事「二二八事件」研究的學者許雪姬指出：「在二二八過程中，本省人、外省人互相救助的故事很多，應該從這個角度著手（考察）」。這個意見是正確的。

本省人與外省人都需要有正確的「歷史記憶」。我們回顧這段歷史的目的，首先，是還歷史本來的面目，做出公平的正確的結論，以免有人有意歪曲、掩蓋、篡改，為特定的政治目的效力；其次，讓大家看到當時本省人與外省人關係的主導面，一般民眾是友好相處的、互相救助的，這個精神值得發揚，而不應當「記仇」，那樣，對臺灣社會的和諧是不利的。

（七）現在，本省籍的「二二八事件」受難者已經得到平反，而當年受難的外省人，卻還沒有得到公正的對待。應當補償他們的不是本省人，而是國民黨當局，因為受難的外省人是當年國民黨政府的替罪羊。

現在，現任的國民黨主席已經向二二八事件受難的臺灣同胞道歉，他是否也應當向受難的外省人道歉呢？

從電文往來看「二二八事件」中的陳儀和蔣介石

鄧孔昭

在1947年臺灣的「二二八事件」及其善後過程中,臺灣省行政長官陳儀和南京的中華民國總統蔣介石之間有許多電文往來。這些電文,反映了陳儀和蔣介石在處理「二二八事件」及其善後問題時的態度和辦法,是研究「二二八事件」的重要資料。本文在介紹這些電文的基礎上,分析陳儀與蔣介石是如何處理「二二八事件」及其善後的,以及他們在處理一些問題時態度的異同。

一

陳儀與蔣介石在「二二八事件」中往來的電文,原收藏於臺灣的「大溪檔案」。現在我們可以見到的一個較為完整的版本,是臺灣「中央研究院近代史研究所」編的《二二八事件資料選輯(二)》中的「臺灣二二八事件(大溪檔案)」。另外,臺灣省文獻委員會編印的《二二八事件文獻續錄》中的「國民政府檔案(大溪檔案)」也將全部目錄和部分原件刊出。根據這兩種資料,「二二八事件」中陳儀與蔣介石往來電文主要有:

1.1947年2月28日陳儀給蔣介石的電報。主要內容是:「臺省防共素嚴。唯廿七日奸匪勾結流氓,乘專賣局查禁私煙機會,聚眾暴動,傷害外省籍人員。特於廿八日宣布臨時戒嚴,必要時當遵令權宜處置」。

2.3月5日蔣介石給陳儀的電報。內容是:「已派步兵一團,並派憲兵一營,限

本月七日由滬啟運」。

3.3月6日陳儀給蔣介石的信函（由國民黨臺灣省黨部主委李翼中赴南京面交）。主要內容是：詳細報告事件「經過情形」、「原因分析」、和「處置態度」。在報告「經過情形」中，陳儀認為，「現在雖尚有人散布謠言，希圖再發生暴動，但據職推測，臺北不致再有大問題。……新竹縣市秩序已可恢復。臺中、臺南等縣市，亦已派員前往處置，如無意外事故，預計短期間內可望平息」。在「原因分析」中，陳儀認為，這次事件發生的原因相當複雜，一是從海南島和內地潛入的共黨分子的乘機破壞；二是留用日人的乘機搗亂；三是日本時代御用紳士和流氓心懷不滿；四是臺灣一般民眾缺乏國家意識；五是臺灣光復之後用人和接收工作有不能令人滿意之處。「自二月二十七日事情發生，奸黨、御用紳士等即乘機鼓動，排斥外省人，反抗政府。緝私誤傷人民，就事論事，本甚簡單，民眾如有不滿，請願可也，提出意見可也。但此次事件發生以後，即發生下列行為：毀壞公私器物，毆打外省人（此次外省公教人員吃虧甚大），散布謠言，奪取槍械，包圍縣市政府，可知其決非普通民眾運動可比，顯係有計劃、有組織的叛亂行為」。在「處置態度」中，陳儀報告說，「此次事情發生後，職之處置甚感困難。就事情本身論，不止違法而已，顯係叛亂行為。嚴加懲治，應無疑義。唯本省兵力十分單薄，各縣市同時發動暴動，不敷應付。……如果依法嚴懲，勢必引起極大反響，無法收拾。為顧及特別環境，不得不和平解決。……此後對付臺灣之態度，對於多數民眾，應改變其封建思想，並改善政治，使其對政府發生信心，不致為奸黨所蠱惑。對於奸黨亂徒，須以武力消滅，不能容其存在。關於前者，可依照憲法規定，予臺灣以法定之自治權，縣市長可先試行民選。為滿足一般人之希望，不妨將長官公署改組為省政府（因許多人均以長官制度為詬病，雖然其優點甚多），俾容納本省之較有能力者。……為應付目前情勢，在不妨礙國家民族利益之範圍內，對於臺胞之政治要求，只能從寬應許。……為保持臺灣使其為中華民國的臺灣計，必須迅派得力軍隊來臺。如派大員，亦須俟軍隊到臺以後，否則，亦恐難生效力」。

4.3月7日陳儀給蔣介石的電報。內容是：「蒙派21D師部及步兵一團及憲兵一營來臺，無任感激。唯照目前形勢，奸匪到處搜繳武裝及交通工具，少數日本御用紳士利用機會煽動，並集合退伍軍人反對政府，公然發表叛亂言詞並以暴行威脅公

正之參議員及地方人士，使其不敢說話。職因兵力太少，深恐一發難收。明知長此下去，暴徒勢焰日盛，再（原文如此——筆者注）不敢以強力即予制止。現著黨部李主任委員翼中，於今（七）日午前已乘空軍飛機晉京，面報經過情形。職意一團兵力不敷戡亂之用，擬請除21D師全部開來外，再加開一師，至少一旅，並派湯恩伯來臺指揮。在最短期間，予以徹底肅清」。

5.3月7日蔣介石給陳儀的電報。內容是：「廿一師師部直屬部隊與第一個團，本日正午由滬出發，約十日晨可抵基隆。據報鐵路與電力廠皆已為臺民盤踞、把占，確否？果爾則部隊到基隆登陸後之行動，應先有切實之準備。近情究竟如何？應有最妥最後之方案，希立即詳報」。

6.3月7日陳儀給蔣介石的電報。主要內容是：「鐵路與電力公司多數員工均係臺民，一有事，即決不為我用。部隊到基隆之行動，已在準備中。目前我因限於武力，十分容忍。廿一師全部到達後，當收斧亂之效」。

7.3月7日蔣介石給陳儀的電報。內容是：「據美使館接其臺灣領事來電稱，請美使即派飛機到臺灣，接其眷屬離臺，以為今後臺灣形勢恐更惡化云。美使以此息告余，一面緩派飛機，一面覆電問其領事究竟如何雲。又接臺灣政治建設促進會由外國領館轉余一電，其間有請勿派兵來臺，否則，情勢必更嚴重云。余置之不理，此必反動分子在外國領館製造恐怖所演成。近情如何？盼立復」。

8.3月7日陳儀給蔣介石的電報。主要內容有：「此次事件有美國人參與。反動分子時與美領事館往來，美領事已發表種種無理由的反對政府言論。反動分子目前最大詭計，是使臺灣兵力愈單薄愈好。職三次廣播對暴動事件從寬處置。對政治問題，省府切實容納本省人，縣市長可民選，多數人民均甚滿意。但反動分子又造謠言，謂臺人既毀擊殺傷外省人很多，政府必不會如此寬大。此種廣播隊（原文如此——筆者注）係一時欺騙。又謂政府正在調兵，將大肆屠殺，臺民不以之抵抗，將無噍類。又謂須將國軍軍械放棄。反動分子想借此謠言，煽動人民，使人民由猜疑而恐懼，要求政府勿派兵。一面卻隨時搶奪軍火槍械，自二月廿八日以來，因警局、倉庫等守衛力太單，被劫槍支已不少。臺灣目前情形表面似係政治問題，實際

反動分子正在利用政府武力單薄之時機，加緊準備實力，一有機會隨時暴發，造成恐怖局面。如無強大武力鎮壓制裁，事變之演成，未可逆料。仍乞照前電所請，除廿一師全部開來外，至少再加派一旅來臺。至美國大使館方面，請其通知臺灣領事，為顧及國際信義，勿為臺灣反動分子所惑」。

9.3月7日蔣介石給陳儀轉俞樵峰的電報。內容是：「臺灣近情究竟如何？鐵路與電力廠是否已為反動暴民把持？善後辦法如何？希詳商後速報，或請樵峰兄乘飛機回京面告亦可。今日已先派海軍一艘，由滬出發來基隆，歸陳長官指揮矣」。

10.3月8日陳儀給蔣介石的電報。主要內容是：「俞樵峰魚日搭中興輪經汕返滬。此間情況，樵峰兄大致明了」。

11.3月8日蔣介石給陳儀的電報，內容是：「今日情形如何？無時不念，望每日詳報。李主委昨已晤見，現正研究處理方案。茲已派海軍兩艘來基隆，約九、十各日分期到達。廿一師第二個團定明（九）日由滬出發。劉師長與李主委明日飛臺，面詳一切」。

12.3月8日蔣介石給陳儀的電報。內容是：「各處倉庫所存械彈約有幾何？請詳報。與其為暴徒奪取，不如從速燒燬。此時應先作控置臺北、基隆二地之交通、通訊與固守待援之準備。臺南則固守，高雄與左營勿失為要。日內即有運輸登陸艇二艘駛臺，可派其作沿海各口岸聯絡及運輸之用。基隆與臺北情況，每日朝午夕作三次報告為要」。

13.3月8日陳儀給蔣介石的電報。內容是：「（一）、昨午後七時，（二二八事件處理委員會）代表十五人來見，欲提出：政府各地武裝同志應交出武器；警備司令部須撤銷；陸海空軍人員一律用本省人；由處理委員會接收長官公署等四項要求。職不與討論，即嚴詞訓斥。今日午前，該會復派代表四人（係省市參議員）到職處謝罪，不敢再提此種要求。（二）、憲四團第三營及廿一團之一營，由閩乘海平輪來，今（八日）晚可到基隆。（三）、基隆港灣昨晚職已劃歸基隆要塞司令管轄，今午前雖有暴徒十餘人沖入，已予拘捕，現在秩序甚好。今晚憲兵登陸，當無

問題。（四）、今日臺北秩序尚好。處理委員會內部已起衝突，現正發生分化作用，一俟劉師長廿一師之一團開到，臺北即擬著手清除奸匪叛徒，決不容其遷延坐大」。

14.3月8日陳儀給蔣介石的電報。內容是：「灰日（10日——筆者注）國軍抵臺時，為防省民惶惑，相繼而滋事端，亟需空軍數隊，於本（三）月十日起，以國防部名義印就傳單，在臺灣上空散擲，以釋群疑。傳單內容：（一）、信賴陳長官，合理改革政治。（二）、青年學生趕快回校，努力學業，培成建設新臺灣的真正人才。（三）、大家安心復業，勿輕信謠言，勿受人煽動，勿犧牲自己的良心和生命，作野心家的工具。（四）、中央政府派部隊來臺，係接日軍隊伍的防務，專為保護人民的安全，希鎮靜，勿惶恐。（五）、二二八沉痛的事件過去了，決不追究，望大家協助政府恢復秩序。（六）、人民應有守法的精神，來促成憲政的實施。除電空軍周總司令外，務請照辦」。

15.3月9日陳儀給蔣介石的電報。主要內容是：「軍械庫並未被劫，唯被服糧秣及日用品倉庫被劫去半數」。

16.3月9日陳儀給蔣介石的電報。主要內容是：「美駐臺領館及外僑均已保護。並派員聯絡，請釋廑念。今午後二時，美大使館遞信員一人已安抵臺北」。

17.3月9日陳儀給蔣介石的電報。主要內容是：「（一）、楊監察使於齊夜與憲兵兩營同到基隆。今日拂曉自基隆至臺北，途中被暴徒襲擊，幸仍安抵臺北，僅傷隨員、憲兵各一。（二）、基隆、臺北間鐵路、公路之交通，已在控制中。（三）、臺北、新竹、花蓮各縣市秩序已恢復，高雄市經要塞彭司令勘定，業已確實控制」。

18.3月9日陳儀給蔣介石的電報。主要內容是：「（一）、齊（八日）夜十時後，暴徒襲擊臺北園（原文如此，「園」應為「圓」——筆者注）山丁一帶，激戰一小時擊退。（二）、本行署及總司令部亦偷襲，經還擊驅散，市內街路均有騷動。（三）、憲廿一團、四團各一營已於齊夜在基隆登陸，今日拂曉五連推駐臺

北,餘留基隆」。

19.3月9日陳儀給蔣介石的電報。主要內容是:「劉師長已到臺,手諭讀悉,此間一切措施,當本鈞座指示辦理。基隆港防務已鞏固,軍隊可安全登陸。基隆至臺北鐵路與公路,因大多數員工均係臺人,目前尚難完全掌握,正在設法中。松山機場及高雄港已由我控制。張學良住地目前尚不致被襲。臺北亂黨尚在企圖暴動,並煽動民眾,俟第一個團到達後擬即戒嚴。對美領事當遵辦。公務員編隊事擬暫緩,因易刺激本省人,供亂黨煽動資料。臺灣事處理特別困難,本省人受日本影響較深,對內始終隔膜」。

20.3月10日陳儀給蔣介石的電報。主要內容是:「(一)、廿一師一四六旅九團於佳夜到達基隆,現正陸續進駐臺北中。(二)、佳午暴徒數百圍攻臺北水道町電臺,與我駐兵一班接觸,經增援於午後四時擊退。(三)、佳晚八時戒嚴後,臺北市郊平靜。(四)、臺中、嘉義尚在待援中」。

21.3月10日蔣介石給陳儀的電報。內容是:「聞廿一師第一個團已到臺北,未接報告,甚念。昨今二日情勢與部隊到後之處理辦法,希隨時詳報」。

22.3月10日陳儀給蔣介石的電報。主要內容是:「(一)、昨今情況已詳寅佳午未申及寅灰辰署機四電。(二)、廿一師第一個團已全部用火車運抵臺北。其第二個團乘一〇二號登陸艇亦已開到基隆口外。(三)、二二八事件處理委員會圖謀叛逆,今已令撤銷」。

23.3月11日陳儀給蔣介石的電報。內容是:「美大使館遞信員一人於佳日飛臺,業經電報在案。該會鐸上校於今午十時三刻自臺北松山飛返京」。

24.3月11日陳儀給蔣介石的電報。主要內容是:「查本省應內運械彈,已集臺北基隆部分,正利用回空輪裝運中。其餘存儲中南部暨屯留數以外之械彈,俟交通恢復暨聯勤總部核定數到後,即行集運」。

25.3月11日陳儀給蔣介石的電報。主要內容是:「廿一師師部及四三六、四三

八兩團已完全到達，此後肅奸工作即應逐步推進。俟廿一師其餘兩團到後，全省治安即可恢復。擬徹底清除奸黨、倭奴禍根。留用日人，一俟全省穩定，即當悉數遣回。現軍事上已有把握，請舒鈞念。唯因抽調問題須急解決，其著手是改組長官公署為省政府。唯臺灣情形與各省不同，下列各點不能悉照省政府組織法辦理：（一）、省政府名額照組織法只能設十一人，擬請增加二人，為十三人。（二）、建設廳不設，改設工礦、農林、交通三廳。（三）、增設警務處。（四）、長官公署原設機要室、人事室、統計室及法制委員會、設計考核委員會照舊，直隸省府主席。（五）參事仍舊。以上五項擬請鈞座即予核準，俾可從速提出人選，本省人十六，外省人各占半數，著手改組。是否有當？請祈鑒核示遵」。

26.3月12日陳儀給蔣介石的電報。主要內容是：「海湘輪自閩載廿一團之一個營，於今晨七時抵基隆。臺安輪自滬載廿一師一四六旅旅部及直屬部隊，於今午後一時抵基隆」。

27.3月12日陳儀給蔣介石的電報。主要內容是：「（一）、白部長真日派何司長孝元、張秘書亮祖飛臺，經將此間情形詳告，已於今午原機飛京。

（二）、臺中、嘉義、臺東各縣市，尚待戡定中」。

28.3月13日蔣介石給陳儀的電報。內容是：「請兄負責嚴禁軍政人員施行報復，否則，以抗令論罪」。

29.3月13日陳儀給蔣介石的電報。主要內容是：「已遵命嚴飭遵照」。

30.3月13日陳儀給蔣介石的信函。主要內容有：「臺北日來已見平靜，正在戒嚴，以搜查亂徒。俟二十一師到齊，即可向各縣市推進，軍事當無問題。……此次事變，表面似發生於緝私傷人，但三四日間騷亂暴動即蔓延全省，而且勢焰甚凶，奸黨之預有計劃，絕無疑義。然檢討得以乘隙惑亂之原因，不外下列七端：（一）、臺人……愛國觀念、民族觀念薄弱，易受煽動，（二）、一年以來，因新聞言論過於自由，反動分子得以任意詆毀政府，離間官民，挑撥本省人與外省人之情感。……（四）、臺灣公營制度……只因商人及資本家尚未認識清楚……不斷反

對……奸黨利用之，以助長毀壞政府之聲勢。（五）、駐臺兵力過於單薄，無法嚴厲彈壓。臺籍警察走避一空，散失槍械，增長亂源。（六）、臺灣因非接戰區域，不能援用軍法，普通司法寬大緩慢，不足以懲巨凶，奸黨因得肆無忌憚。（七）交通及通訊員工多為臺人，事變時無形停工，增加政府困難。為根本消除禍患，使不再發生變亂計，謹呈善後辦法八項：（一）、軍隊除要塞部隊外，經常有一師駐臺……（二）、司法手續緩慢，而臺灣情況特殊，擬暫請適用軍法，使得嚴懲奸黨分子，以滅亂源。（三）、為順應臺人心理要求，長官公署可以改組省政府……（七）加強國語、國文、公民、史地教育，改造臺人思想，使其完全中國化……（八）、財政經濟仍須維持原有政策，不能改取放任態度，但方法可以改善，人事可以調整……總之，治理臺灣，因其五十一年來之歷史，已與各省不同，實非容易，此次事變為一大教訓。以後政治當力謀適應實際，但治標的軍事與治本的教育，為國家民族計，必須把握。至於財政經濟，為施政的命脈，亦不能放鬆」。

31.3月14日蔣介石給陳儀的電報。內容是：「請湛侯兄即速來京，面報一切為盼」。

32.3月17日陳儀給蔣介石的電報。內容是：「此次臺灣變亂……職智慮短淺，不能防患於未然，深用負疚。現行政長官公署改組省政府之際，謹乞鈞座念職衰老，不堪再膺繁劇，準予辭去臺灣省行政長官兼警備總司令本兼各職，另選賢能接替」。

33.3月17日陳儀給蔣介石的電報。內容是：「職對此次事變決意引咎辭職，不能再留。唯繼任人選必須審慎以後。臺灣政治經濟如不能利用固有基礎，積極推進，則財政將困難，民生將痛苦。奸黨亂徒乘機煽動，以臺胞國家思想之薄弱，山地之多，又係孤島，恐非少數兵力所能維持。職以為，軍政兩方面必須選任有為之青年。警備司令擬請以李良榮繼任。省政府主席擬請以蔣經國或嚴家淦擔任。職鑒於臺灣前途之危機，為使其永屬於中華民國計，務請鈞座採納愚見」。

34.3月18日蔣介石給陳儀的電報。內容是：「收復臺灣，勞苦功高。不幸變故突起，致告倦勤，殊為遺憾。現擬勉從尊意，準先設臺灣省政府。至長官公署，須

待省政府成立，秩序完全恢復時，準予定期取消。唯此時仍須兄負責主持善後，勉為其難也」。

35.3月18日陳儀給蔣介石的信函。主要內容有：「職霰（十七）酉電呈請以李良榮任臺省警備總司令，經國兄任臺省政府主席，度蒙鈞鑒。職為國家計，為臺灣計，臺省政府主席人選，殊屬萬分重要。倘人選得當，此次事變，轉可因禍為福，否則，後患仍屬堪虞。聞將以朱一鳴兄充任臺省政府主席，職實期期以為不可。一則一鳴雖不無才幹，但思想太舊，缺乏現代知識。……二則現在臺灣擔任財政、農林、工礦、交通等各主管人員，皆屬一時俊逸，懷事業之心而來，延攬時煞費苦心，若省政府主席不能志同道合，必定煥然星散，致各種事業大受影響，甚至不堪收拾。三則臺灣人對福州人感情極惡亦可顧慮。一鳴生長福州，雖欲不用福州人，事實上恐亦甚難。至經國兄雖為職理想中之人選，但昨夜今晚兩度徵求同意，經國兄均堅決拒絕，不肯應承。職不得已而思其次，擬請以吳秘書長鐵城充任，並以現任財政處長嚴家淦調充秘書長」。

36.4月2日陳儀給蔣介石的信函。主要內容是：「臺省善後問題，關於軍事、政治、經濟、教育、交通各項，職已按照此間實際情形與白部長熟籌審議。茲謹將堪充省政府委員臺籍人選開呈鈞鑒」。計開12人，分別是：丘念臺、劉啟光、徐慶鐘、林獻堂、謝東閔、游彌堅、王民寧、李連春、韓石泉、南志信、劉明、林頂立。「如省政府委員定為十五人，擬請就右列各人中選7人，如定為十九人則選9人」。

37.4月7日陳儀給蔣介石的電報。內容是：「本省日僑光復後工約三十一萬人，魏得邁將軍建議兩次遣送，尚留三千六百餘人。此次事變發生，更感日僑決不宜留用。……為清除日本遺毒，消滅叛國隱患計，所有留用日僑，擬於四月底以前全部遣返，不留一人」。

38.4月11日陳儀給蔣介石的電報。主要內容是：「臺變時並無捕殺無辜情事……（四）、查自二二八事件發生起至二十五日國軍一部到達之期間內，全省陷於混亂狀態，奸宄暴徒仇殺狙擊，無法防止。無論外省人及本省人，在此期內傷亡

失蹤事件，迄尚無從確報。據臺北衛生院收埋不知姓名之道途遺屍，計有四七人，可以概見。（五）、自國軍到臺，防務加強，白部長亦於寅篠莅臺，秩序即行恢復。所有懲捕人犯及處理情形，均經當面詳晰陳報，並承指示辦理。原報所稱二十九日至廿一日（原文如此——筆者注）期間，多人被殺及不問情由槍決格殺各節，純屬奸徒憑空捏造」。

39.4月15日蔣介石給陳儀的電報。內容是：「兄欲來京述職，請暫緩來」。

40.4月16日陳儀給蔣介石的電報。主要內容是：「茲遵諭暫緩來京」。

41.4月21日蔣介石給陳儀的電報。內容是：「臺省主席人選已決定為魏道明。原有各廳處長務望連任，不多變動，請代慰留。軍事人選尚未決定，擬待省府改組完成後再定。關於省府委員與正副廳處長人選意見，請速電告，俾能於廿三日以前發表也」。

42.4月21日陳儀給蔣介石的電報。主要內容是：「（一）、臺省府委員十五人，除魏主席外，本省外省各半，廳長六人本省二，外省四。（二）、其人選如下：本省委員七人，擬選劉啟光（兼民政廳長）、林獻堂、游彌堅、謝東閔、南志信、李連春、劉青黎（兼農林廳長）等。外省七人，擬選週一鶚、嚴家淦、範壽康、包可永、任顯群、壽連芳、張延哲等。唯委員兼秘書長，魏伯聰兄當另有人。農林廳長擬用本省人，故張延哲、壽連芳二人不連任委員亦可。（三）、警務處長王民寧、會計處長王肇嘉擬留任。四副廳長人選擬俟委員廳長發表後再定」。

43.5月6日蔣介石給陳儀的電報。內容是：「請兄先回京，面商一切。何日起飛，盼復」。

44.5月6日陳儀給蔣介石的電報。主要內容是：「（一）擬令彭孟緝於辰蒸（5月10日——筆者注）就臺灣□□□（省警備）司令職。（二）職定辰真（5月11日——筆者注）飛京，乞派飛機來接」。

以上電文，並非「二二八事件」中陳儀和蔣介石之間往來電文的全部。有些電

文,不知何種原因沒有保留下來。例如,陳儀在3月6日給蔣介石的信函中說,他「自二月二十八日臺北事情發生以後,曾有兩電報告」。但我們只看到了2月28日的電報,另一個電報,據賴澤涵總主筆的《二二八事件研究報告》稱,「第二次電文係於三月一日發出」,但「內容不詳」。認為從2月28日至3月5日,陳儀總共給蔣介石發過兩封電報,這是根據陳儀的話作出的第一種理解。根據陳儀的話還可以有第二種理解,那就是,所謂「曾有兩電報告」中的「兩電」只是報告事件發展情況的,關於其他問題的電報並沒有包括在內。根據第二種理解,從2月28日至3月5日,陳儀給蔣介石的電報就不是2封,而可能是2封以上的許多封。實際上,在「二二八事件」的前6天,陳儀只給蔣介石發2封電報是很難想像的。另外,據柯遠芬《臺灣二二八事變之真相》中稱,2月28日「午後六時左右,由南京飛來專機一架,攜來蔣主席手諭一件,詳示處理原則,內容要點:一、查緝案應交由司法機關公平訊辦,不得寬縱。二、臺北市可即日起實施局部戒嚴,希迅速平息暴亂。三、政治上可儘量退讓,以商談解決糾紛。四、軍事不能介入此次事件,但暴徒亦不得干涉軍事,如軍事遭受攻擊,得以軍力平息暴亂」。這個手諭,當然應該是給臺灣最高軍政長官陳儀的,也沒有在以上電文中出現。還有,陳儀4月21日給蔣介石的電文,「摘由表」中「內容摘要」的內容大大超過文檔的內容,說明文檔後來有缺失。

二

「二二八事件」中陳儀和蔣介石之間往來的電文,是事件發生地地方軍政長官和國民黨中央政權最高領導人之間的內部機要文件,其間較少由於某種考慮而出現的修飾和掩飾。透過這些電文,不難看出陳儀和蔣介石二人在以下幾個方面的看法和做法:

(一)陳儀對「二二八事件」的判斷。陳儀在2月28日給蔣介石的電報中認為,「二二八事件」「是奸匪勾結流氓」的「聚眾暴動」。所謂「奸匪」指的當然是共產黨。陳儀一開始就指稱共產黨介入「二二八事件」,顯然沒有什麼根據,只

是一種習慣性的思維使然。在當時國共鬥爭的政治環境中，國民黨政權的各級領導人很容易就會把民眾的暴動和共產黨的「煽動」聯繫在一起。但陳儀的這個電報並沒有把「二二八事件」看得有多麼嚴重，包括3月1日給蔣介石的電報，「給蔣氏的印象是問題並不嚴重」。在3月6日給蔣介石的信函中，陳儀雖然認為「二二八事件」「決非普通民眾運動可比，顯係有計劃、有組織的叛亂行為」，但對形勢的判斷仍然是：「臺北不致再有大問題」，其他縣市「預計短期間內可望平息」。在3月13日給蔣介石的信函中，陳儀還是認為，「此次事變，表面似發生於緝私傷人，但三四日間騷亂暴動即蔓延全省，而且勢焰甚凶，奸黨之預有計劃，絕無疑義」。儘管陳儀在「二二八事件」過程中對臺灣的局勢始終認為沒有多麼嚴重，但他也始終把「二二八事件」和「奸黨」聯繫在一起。給「二二八事件」加上「奸黨煽動」的罪名，是造成事件嚴重後果的重要原因。

（二）蔣介石和陳儀對「二二八事件」處理的原則。2月28日，蔣介石用專機送往臺灣的手諭，提出了事件處理原則的4個要點，除了緝煙案應交由司法機關訊辦和臺北可實施局部戒嚴外，「政治上可儘量退讓，以商談解決糾紛」，以及「軍事不能介入此次事件，但暴徒亦不得干涉軍事，如軍事遭受攻擊，得以軍力平息暴亂」。這些原則要點得到了陳儀的堅決貫徹執行。陳儀在3月6日給蔣介石的信函中也說道：這次事件，「就事情本身論，不止違法而已，顯係叛亂行為。嚴加懲治，應無疑義。唯本省兵力十分單薄，各縣市同時發動暴動，不敷應付。……如果依法嚴懲，勢必引起極大反響，無法收拾。為顧及特別環境，不得不和平解決」。「為應付目前情勢，在不妨礙國家民族利益之範圍內，對於臺胞之政治要求，只能從寬應許」。所以，在3月6日之前，陳儀奉行的是「政治上儘量退讓」和「軍事不介入」的原則。因此，當3月6日高雄要塞司令彭孟緝出動軍隊鎮壓參加事件的民眾的時候，陳儀向彭孟緝發出了一個譴責的電報：「此次不幸事件，應循政治方法解決。據聞高雄連日多事，殊為隱憂。限電到即撤兵回營，恢復治安，恪守紀律。……否則該員應負本事件肇事之責」。陳儀當時對彭孟緝的譴責，並不是認為軍事鎮壓有什麼不對，而是認為彭孟緝選擇的時機可能不對，擔心在援兵到達臺灣之前的軍事舉動會惡化整個大局。所以，在彭孟緝基本控制了高雄的局勢，後來的發展甚至有利於整個大局時，3月8日，以陳儀為總司令的臺灣省警備司令部又給彭孟緝發去了嘉獎令：「貴司令認識正確，行動果敢，挽回整個局勢，殊堪嘉獎」。

由於彭孟緝的事先發動和大陸援軍的即將登陸，3月7日之後，陳儀基本放棄了「軍事不介入」的原則，而改採「以軍力平息暴亂」的原則，理由自然是「奸匪到處搜繳武器及交通工具」，已經「干涉軍事」。3月7日陳儀給蔣介石的電報中稱，「目前我因限於武力，十分容忍。廿一師全部到達後，當收斧亂之效」。3月8日的電報又說，「一俟劉師長廿一師之一團開到，臺北即擬著手清除奸匪叛徒，決不容其遷延坐大」。3月11日的電報則稱，「此後肅奸工作即應逐步推進。俟廿一師其餘兩團到後……擬徹底清除奸黨、倭奴禍根。」

　　在從「軍事不介入」轉為「以軍力平息暴亂」的同時，陳儀「對於臺胞之政治要求，只能從寬應許」的想法卻沒有改變。對於臺灣民眾，他認為「應改變其封建思想，並改善政治，使其對政府發生信心，不致為奸黨所蠱惑。對於奸黨亂徒，須以武力消滅，不能容其存在」。在陳儀的思想中，政治上可以退讓，但只能是針對臺灣民眾的，對「奸黨亂徒」只能是「武力消滅」。這個處理原則的分際是很清楚的。然而，在實際處理過程中，在「嚴懲奸黨分子」的名義之下，許多臺灣民眾卻成了事件的犧牲品。

　　（三）陳儀在臺灣駐防兵力問題方面的反思。關於「二二八事件」中的派兵問題，許多學者都進行了研究，以上這些電文，並不能提供可以作出新解釋的資料。在3月5日蔣介石告訴陳儀「已派步兵一團，並派憲兵一營，限本月七日由滬啟運。勿念」之前，他們兩人之間一定還有有關派兵問題的電文往來，可惜我們無法見到。

　　值得一提的是陳儀在電文中對臺灣駐防兵力太少的反思。在3月6日給蔣介石的信函中，陳儀指出：「本省兵力十分單薄，各縣市同時發動暴動，不敷應付。……為保持臺灣使其為中華民國的臺灣計，必須迅派得力軍隊來臺」。3月7日他又說，「職因兵力太少，深恐一發難收。……不敢以強力即予制止」。「目前我因限於武力，十分容忍」。3月13日他在給蔣介石的信函中說，「駐臺兵力過於單薄，無法嚴厲彈壓」。3月17日的電報中更指出：臺灣「恐非少數兵力所能維持」。造成駐臺兵力太少的原因，據時任臺灣省警備司令部參謀長的柯遠芬說，陳儀「沒有變生肘腋的預防，所以在中央徵調駐臺國軍全部返回大陸參戰時，毅然同意，造成當時

臺灣無一兵一卒戰列部隊駐守」。可見，陳儀對「毅然同意」蔣介石抽調駐臺軍隊到大陸參加內戰是有反省的。

（四）陳儀的辭職和對繼任人選的推薦。3月6日，陳儀在給蔣介石的信函中就表達了將辭去在臺軍政職務的意向，他提出，在行政長官公署改組之後，「省政府主席一職，務請鈞座另派賢能，必不得已，由職暫兼一時」。3月17日，在「二二八事件」基本平息的情況下，陳儀1天之內向蔣介石發出了兩封引咎辭職的電文，其中有「職對此次事變決意引咎辭職，不能再留」之語，態度十分堅決。而在3月18日蔣介石給陳儀的電報中可以看出，蔣介石實際上也已經同意了陳儀的辭職，否則，他不會說，「現擬勉從尊意……唯此時仍須兄負責主持善後，勉為其難也」。也就是說，到3月18日止，陳儀辭職之事就已經成為定局。但當時有一些唯恐陳儀不去的人，仍就此攻擊陳儀。例如，3月26日，保密局長葉秀峰在給蔣介石提供的情報中說，「陳長官現策動游彌堅、劉啟光等發動聯名，向中央請求挽留，但威信已失，民心難服。……眾言誓不相信陳長官」。從檔案資料看，當時確有一些臺灣的「國大代表」、地方民意機構、民間團體向蔣介石呈請挽留陳儀主持臺政，但這些人是由陳儀策動的說法卻並無根據。有些學者也認為，「陳儀電辭行政長官及警備總司令職，並非真有其意，而是出於官場需要，其真正意圖，是希望公署改組後，能續主臺政。……各方擁陳通電，可視為陳儀企圖繼續留任的幕後操作」。這種觀點，顯然是對有關檔案資料的解讀出現了偏差。

陳儀辭職態度的堅決，還表現在他對繼任人選的推薦上。陳儀認為，「臺省政府主席人選，殊屬萬分重要。倘人選得當，此次事變，轉可因禍為福，否則，後患仍屬堪虞」。陳儀推薦的臺灣省政府主席人選先後有三人，分別是：蔣經國、嚴家淦和吳鐵城。陳儀推薦蔣經國，不是為了討好蔣介石，而是認為蔣經國確實是「有為之青年」、「理想之人選」，因為蔣經國的名聲已在贛南打響。蔣經國和嚴家淦當時的官職雖然不高（蔣經國當時是三青團中央幹事會第二處處長、嚴家淦是臺灣省行政長官公署財務處長），但陳儀認為他們都是有作為的人。後來歷史的發展證明，陳儀是有眼光的。陳儀還極力反對朱一鳴（紹良）作為臺灣省政府主席的人選，理由是朱一鳴「思想太舊，缺乏現代知識」。儘管蔣介石沒有採納陳儀推薦的人選，而讓魏道明出任臺灣省政府主席，魏道明擁有留法博士的學歷、曾擔任「立

法院」副院長，說明蔣介石還是重視陳儀的一些意見的。

對於臺灣省警備司令的人選，陳儀首先推薦的是李良榮，據白崇禧3月19日給蔣介石的電報中說，「此間閩南人最多，李師長良榮係閩南人，公俠先生（即陳儀——筆者注）極推重，如能調長臺灣軍事，人地亦頗相宜」。蔣介石沒有採納陳儀的推薦。4月17日，蔣介石已決定由彭孟緝升任臺灣省警備司令（但未公布），顯然是對彭孟緝首先出兵鎮壓的獎勵。4月22日，陳儀在應當知道蔣介石意圖的情況下，卻仍然向參謀總長陳誠推薦林蔚作為臺灣警備司令的人選。據4月23日陳誠給蔣介石的電報中說，「據臺灣陳長官養親電開：臺灣省警備總司令，須統一指揮陸海空軍及要塞，任務重要，須資望高、品言好、學識優、性情溫良，而能與政方偕協合作者。因思及林次長蔚頗合上述條件，如蒙贊成，請即轉呈」。說明陳儀對蔣介石準備讓彭孟緝出任臺灣省警備司令的決定有不同的看法。

（五）陳儀對「二二八事件」的善後以及對臺灣前途的看法。「二二八事件」發生後，對陳儀觸動很大。從3月6日給蔣介石的信函開始，他在多次電文中都提到了事件的善後及臺灣前途的問題。有關事件的善後，陳儀考慮主要從以下幾個方面著手：

1.將臺灣省行政長官公署改組為臺灣省政府。陳儀對臺灣省行政長官公署制度有很深的感情，這種特殊的省制，是他和當時在重慶的一些國民黨官員以及一些臺籍人士設計出來的，即使「二二八事件」發生後，他仍然認為「其優點甚多」。但「為滿足一般人之希望」，「順應臺人心理要求」，他同意將長官公署改組為省政府。

2.省政府中儘量多採用臺籍人士。「二二八事件」中有許多臺灣上層人士參與事件，他們的目的是希望獲得更多的參政權利。陳儀提出省政府委員中本省籍、外省籍各占一半名額的方案，以及廳長省籍分配的方案，並提出了具體人選的名單。

3.同意臺灣先試行縣市長民選。「二二八事件」中臺灣民眾要求「民主」和「地方自治」的呼聲很高。因此，陳儀主張「予臺灣以法定之自治權，縣市長可先

試行民選」。

4.將留用日人全部遣送回國。鑒於事件期間，一些留用日本人的乘機搗亂，陳儀主張將尚留臺灣的3600餘名日僑，「於四月底以前全部遣返，不留一人」。

5.加強臺灣民眾的國家意識教育。事件期間，陳儀深感臺灣民眾經51年日本殖民統治，「深中日本帝國主義汙茂中國之毒素，愛國觀念、民族觀念薄弱，易受煽動」。因此，主張「加強國語、國文、公民、史地教育，改造臺人思想，使其完全中國化」。他認為軍事只是治標，教育才是治本，但「為國家民族計」，都「必須把握」。

有關臺灣的前途，陳儀想到的是和繼任人選有很大的關係。「唯繼任人選必須審慎以後。臺灣政治經濟如不能利用固有基礎，積極推進，則財政將困難，民生將痛苦。奸黨亂徒乘機煽動，以臺胞國家思想之薄弱，山地之多，又係孤島，恐非少數兵力所能維持。職以為，軍政兩方面必須選任有為之青年。……鑒於臺灣前途之危機，為使其永屬於中華民國計，務請鈞座採納愚見。茲事關係國家，心所謂危，不敢不告」。在這方面，陳儀也顯得頗有遠見。

然而，無論是陳儀還是蔣介石，他們在處理「二二八事件」及其善後過程中都犯了一個嚴重的錯誤。儘管他們在政治上願意對臺灣民眾的要求「從寬應許」，儘管他們也下令「嚴禁軍政人員施行報復」，但由於他們把事件和共產黨的「煽動」聯繫在一起，錯誤地判定了事件的性質，因此造成了在「清除奸黨」名義下出現的大量犧牲。

淺析陳儀對「二二八事件」的危機處理

王玉國

　　近年來,突發性的社會危機事件越來越受到世界各國的普遍重視。探討危機的預防和解決之道不僅成為政府和學術界關注的焦點,也是民間的熱門話題。學術界普遍沿用美國學者羅森塔爾(Rosenthal)對危機的定義,危機是指「對一個社會系統的基本價值和行為準則架構產生嚴重威脅,並且在時間壓力和不確定性極高的情況下必須對其做出關鍵決策的事件。」回首歷史,二二八事件在某種程度上也是社會危機的一種,對光復後的臺灣地區的社會生活產生嚴重威脅,並且對當今臺灣社會也產生深遠影響。從社會危機角度考察陳儀對於二二八事件的處理,不但有助於對陳儀及二二八事件的認識,而且還可以以史為鑒,吸取經驗教訓,有助於對現實社會危機事件的處理。

一、二二八事件前的社會危機

　　1945年8月15日,日本宣布無條件投降,被日本殖民統治51年的臺灣回到祖國的懷抱。8月29日,國民政府特任陳儀為「臺灣省行政長官」。8月31日,頒布《臺灣省行政長官公署組織大綱》。9月20日,正式公布《臺灣省行政長官公署組織條例》。根據《臺灣省行政長官公署組織條例》,臺灣省行政長官不僅在臺灣省境內享有極大的委任立法權,而且擁有行政、司法的絕對指揮與監督權,陳儀又身兼臺灣省警備總司令,因此實際上集行政、立法、司法、軍事大權於一身。就臺灣人而言,行政長官制度與日據時期的總督府制度並沒有差別,因而懷疑祖國不能平等對待臺灣人。在大權獨攬的「行政長官公署」的統治下,臺灣的政治、經濟、社會資

源,便自然受到全面有計劃的壟斷。

國民政府接收臺灣以後,名義上說要給臺灣人參政機會,但實際上卻以「臺灣人沒有政治人才」、「臺胞不懂國語國文」為藉口,把許多受過良好教育的臺灣人排斥在外,由大陸人取代了戰前日本人的地位。臺灣省行政長官公署的21位最高層官員,包括行政長官、處長、副處長、主任秘書等,只有一位教育處副處長宋斐如是臺灣人;17個縣市長之中,也只有臺北市長(游彌堅)、新竹縣長(劉啟光)、高雄市長(謝東閔)等三個臺灣人,其餘皆為大陸人,並不受臺人歡迎。接收官員或明或暗、上下其手的侵占、貪汙更是不計其數。以1946年1月底到2月上旬為例,短短十餘天之間,與貪汙有關的新聞報導就有六則之多。從中國大陸奉調來臺的雜牌軍,毫無紀律、軍紀敗壞,軍人偷竊、耍賴、威脅、詐欺、恐嚇、調戲、搶劫、殺人,時有發生。

接收臺灣後,陳儀採取的是全面性的統制經濟。首先是將日人留下來的237家公私企業、600餘個單位,全歸臺灣省行政長官公署各處局所設的27家公司經營,無論是交通運輸業、農漁牧產品以及鋼鐵、電力、水泥、機械、造船、石油、木材、造紙、印刷、紡織、磚瓦、油脂、電器、化學藥品、製鹽等產品,無一不在統制之列。其次是將煙、酒、樟腦、火柴、度量衡等物品全部納入專賣局專賣。按照長官公署的規定,專賣物品僅限於這五種,但事實上是包括石炭(煤)、鹽、糖、燒鹼等物質,都設有專責機構負責專賣統銷。經濟統制及專賣制度,進一步導致物價飛騰,民生凋敝,造成嚴重的失業問題。經濟方面,「糧食缺乏」、「通貨膨脹」、「金融市場的獨占與壟斷」、「失業率嚴重」、「生產指數低微」、「日產處理不當」、「專賣制度」等,是引發二二八事件的重要因素。

臺灣光復不到三個月,已有不少臺人批評陳儀在臺的許多做法不當。1946年初,臺灣的情況惡化已相當嚴重,引起當時中外人士的密切關切。上海的《密勒士評論報》刊載《臺灣退後五十年》一文,並說:「五個月以後(臺灣)可能是中國的愛爾蘭。」美國記者報導臺灣接收後行政腐敗混亂情形,「臺灣之中國行政當局充滿腐敗散漫氣象,毫無從政之能力」。到1947年初,敏銳的觀察者已感到局勢的嚴重,例如上海《觀察》雜誌在臺特約記者,在1947年2月2日就預言「今日臺灣危

機四伏，岌岌可危，是隨時可能發生騷動或暴亂的。」可見中外人士都感到臺灣實已瀕臨爆發危機的邊緣。

那麼陳儀是否意識到社會危機的存在呢？美國記者報導臺灣接收之後行政腐敗混亂情形後，陳儀致電行政院秘書處，就相關問題予以解釋，「美國斯克利浦斯霍華德報系牛頓記者於本年三月間曾來臺略作勾留，其採訪新聞專以日人臺人為對象，傾聽一面之詞，即向華盛頓紐約等地濫施報導」，認為「米、煤、糖之實際情形，為牛頓所未察」，「其所見聞未免不實」。顯然，陳儀已經獲悉媒體的相關報導，但其剛愎自用，聽不進去任何反對意見，以各種藉口掩蓋米、煤、糖的實際情況，並認為「臺灣因幣制穩定，物價幸亦安定，尚未如省外各地之暴漲。」

二二八事件前臺灣政治腐敗、經濟凋敝、社會動盪，民眾怨聲載道，已經處處呈現出危機即將爆發的種種跡象，危機的爆發只是時間早晚的問題。政府管理的目的是「使用少量錢預防，而不是花大量錢治療」，但陳儀卻一直粉飾太平，並沒有排除可能導致危機的各種可能性，從根本上防止二二八事件的形成和爆發。

二、二二八事件中的危機處理

二二八事件的直接導火線，是眾所周知的1947年2月27日取締販賣走私香煙的案件。民眾對於查緝人員惡劣的執法態度強烈不滿，群情激憤，包圍警察局和臺北憲兵隊，要求交出肇禍的人犯正法，而憲警單位人員則是推脫敷衍，沒有給予明確的結果。包圍警察局及憲兵隊的民眾繼而組成示威隊伍，開始遊行，輪流演講，但市政府與長官公署的官員都未能發覺到事態的嚴重，沒有及時將事件在小範圍內予以解決。

28日，臺北市民議論紛紛，尤其商業區的民眾群聚，形勢混亂。民眾情緒已沸騰起來，但沒有聽到政府的任何聲明。陳儀仍保持沉默，未及早制止逐漸惡化的情勢。遊行隊伍擁向專賣局本部，推出代表，向專賣局提出四項條件：（1）肇事的

罪魁應在民眾面前槍決，以平民憤；（2）慰問死者遺族；（3）廢止取締私煙；（4）專賣局長在民眾面前謝罪。這四項條件在當時看來，都屬合情合理。但專賣局局長，未能果斷裁決，收拾事態，卻把責任推諉給代理局長。群眾代表和代理局長協商，始終不得要領。在談判毫無結果的情況下，請願隊伍喊著「槍決犯人」、「廢止專賣局」，向長官公署移動。請願隊伍走近長官公署廣場時，遭到機槍掃射，導致民眾傷亡，情勢擴大到長官公署無法處理的全島性事件。

下午二時，臺北市參議會召開緊急會議，決議推選省參議會議長黃朝琴為代表，率市參議員去面見陳儀。參議員痛陳緝私的諸多弊端，而陳儀答覆頗為含糊，只應允禁止警員帶槍執勤。與此同時，民眾聚會於中山公園，隨後進占公園內的臺灣廣播電臺，向全省廣播，批判貪汙現象、米糧外運、民不聊生等，呼籲全省人民起來支援，號召民眾起而驅逐各地的官吏以求生存。全島民眾對陳儀一年多來的怨恨之氣，一時之間，全發洩出來。次日，北起基隆南至屏東，再蔓延到東部的宜蘭、花蓮、臺東等地，全臺各地先後獲悉臺北二二八事件。各大城市皆發生騷動，憤恨不滿的群眾攻擊官署、警局，軍警與民眾間的激烈衝突不斷，死傷人數漸多。二二八事件蔓延至全省，使臺灣全島失去控制。

緝煙事件發生後，應該盡快找到事件的發生源，對其性質、範圍、規模以及可能造成的危害做出準確判斷，以便制定並採取相應措施。陳儀對緝煙事件的判斷是「奸匪勾結流氓，乘專賣局查禁私煙機會，聚眾暴動，傷害外省籍人員」，所採取措施是「廿八日宣布臨時戒嚴，必要時當遵令權宜處置」。陳儀對緝煙事件的判斷有誤，是和當時的國內形勢分不開的，但正由於對事件性質的判斷失誤，在一定程度上影響了後期對二二八事件的處理。緝煙事件爆發後，關鍵性的危機環節突然爆發，而且迅速演變發展。陳儀也沒有針對緝煙事件與相關部門進行統一協調給予及時解決，未能與專賣局協調，將緝煙事件給予及時恰當的解決，將損失降至最低，進而導致了次日的民眾遊行。當民眾遊行的時候，陳儀更沒有採取措施把危機限定在一定的範圍之內，反而導致危機蔓延，最終爆發全島大規模的行動。

在社會危機處理中，對媒體進行正確的監控、引導和把握，有利於朝著危機處理的方向發展。在二二八事件處理過程中，臺灣地區的廣播電臺的作用是不可忽視

的。日本殖民統治時期臺灣收音機的數目，截止1945年7月的統計，全省共計97541架。日本戰敗後，殖民者所有從事侵略戰爭的宣傳工具包括廣播電臺及其分設機構，隨即為國民黨派專員接收。1945年10月25日，臺灣廣播電臺正式成立，隸屬國民黨「中央執行委員會中央廣播事業管理處」，下轄臺中、臺南、嘉義、花蓮4個地方電臺。因光復後臺灣收音機不需要登記，所以記錄在案的僅30000架，但估計當時臺灣全省的收音機有10萬餘架。緝煙事件的次日下午，民眾進占中山公園內的臺灣廣播電臺，向全省廣播，號召民眾起而驅逐各地的官僚以求生存。廣大民眾透過廣播電臺及收音機獲悉臺北二二八事件，進而導致各大城市迅速發生騷動和衝突，臺灣全島失去控制。而陳儀在緝煙事件後，沒有透過當時的主要媒體廣播電臺向民眾發布準確而權威的訊息，更沒有將廣播電臺引導到有利於危機解決的正確方向上來，在一定程度上也不利於對危機的處理。

三、二二八事件後的危機處理

3月1日，臺北市參議會為反映民意，邀請臺籍國大代表、省參議員、國民參政員，在公會堂召開大會，成立「緝煙血案調查委員會」，後改名為「二二八事件處理委員會」。提出解除戒嚴令、釋放被捕市民、禁止軍警開槍、由官民共同組織處理委員會以及由陳儀向民眾發表廣播等五項要求。陳儀當場接受這五項要求，並發表第一次廣播講話，「參議員們請求釋放，我亦答應他們……參議員們願派代表與政府合組委員會，來處理這次暴動的事情，我也答應了。你們有什麼意見可告訴委員會轉達給我」。下午八時，陳儀下令解除戒嚴，並通知臺北市參議會辦理撫卹事宜。次日下午，蔣渭川首先廣播，一方面批評臺灣政治過失，另一方面要求民眾選派代表參加議會。隨後，陳儀發表第二次廣播，宣布更加寬大的措施，主要是：（一）凡是參加此次事變之人民，一律不加追究。（二）已被憲警拒捕之人民，准交由其父兄家族領回，不必由鄰里長保釋。（三）此次傷亡之人，不論公教人員、人民、本省人、外省人，均予治療撫卹。（四）處理委員會可加入各界人民代表，容納多數人民的意見。透過陳儀兩次廣播講話內容，可以看出，他顯然有平息血案的想法。

3月3日,處理委員會討論組織大綱,透過「團結全島人民,進行政治改革,處理二二八事件」的主旨,已發展成一個政治改革的團體。全省各地分會,相繼成立,提出事件處理對策和各項政治改革的要求。在官民交涉頻繁之際,社會秩序有逐漸安定的跡象。3月4日下午,全省各線火車均已通行。3月5日,秩序已完全恢復,臺北市各商店均開業營業,公路局汽車、市營公車已全部通車,各校學生已照常上課,治安也顯著好轉。

二二八事件對社會的影響是巨大的,只依靠政府單方面來處理往往是難以在短時間解決的,所以需要政府、社會以及相關團體之間的共同協作,調動各種社會資源進行綜合全面救治。陳儀對於二二八事件判斷為「奸黨叛亂」,所以雖然也同二二八事件處理委員會協調溝通,但後來的事實證明,只是把處理委員會作為緩兵之計,並沒有打算從根本上與處理委員會共同救治危機。3月6日,陳儀經由國民黨臺灣省黨部主委李翼中赴南京面交蔣介石的信函中就提出「此次事情發生後,職之處置,甚感困難。就事情本身論,不止違法而已,顯係叛亂行為。嚴加懲治,應無疑義」,「為保持臺灣使其為中華民國的臺灣計,必須迅派得力軍隊來臺」。陳儀最初試圖平息血案與請兵武裝鎮壓並非矛盾,因為他「未料到局勢會惡化到非動用大軍平亂不可的程度,因此,求援的過程是漸進的,而非自始即準備動用大軍,強力鎮壓。」陳儀向中央請求派兵來鎮壓的同時,並由南部招來增援部隊,而把處理委員會當作為緩和或安撫臺灣人民激烈抗爭的媒介而已。

3月7日,二二八事件處理委員會召開會議,向臺灣省行政長官公署提出三十二項條件。陳儀一方面同意臺籍民意代表的要求,另一方面,聯絡蔣渭川等人分化處理委員會的領導階層。但處理委員會在多頭運作下,政治訴求不斷升高,將三十二項改革方案增加到四十二條。但陳儀對處理委員會提出的四十二條處理大綱拒絕接受,主要由於他明確知道中央已決定派兵來臺,因此有恃無恐,一反過去虛與委蛇的姿態,斷然翻臉拒絕。蔣介石派往臺灣的廿一師在3月8日夜間登陸基隆,陳儀完全不再理會處理委員會,宣布解散二二八事件處理委員會。

陳儀起初利用處理委員會來安撫激進民眾的暴動與抗爭,因而採取容忍、尊重態度,承諾改革要求,並做出改革與民主的假相。然而卻一面暗中向中央請兵入

臺，採取緩兵之計。但處理委員會的士紳，卻被陳儀玩弄於股掌之中，不但所提的改革意見，全遭拒絕，本身反而成為被整肅的對象。3月6日，高雄市二二八事件處理委員會推舉代表，與要塞司令彭孟緝交涉，卻被當場扣押，翌日被槍決，進而導致高雄大屠殺。隨後，在基隆、臺北、嘉義、臺中等地也展開屠殺。陳儀還在3月9日後，開始有計劃地逮捕臺灣的知識精英，許多教授、律師、醫師、作家、民意代表等地方領袖、社會名流，紛紛被捕，或下落不明，或公然處決。總之，處理委員會「或主動或被誘引，不斷地升高其政治目標，終於踏到國民政府的政治地雷，引來強力鎮壓。」

政府在處理危機中的一項重要職責是維護公共秩序，要將公共安全和公共利益置於首位，維護正常的社會生產、生活秩序。對於社會危機，和平方式解決是最佳方式。而陳儀卻透過武裝鎮壓解決，雖然在一定程度上平息了危機，但其代價是巨大的，臺灣民眾傷亡慘重，而且嚴重擾亂了正常的社會秩序。

四、二二八事件後的善後處理

當悲劇發生後，恢復和重建不僅意味著恢復危機中受到損害的東西，也意味著恢復和重建危機中受害人的心理和精神，更意味著彌補危機暴露出的漏洞和不足，減少其後遺症。臺灣行政長官公署在二二八事件發生後，鑒於撫卹工作的重要性及生命、財產損失直接影響到受害人的日常生活，3月21日發布臺灣省行政長官公署暨所屬各機關公教人員因二二八事件傷亡損失撫卹救濟辦法。但撫卹工作，僅限於公教人員及其眷屬、配偶、直系親屬、傭工。由於撫卹工作不是賠償而是救濟，因此在物品損失上最高只能救濟六萬，對在事件中損失很大的公教人員而言，只能是杯水車薪了。但在此事件中一般民眾的傷亡和損失遠遠超過公教人員，長官公署卻未曾對其進行救濟，與陳儀3月2日下午的廣播內容有悖。

陳儀在3月6日由李翼中面交蔣介石的信函中，提出，「此後對付臺灣之態度，對於多數民眾，應改變其封建思想，並改善政治，使其對政府發生信心……可依照

憲法規定，予臺灣以法定之自治權，縣市長可先試行民選。為滿足一般人之希望，不妨將長官公署改組為省政府。」4月2日陳儀給蔣介石的信函，「謹將堪充省政府委員臺籍人選開呈鈞鑒」，計開12人，分別是：丘念臺、劉啟光、徐慶鐘、林獻堂、謝東閔、游彌堅、王民寧、李連春、韓石泉、南志信、劉明、林頂立。「如省政府委員定為十五人，擬請就右列各人中選七人，如定為十九人則選九人」。對於省主席人選，陳儀指出：「臺省政府主席人選，殊屬萬分重要。倘人選得當，此次事變，轉可因禍為福，否則，後患仍屬堪虞。」在獲悉魏道明出任臺省主席後，陳儀於4月21日給蔣介石的電報，建議「（一）臺省府委員十五人，除魏主席外，本省外省各半，廳長六人本省二，外省四。（二）其人選如下：本省委員七人，擬選劉啟光（兼民政廳長）、林獻堂、游彌堅、謝東閔、南志信、李連春、劉青藜（兼農林廳長）等。外省七人，擬選週一鶚、嚴家淦、範壽康、包可永、任顯群、壽連芳、張延哲等。」透過上述信函和電文可以看出，針對非議過多的長官公署，陳儀是主張改為省政府的，並主張省府委員本省人和外省人各半的，省政府中儘量多採用臺籍人士。

除了將長官公署改為省政府之外，陳儀還就二二八事件提出諸多善後辦法。針對二二八事件中臺灣民眾要求「民主」和「地方自治」的呼聲，陳儀建議「明年一月實行縣市長民選」。針對日本統治臺灣51年，日本帝國主義毒素影響臺灣深遠，陳儀建議「加強國語、國文、公民、史地教育，改造臺人思想，使其完全中國化」。針對臺灣當時的經濟問題，陳儀建議「財政經濟仍須維持原有政策，不能改取放任態度，但方法可以改善，人事可以調整」。

二二八事件發生後，對陳儀觸動很大，從其電文中所提出的善後措施，陳儀還是很有遠見。陳儀對二二八事件的處理不利，在臺灣島內死傷嚴重，怨聲載道，國內外斥責不斷。迫於多方壓力，陳儀不得不自行提出辭呈，後被調回大陸擔任中央政府顧問。但陳儀提出的一些善後措施，卻在後來得以實施。

結語

當然，僅從陳儀的角度分析二二八事件是不全面的。臺灣光復後，各派勢力的進入，「臺灣象塊肥肉，國民黨各個方面無不垂涎欲滴，都想從中分享一份」。陳儀雖有理想，且握有實權，但由於局面複雜，使他幾乎無法施展其抱負。長官公署秘書長葛敬恩曾指出，當時南京與臺灣之間、中美之間、買辦奸商與地方行政機關之間、政府內部各派系之間，以及臺人與國民黨之間均存有矛盾。從國內環境看，抗日戰爭結束後，中國共產黨的勢力逐漸擴大。1946年，國民黨依靠優勢兵力對中共解放區展開了全面進攻，但被共產黨挫敗。國共談判破裂後，國民黨統治後方更是陷入政治、經濟、社會的全面動盪之中，而二二八事件是「奸黨煽動」，更加重了國民黨的危機感。據柯遠芬《臺灣二二八事變之真相》中稱，2月28日「午後六時左右，由南京飛來專機一架，攜來蔣主席手諭一件，詳示處理原則，內容要點：一、查緝案應交由司法機關公平訊辦，不得寬縱。二、臺北市可即日起實施局部戒嚴，希迅速平息暴亂。三、政治上可儘量退讓，以商談解決糾紛。四、軍事不能介入此次事件，但暴徒亦不得干涉軍事，如軍事遭受攻擊，得以軍力平息暴亂」。由此可以看出，從試圖平息血案到最後的武裝鎮壓，是和當時的國內背景有著密切關係的。

　　二二八事件前，臺灣政治、經濟以及社會弊病叢生，危機四伏。中外人士都感到臺灣已瀕臨爆發危機的邊緣，但陳儀剛愎自用，粉飾太平，沒有從根本上臺灣的政治和經濟體制。緝煙事件爆發後，陳儀也未能給予及時解決，將危機控制在最小的範圍內，認為二二八事件「是奸匪勾結流氓」的「聚眾暴動」，沒有把二二八事件看得很嚴重，認為「臺北不致再有大問題」，其他縣市「預計短期間內可望平息」。然而，在實際處理過程中，從「軍事不介入」轉為「以軍力平息暴亂」，在「嚴懲奸黨分子」的名義下，許多臺灣民眾卻成了事件的犧牲品。從危機處理角度來看，陳儀在處理過程中，其處理手段是失敗的，二二八事件後雖然提出了諸多善後措施，但還是難以撫平民眾的創傷。陳儀對二二八事件處理的失敗，對當時的臺灣社會損失慘重，而且對後世也影響深遠。

若使甲兵真可洗，與君同上決天河——記「二·二八」前後的閩臺建設協進會

李祖基

閩臺建設協進會是以福建人士為主組成的一個民間團體，成立於抗戰勝利前夕，目的是為了協助政府應對臺灣收復的種種問題。「二·二八」事件發生之前，閩臺建設協進會與其他旅滬閩臺團體一道為臺灣的重建出謀劃策，為要求改革臺省政制問題和取消專賣及經濟統制奔走呼號；「二·二八」事件發生之後，閩臺建設協進會又聯合其他旅滬閩臺團體為避免使用武力鎮壓，盡快恢復秩序，收拾人心而竭盡全力。在「二·二八」事件60週年之際，本文試圖透過史料的發掘，來重現閩臺建設協進會這段幾乎已經為時間所湮沒的歷史。

一、「二·二八」事件之前的閩臺建設協進會

1943年12月，中、英、美三國首腦在埃及舉行會議，並發表了《開羅宣言》，宣布三大盟國此次進行戰爭之目的，在於制止及懲罰日本之侵略。日本從中國所竊取之領土，如滿洲、臺灣、澎湖列島等，須歸還中國，等等。次年4月，國民政府在中央設計局下正式設置臺灣調查委員會，為收復臺灣做準備工作。當時在西南大後方的閩臺有識之士也認為閩臺同胞本身須先成立一個機構，以協助政府，應對臺灣收復後的各種困難。基於此一目的，許多閩臺同志，即於桂林成立「閩臺協會」。嗣後，協會遷往重慶，改稱「閩臺建設協進會」。

1945年8月15日，日本宣布無條件投降。10月25日，中國戰區臺灣省受降儀式

在臺北舉行。11月1日，臺灣的接收工作全面展開。對於時局的快速發展，閩臺建設協進會的人士一則以喜，一則以憂。喜的是被日本侵占50年之久的臺灣及澎湖列島已重入中國版圖，飽受日本殖民統治之苦的650萬臺灣同胞重歸祖國懷抱；憂的是經過日本50年殖民統治的臺灣與其他淪陷區相比有許多不同之處，故光復後臺灣的接收、重建，千頭萬緒，困難重重，能否順利進行，心中無數。不幸的是這種擔憂後來竟成了事實。在以陳儀為首的行政長官公署統治之下，光復後不久，臺灣的政治、經濟就出現了混亂局面，官吏貪汙成風，糧價高漲，失業嚴重，民眾怨聲載道，中外報章屢有報導和披露。1946年3月，陳儀由臺灣飛往重慶，並舉行記者招待會，對中外記者發表有關臺灣狀況的談話。閩臺建設協進會認為陳氏所談臺灣情況，辭多含混，過於造作掩飾，遂與旅渝福建同鄉會、臺灣革命同盟會、旅渝臺灣同鄉會、中央大學文海學會等各團體聯合發表文告，根據所掌握的事實，對陳儀的談話提出質疑和駁正：其一，日本政府1945年11月7日廣播公布在臺日軍數字為24萬5千247人，但至1946年3月4日三月四日廣播則減為13萬5千人（包括已送回日本之6萬5千人在內），前後不符之數達11萬247人，其中是否有化為民籍，潛伏各地，待機而起者？日本政府兩次公布數字，均與陳儀長官所談者頗有出入，究竟孰屬正確？其二，據二月二日《大公晚報》所載，臺灣警備司令部空軍第一組，自12月4日至28日接收日方第八飛行師團等八單位，僅有被服家具613169件，消防用具103件，武器全無；又根據臺灣警備司令部公報，陸軍軍政組自12月8日至24日接收日陸軍貨物局兵器補給局等五單位，計步槍15支，軍刀19把。大部軍火，包括重武器彈藥糧食被服等，未行繳出，是否有被藏匿，是否會對未來臺灣社會安全構成威脅？其三，在臺日僑數目，日本政府第一次公布為50萬人，第二次公布為51萬人，而據陳儀所稱則僅有31萬9千808人，何以歷次數字均較日政府自認者為低，且相差達18萬人至19萬人之巨。其中是否亦有化名潛伏，混入臺籍情事？其四，陳儀一面拒絕中央各部會派人赴臺，一面仍將4萬之日本官吏、3萬之日本警察憲兵儘量留用。接收半年，臺灣鐵路電訊郵政仍由日人管理，鈔票仍由日人發行，寄信仍用大日本帝國郵票，日人依然能以副統治者之地位，作威作福，繼續壓迫臺灣人民，實為痛心悖理之事；其五，光復後，臺灣物資貧乏，物價暴漲，經濟紊亂之現象起因於破壞法幣統一發行，縱容日人保留產業設備，厲行統制與民爭利進而造成臺灣與內地之經濟脫節狀態，而非陳儀所稱戰爭破壞或人力肥料不足一兩語所能掩飾；其

六,臺灣既非所謂解放區,亦與「特殊化」之東北不同,何以東北及邊陲各省均設立省政府,而臺灣獨特設所謂行政長官,且行政長官既兼警備司令,又握行政、立法、財政、金融之獨裁權力,其地位之高,威權之重,不僅國內無此先例,即與原先的臺灣總督相比亦有過之而無不及。豈以臺灣人民為易欺不妨以殖民地待遇之乎?文告還一針見血地指出,行政長官這種畸形制度於陳儀「個人之統治上固有莫大便利,於國家政制,於人民基本權利,於臺胞心理之內向,則貽害無窮。」

為了戰後國家的重建,在日本投降後不久,閩臺建設協進會的許多成員即陸續告別家人,紛紛由滇、渝後方奔赴京、滬一帶。鑒於上海為當時全國輿論中心,1946年6月30日,閩臺建設協進會在上海八仙橋青年會館舉行上海分會成立大會,共到會員200餘人。先由陳榮芳致開幕詞,次由莊希泉報告分會成立籌備經過。接著,國民黨臺灣省黨部執委蔡培火、臺灣重建協會會長楊肇嘉、天津臺灣同鄉會理事長吳三連、臺灣旅滬同鄉會理事長李偉光、青年會館長王某某、中央監察委員秦望山等以來賓身份先後發表演講。最後透過閩臺建設協進會上海分會章程,選出理監事,並透過7條提案。其中關於臺灣的有3條,如請政府根據國民參政會及臺灣參議會歷次決議,立即撤廢特殊化之臺灣行政長官公署,改設省政府案;請政府貫徹法幣統一發行政策,停止臺幣之發行,一律使用法幣,以促進國內與臺灣金融匯兌之流通案。請政府立即廢除臺灣之專賣及省營貿易制度,將糖煤煙酒等進出口貿易開放民營,以蘇民困而示平等案。

「位卑未敢忘憂國」,閩臺建設協進會上海分會成立之後,對臺灣的情況更加密切關注。他們一方面對戰後臺灣的重建等相關問題,進行研究,提出建議,獻計獻策;另一方面則根據臺胞的報告及事實的調查,對臺灣長官公署只重接收機構和物資而不接收臺胞人心;壟斷經濟金融,造成物價飛漲以及官員的貪汙、腐敗等種種黑幕,投書報刊,予以揭露抨擊。實際上,由於長官公署施政的不當及各種客觀原因,臺灣的政治、經濟形勢正在一步一步走向惡化。與光復時的熱鬧情形相比,「在短短不到八個月的時間中,臺灣人民對祖國愛的熱忱,就一天天降低」,「在上海所聽到的是人民的載道怨聲和人民的生活困難」。某些別有用心的外國記者更是幸災樂禍,唯恐天下不亂,極盡煽惑渲染之能事。如《密勒士評論報》就刊出題為《臺灣退後了五十年》的文章,並稱:「五個月後可能是中國的愛爾蘭」;《紐

約時報》的記者則報導說：「假如來一次民選，臺灣人第一是選美國，第二是選日本」。面對這些聳人聽聞的可怕報導，旅滬閩臺各團體人士憂心如焚。為了挽救臺灣的危機，不讓臺胞愛國的熱情就此熄滅，閩臺建設協進會上海分會、臺灣重建協會上海分會、福建旅滬同鄉會、上海興安會館、上海三山會館、臺灣省政治建設協會六個團體舉行聯席會議，推舉代表，赴南京向國民政府請願。7月18日，代表團抵達南京，分別向國民政府、立法院、行政院、國民黨中央黨部、國防最高委員會、國民參政會請願，提出要求：（一）撤廢臺灣省行政長官公署條例，改設與各省相同的省政府，另選賢明廉潔之士主持省政；（二）禁止臺灣銀行發行臺幣，以中央發行的流通券換回臺幣，並令臺省當局開放金融市場；（三）取消臺灣的專賣統制及官營貿易企業制度。另外尚有三項是要求糧食部停撥閩米50萬石濟粵，並轉請善後救濟總署速撥洋米及麵粉運閩平   ，以救閩災；請求行政院設法保護南洋各地僑胞，以防止荷、印、馬來、暹、越各地正在醞釀中的排華運動以及請求行政院迅令衛生署設法撲滅正在流行的閩省鼠疫。然而，這些請願並未得到圓滿的答覆。7月20日，閩臺建設協進會等六團體請願代表又在南京舉行新聞記者招待會，向報界披露了相關的消息。次日，《大公報》、《文匯報》、《僑聲報》等十多家大報紛紛以大幅醒目標題報導了這次請願的新聞，引起全國輿論界對臺灣問題的關注。

以陳儀為首的臺灣省行政長官公署對閩臺建設協進會等團體的批評不僅不予接受和進行檢討，反而斥之為「惡意批評」、「故意聳人聽聞」、「妄肆攻擊」，並授意其所控制的輿論工具《臺灣新生報》著文，為自己辯解。8月7日，臺灣省行政長官公署舉行新聞記者招待例會，主持會議的宣傳委員會主任委員夏濤聲在記者問及對近日上海閩臺各團體為要求改革本省政制問題，派代表赴京請願，並在京招待報界一事有何感想及意見時，竟老羞成怒，大肆咆哮，痛斥閩臺建設協進會等六團體要求改革臺灣省政制的行為，為「對臺灣實際情形毫無瞭解」，並說：「所號稱之閩臺各團體，實際多數為閩省旅滬團體，其赴京請願之代表，亦多為閩人。臺灣為一省，並非福建之殖民地，吾人誠不知此一二無聊之福建人，何以配干涉臺灣事？」「所謂上海閩臺團體之活動，完全別有作用，吾人決不可受其欺騙」云云。

夏濤聲這種頑固的態度不僅讓與會記者大為反感，連與臺灣省黨部關係密切的《國是日報》也看不下去了，於8月10日發表社論，向夏濤聲提出質問。社論認為

上海閩臺各團體的要求是值得為政者自惕和參考的，絕非「無理取鬧」，也絕非少數人的感情用事。夏先生說是臺灣中國的一個省。那麼作為中國人，不管是福建人，或是他省人，向中央政府貢獻其對臺灣興革事宜的意見，夏先生就不該硬指其為「無聊」，越俎代庖，甚至「別有作用」。臺灣也決不至因此便成了福建或他省人的殖民地。只有一國的內政，才不容外來的力量干涉，至於省的措施，卻沒有不被外省人批評建議的神聖不可侵犯性。福建人過問臺灣的政治，夏先生是無權這樣深惡痛絕，斥之為「無聊」，斥之為「侵略」、「別有作用」的。何況福建人對臺灣政治過問，至今充其量也不過是批評與建議，尚沒有任何「干涉」的跡象。福建人的建議也是貢獻給中央政府的，並不直接向臺灣地方政府，更未曾向公署施用壓力，那麼，這「干涉」二字，究竟在夏先生口中作何解釋？有何證據？令人實在百思不得其解。社論還認為上海閩臺各團體所向中央請求的，是民意的一種表現。而且，批評臺灣政治的，也不止是福建人，如果批評和建議便是干涉的話，那麼「干涉」的就不止是福建人，夏先生為什麼卻專斥福建人為「無聊」？如果建議和批評不是干涉的話，那麼福建人也應該被夏先生一視同仁，為什麼要斥之為「別有作用」？

福建與臺灣，唇齒相依，650萬臺灣同胞中，祖籍福建的占80%以上，血緣相同，語言相通。兩地百姓關係密切，心心相連。福建人民對光復之後臺灣的關心是十分自然的。而且，自1933年至1941年陳儀任福建省主席兼綏靖主任的七年多時間中，獨攬軍政大權，任用親信徐學禹實行經濟統制，糧食「公沽」，弄得福建民窮財盡，人民深受其害，記憶猶新。所以福建人對臺灣民眾在陳儀長官公署的特殊政治體制及高度經濟統制之下所遭受的痛苦更是感同身受；同時，對臺灣同胞的失望和不滿的情緒也更能理解。儘管國民政府相關部門對閩臺建設協進會等團體的請願要求未予採納，且以陳儀為首的臺灣省行政長官公署對閩臺建設協進會等團體的批評建議進行打擊、誣衊，但福建人民對光復後寶島重建的關注以及對臺灣同胞滿懷關愛的殷殷之情並未有絲毫的減少。

二、「二‧二八」事件發生後的閩臺建設協進會

1947年2月27日，臺北市因查緝私煙，擊斃人命，而引發了「二‧二八」事件，造成人民生命財產的重大損失，動亂很快就蔓延到全島。消息傳到上海後，閩臺建設協進會上海分會立即與旅滬臺灣同鄉會、臺灣省政治建設協會上海分會、臺灣重建協會上海分會、上海臺灣同學會、臺灣革新協會等五團體組織了臺灣「二‧二八」慘案聯合後援會，於3月5日下午六時舉行記者招待會。會上先由臺灣旅滬學生鄭晶報告慘案經過，接著由閩臺建設協進會的陳碧笙分析慘案發生之原因。陳氏認為就法律方面而言，臺省專賣制度是加重人民負擔的非法制度，全國沒有一省實行專賣，臺灣獨受此種不平等待遇。專賣局職員可以任意捕人，警察可以任意開槍殺人，長官公署衛隊可以任意以機槍掃射民眾。當年段祺瑞張作霖軍閥時代，亦未至殘酷如此，故此次慘案之法律責任應由長官公署負責；就政治原因而言，臺省米、糖、煤產量很高，工業、交通均甚發達。臺灣淪陷半世紀，人民在日寇殖民統治之下，過著暗無天日的亡國奴生活。抗戰勝利，臺人熱烈歡迎國軍，寄於無窮希望。然而，曾幾何時，臺灣民眾對於當局之各種行政措置，由希望變成失望，由失望變成絕望，由絕望變成積極反抗。此前臺灣人民曾二次晉京請願，向二中全會與國民參政會呼籲，要求徹底改變現行臺灣政策，懇切表達臺人要求與痛苦。但政府置之不理，任讓官僚橫行不法，斷送臺灣燦爛前途，阻礙臺人民主要求。故此次慘案之發生，直接由臺省公署負責，間接由中央政府負責。

　　聯合後援會同時還發表《告全國同胞書》，向全國人民說明「二‧二八」慘案發生的原因與真相，並提出要求：（一）立刻允許臺灣實行自治，省長、縣長一律民選。（二）廢除特殊化之行政長官制度及其一切特殊法令設施。（三）懲辦陳儀及開槍兇手。（四）取消臺灣特有之專賣及省營貿易。（五）撫卹傷亡，立即釋放被拘民眾並擔保不再發生同一事件，藉以平息眾憤安定人心。聯合後援會還決定組織臺灣省「二‧二八」事件調查慰問團，並定於12日晉京向政府請願。

　　3月7日，應陳儀的要求，國軍21師由上海出發開赴臺灣。因擔心軍隊抵臺後實行武力鎮壓，由閩臺建設協進會、臺省政治建設協會、臺灣重建協會及臺灣革新協會等6團體組成的「二‧二八」事件調查慰問團，提前於10日抵達南京請願。同日，蔣介石在國府紀念週上表示：中央決以政治手段，和平處理「二‧二八」事件，並擬派大員赴臺宣慰臺胞。下午六時，國防部長白崇禧代表中央召見在京請願

的京滬閩臺代表團，代表們當即提出四點要求：1、取消特殊化之行政長官公署。2、取消省營專賣及統制貿易。3、撤換陳儀。4、中央勿以武力對付臺灣人民。白氏答稱：派兵係國防問題，個人保證政府不致以武力處理臺變。長官公署自將改為省政府。臺籍及外省籍公務員之待遇一律相等。不合理之統制貿易及專賣可以取消。並側面表示，陳儀大概不會再繼續幹下去。白崇禧還表示中央希望代表團協助政府，安定民心，和從事善後工作。當時代表團對於中央善意，深為感戴，因為恐怕臺灣情形不安定，表示願意在宣慰大員赴臺之前，先做一番準備工作。

11日晨，白崇禧又調見閩臺代表團，宣布決定派國防部法規司司長何孝元中將、部長辦公廳秘書張亮祖等三員，偕同閩臺代表所組成的慰問團，乘專機在當日出發飛臺，先事布置。中央宣慰大員定於次日（12日）飛莅臺灣，正式開始宣慰善後工作。閩臺慰問團一行除國防部何、張、區三位人員外，有慰問團團長張邦杰、副團長楊肇嘉、團員張錫鈞、陳碧笙、王麗明、林松模、林有泉、陳重光、張維賢、李天成、黃木邑暨顧問徐卓英、屠仰慈等一共16人。軍用專機於中午十二時起飛，到上海略停，就直飛臺北。儘管慰問團的組織和出發赴臺，事前經中央的指示和同意，並由當局派軍用專機送去，外加中央宣慰大員的先遣人員，也偕同前往。不過以陳儀在閩臺兩省之一貫的作風，大家知道事情絕不會太順利，在飛機上多少有些惴惴不安的心情。唯在國家民族利益的大前提之下，「各人都抱著決心，就是虎穴龍潭之中，也不辭艱險，極力去挽救危局，拯救千萬蒼生」。「若使甲兵真可洗，與君同上決天河」，正是這一心情的真實寫照。

下午五時，飛機飛抵松山機場，將慰問團的名單交給何司長，請其先與陳儀聯絡。慰問團所乘汽車繞行市內，臺北滿目淒涼，像一座死城，武裝軍憲滿布崗位，軍用卡車上裝著機關槍往來梭巡示威。商店和居民都關上了大門，透過半掩的窗口，以十分驚異的目光，掃射著慰問團一行的到來。慰問團遍尋住所不得，最後在行政長官公署對面的「新生活賓館」暫時安頓下來。大家不待休息，即舉行談話會，認為臺北情形完全在武力控制之下，說不定慰問團也要遭到軍憲的阻撓監視，無法執行慰問工作。果然不出所料，晚飯過後，慰問團所住內外已被憲兵和便衣密探包圍，各代表形同被軟禁，即使上廁所也遭到監視。當晚十一時許，從長官公署回來的何孝元司長帶回了更壞的消息：陳儀要慰問團全體人員，包括何司長等三人

在內,明日晨九時乘原機回去。慰問團的各位代表懷著滿腔熱忱,不顧安危,不辭辛勞,從南京飛到臺灣,本來想替政府和人民稍盡微力,使大局獲得保全,國家和地方的元氣不致損傷。然而,由於陳儀的阻撓,慰問工作無法執行,大家只好帶著萬般的無奈和依依不捨之情於12日黯然離臺返京。

儘管慰問團未能達到慰問臺胞的目的,但閩臺各團體並未放棄要求政府和平解決臺灣事件的努力。13日下午,閩臺七團體代表再度在京舉行記者招待會,由副團長楊肇嘉向新聞界報告赴臺宣慰經過,繼由閩臺建設協進會的陳碧笙加以補充並報告到臺後於未被監視的二三小時內所獲悉的臺灣情況,稱:國軍八日到臺北,陳儀解散「二·二八」處理委員會,逮捕民眾領袖。曾任國大代表或參政員、參議員之臺胞或被監視或失蹤,某教授及學生20餘人且被槍殺。現臺中及嘉義兩地軍民業已激戰三日,臺東花蓮港則由民眾占領,在政府控制之下者僅有7個城市……。陳碧笙指出:「現唯希望政府實行諾言,如蔣主席在紀念週上之表示,則可以擔保絕大多數臺胞必能擁護政府之辦法,而臺變亦可結束。如仍實行報復性的恐怖政策,結果必在臺灣開闢內戰第二戰場。」最後陳氏並聲明,報載所謂臺灣民主聯盟要求聯合國委任統治一說,實為全體臺灣人民所反對者。次日,「二·二八」慘案臺胞慰問團的張邦杰、楊肇嘉、陳碧笙、林松模、王麗明、張維賢、李天成、張錫鈞、陳重光等一行9人又親往監察院,向於右任院長呈遞《處理臺灣事變意見書》。意見書首先分析了事變發生之原因,接著指出長官公署事前疏於防範,擴充警察大隊以代替國軍駐防;事變發生後又臨事慌張,採取報復手段等處置之失當。最後提出緊急建議:(一)立將事變禍首陳儀撤職解京法辦,以懲其禍國殃民之罪。(二)對弊端百出之行政長官制度明令廢止,改設省政府。(三)撤銷不合理之各種經濟統制。(四)釋放被拘無辜民眾,停止恐怖政策。(五)整飭軍紀,嚴禁軍隊非法開槍殺人,搶掠人民財物。(六)敦請地方公正人士出而協同政府勸導民眾自動交出武器,恢復秩序。

五天之後,即3月19日,由閩臺建設協進會、臺灣省政治建設協會、旅滬臺灣同鄉會等六團體組成之臺灣「二·二八」慘案聯合後援會為挽救臺灣危局,也致電於右任院長。指出此次慘案之起因雖由於專賣局軍警查緝「非專賣」香煙,非法捕人殺人,而根本原因實在於臺灣行政制度之特殊化,陳儀不恤民意厲行專賣統制政

策所一手造成。自今亡羊補牢尚未為晚,為求挽救之道,擬請:「(一)立刻允許臺灣實行自治,省長、縣市長一律民選。(二)廢除特殊化之行政長官制度及其一切特殊法令設施。(三)懲辦陳儀及軍警實際負責人。(四)取消臺灣特有之專賣及省營貿易。(五)撫卹傷亡,立即釋放被拘民眾並擔保不再發生同樣事件,藉以收拾人心安定秩序。」並再行推派張邦杰、陳碧笙、林松模、楊肇嘉、王麗明為代表,晉京請願,面陳意見。

　　3月31日,由京滬七個閩臺團體組成的請願代表團張邦杰、陳碧笙等一行五人為速行妥處臺灣善後事再次呈文監察院院長於右任。呈文指出自軍隊大批開到後,陳儀違反中央寬大處理的原則,使用武力,以清鄉為名,對無辜民眾,濫施搜捕、屠殺,造成嚴重恐怖。而今時已逾月,政府對失職官吏竟絲毫未有處分之表示。「長此以往,不僅政府威信掃地無餘,而臺灣與祖國間之裂?則將愈陷愈深,馴至不可收拾」。為此張邦杰、陳碧笙等人再度代表650萬臺胞作最誠懇之呼籲,要求政府迅速採取下列緊急措施:(一)將激起民變殘殺人民之禍首陳儀、柯遠芬依照三中大會決議予以撤職,解京審訊,科以應得之罪;(二)將紀律敗弛,肆行劫殺之軍隊予以管束或調防;(三)停止一切恐怖行為,並釋放無辜人民;(四)組織調查團調查此次慘案死傷人數及地方官應負之責任;(五)迅派大員負責辦理善後工作,恢復地方治安秩序。

　　在閩臺建設協進會等團體的強烈要求及社會各界的壓力下,4月22日,行政院第784次例會終於作出決議,撤銷臺灣省行政長官公署,依照《省政府組織法》改制,並任命魏道明為臺灣省政府主席。5月16日,臺灣省政府正式成立,同時宣布有關的若干措施:(一)解除戒嚴;(二)結束清鄉;(三)停止新聞、圖書郵電檢查;(四)撤銷交通、通訊之軍事管制等等。5月23日,臺灣省政府決議,將民眾廣為詬病的專賣局改組為煙酒公賣局,原專賣局火柴公司改為股份有限公司,開放民營;原有之樟腦公司則移歸建設廳管轄。「二·二八」事件的風波至此終於落下帷幕。

餘論

「二・二八」事件發生的原因雖然比較複雜，但從本質上來說，它是臺灣民眾反對獨裁、專制，要求民主、自治的鬥爭。臺灣光復之後，由於當權者施政不當及各種客觀原因，臺灣的政經形勢每況愈下，人民由滿腔希望變成失望和怨恨，這其中臺灣百姓意見最大的當屬特殊化的行政長官公署制度以及承襲自日本殖民統治時期的專賣制度。閩臺建設協進會上海分會成立時就透過提案，要求政府立即撤廢特殊化之臺灣行政長官公署，改設省政府；立即廢除臺灣之專賣及省營貿易制度，將糖煤煙酒等進出口貿易開放民營。其後，又聯合其他旅滬閩臺團體進京請願，以此作為主要訴求，奔走呼號。政府相關部門如能擇善而從，予以採納，當可在一定程度上緩和臺灣民眾的不滿情緒，從而適當化解社會矛盾，「二・二八」事件的發生也許也就可以避免。「二・二八」事件發生後，閩臺建設協進會與其他旅滬閩臺團體組成「二・二八」慘案聯合後援會，發表聲明，要求「政府對於臺變善後，首須避免使用武力，整飭軍紀，停止恐怖活動，釋放無辜被捕人民，保證對參加事變人民不再追究」。並派代表赴臺宣慰，請求「中央勿以武力對付臺灣人民」等等。有關方面若能依此原則處理，當可將「二・二八」事件的影響和破壞控制在最小的範圍內，也不會有那麼多的社會精英和無辜民眾慘遭殺害，更不至於在臺灣人民與祖國之間留下一道久久難以癒合的情感裂。當然，歷史的研究容不得這許多的假設，但在六十年後的今天，我們痛定思痛，站在新的歷史高度來重新回顧和審視閩臺建設協進會與其他旅滬閩臺團體在「二・二八」事件前後提出的政治主張和所作的種種努力，仍然免不了別有一番感慨在心頭。

1949年招商局遷臺述論

王玉國

　　1949年，在中國歷史上是一個關鍵的年份。這一年，中華人民共和國在北京宣告成立，蔣介石到達了臺灣。伴隨著南京國民政府機關、人員以及物資從大陸遷往臺灣，招商局亦將船隻及人員大規模遷往臺灣。通常認為，招商局遷往臺灣船隻共計95艘，24.6萬噸，其中海輪80艘，占該公司原有海輪總數的81%強，共計22.4萬餘噸，占原有海輪總噸位的86%強，所有自由輪、大湖輪及格萊型船隻全部遷往臺灣。但招商局遷臺船隻具體情況如何，遷臺後的情況如何，卻缺乏詳細的記載。

一、招商局遷臺前船舶情況

　　抗日戰爭時期，招商局為了配合抗擊日軍，付出了極大的代價。1945年，抗日戰爭結束時，招商局船隻僅餘18艘，共23841多噸。1945年10月，經國民政府行政院敵偽產業處理局同招商局商定，凡敵偽有關水運的產業和船舶均由招商局統一接收，再由該局與敵偽產業處理局協商分配處理。10月，招商局由重慶遷往上海，陸續恢復長江沿海各埠分局及辦事處，並恢復各線營運。在極短時間內陸續將滬漢、滬青、青連、津青、滬臺等航線恢復，「遍及南北洋沿海，及東南亞各地」，並積極開闢遠洋航線，航行至印度、古巴、阿根廷等地。這時期招商局在近遠洋航線的開闢，均創下當時中國航運史的新紀錄。

　　1948年下半年，由於國民黨軍隊在軍事上節節潰敗，經濟上又陷入崩潰，物價飛漲，為擺脫危機，國民政府改革幣制以穩定幣值。與此同時，國民政府決定將國營招商局改組為股份有限公司。招商局輪船股份有限公司於1948年9月1日正式成立。當時股份有限公司總部仍設在上海，因此，在上海的招商局股份有限公司總部就簡稱招商局總公司。此時，招商局還在長江各埠分別設鎮江、南京、蕪湖、安

慶、九江、漢口、沙市、宜昌、重慶、長沙等10個分公司；在沿海各埠分別設葫蘆島、秦皇島、天津、煙臺、青島、海州（連雲港）、寧波、溫州、福州、廈門、臺灣、汕頭、廣州、香港、湛江等15個分公司；另設高雄、基隆、鎮海、塘沽、榆林5個辦事處；國外則在日本東京設立分公司，神戶、橫濱各設一辦事處，另在海防、曼谷、新加坡、仰光、孟買、加爾各答、馬尼拉、紐約、倫敦等設立代理處。招商局在國內外的分公司、辦事處、代理處共達43個。招商局的碼頭和倉庫遍及江海沿線各分公司，碼頭合計68座，長度達30472英呎；倉庫合計261座，容量達1113417噸。招商局員工人數也急劇增加，1946年元月員工人數為4709人，其中工人3363人；到1948年9月員工人數達到15665人，其中工人11645人。

招商局在接收敵偽船舶的同時，同時購買了大批外國剩餘船隻，1948年6月，招商局擁有大小船舶490艘，計409200總噸，其中江海大輪108艘，315184總噸，達到招商局成立以來船舶擁有量的最高點。但船舶動態變化頻繁，1948年9月，國營招商局改組為招商局輪船股份有限公司時，移交船舶則為469艘。而招商局在遷臺前期，船舶又變動為470艘，計417194總噸，詳如下表：

在臺灣，招商局於1945年12月12日設立臺北分局，由陳德坤負責。不久，在基隆、高雄分別設立辦事處，分別由黃慰庭、白標第負責。截至1948年，招商局臺北分局及基隆、高雄兩辦事處共有職員42人。招商局在臺灣建立辦事機構的同時，還積極在臺北、基隆和高雄接收敵偽地產，招商局在臺灣的航運基礎逐漸得到擴充。招商局高度重視對臺航線，相繼恢復了臺北、基隆、高雄航線，發展了滬臺、臺日航線。這些航線運輸，包括臺鹽、臺煤、臺糖、大米、玉米、水泥、桐油等大宗散貨以及日本的戰爭賠償物資，並接運僑胞回國，同時將日俘、日船員運送回日本。948年9月，伴隨國營招商局改組為招商局輪船股份有限公司，臺北分局也改組為臺灣分公司。招商局在臺灣的發展，在一定程度上為招商局遷臺奠定了基礎。

表1　招商局遷臺前船舶統計表

類型	船名	數量	噸數
自由輪	海天、海地、海玄、海黃、海宇、海咒、海辰、海宿、海列、海張	10	72230
大湖型	海蘇、海皖、海鄂、海川、海滇、海桂、海遼、海吉、海贛、海湘、海康、海黔、海粵、海隴	14	38465
近海型	海菲、海廈	2	9381
格萊型	自忠、登禹、麟閣	3	8705
N3型	黃興、蔡鍔、執信、延聞、漢民、鐵橋、其美、鄧鏗、仲愷、培德、林森、教仁、成功、鴻章、廷樞、繼光、宣懷、鄭和	18	33701
B型	海漚、海平、海穗、海漢、海杭、海津、海甬	7	9457
特快輪	錫麟、秋瑾、元培	3	4428
LST	中101、中102、中103、中104、中105、中106、中107、中108、中109、中110、中111、中112、中113、中114、中115、中116、中117、中118、萬富、萬國、萬利、萬民	22	73194
LSM	華201、華202、華203、華204、華205、華206、華207、華208、華209、華210、華211、華212	12	10392
遠洋拖輪	民301、民302、民305、民306、民308、民309、民310、民311、民312、民313、民314、民315、民316、民317、民318、民319、民320	17	9486
油輪	建甲	1	601
江輪	江靜、江平、江寧、江順、江華、江漢、江慶、江濟、江亞、江隆、江泰、江安、江新、江建、江和、江陵	16	45541
小拖輪	國字號和飛字號	113	15730
機船駁船		232	85883
總計		470	417194

資料來源：招商局輪船股份有限公司（臺灣）企業管理室資料課編印：《招商局輪船股份有限公司資料彙編（第一種）》，招商局輪船股份有限公司（臺灣），1955年，第1～6頁。

二、招商局遷臺經過

　　1947年和1948年是國民政府在大陸失敗的關鍵兩年，軍事挫敗和施政無能，導致人心渙散、軍心動搖，造成惡性循環。由於戰爭帶來財政惡化，物價飛漲，人民生活困頓異常。1948年下半年，國民政府發行金圓券，試圖穩定幣制，結果卻導致

通貨膨脹失控，百業蕭條，人民基本的生活權益遭受剝奪。儘管國民政府仍領有半壁江山，但精銳部隊盡失，組織力量薄弱，黨政軍依舊派系傾軋，無力整合，總崩潰的結局已無可避免。

　　1949年初，國民黨勢力在大陸大勢已去，唯一可以選擇的退守地域只有以四川為中心的西南，還有以臺灣與海南為主的海島。許多人憑藉抗戰時期的經驗，主張撤往大西南，重演抗日戰爭時固守西南的歷史，藉機東山再起。但歷史地理學家張其昀等主張東撤臺灣，因為臺灣海峽海闊浪高，能暫時阻止沒有海軍、空軍的解放軍乘勝追擊；臺灣地處中國東南部，北迴歸線從臺灣穿過，熱帶和亞熱帶的氣候適合動、植物的生長，物產豐富，全臺土地利用率高，植被茂密，糧食等農產品基本可滿足軍民所需；臺灣島內交通便利，工業有日據時期留下來的基礎，若善於經營，經濟可望起飛；在軍事上，臺灣有海峽跟大陸相隔，易於防守，且位於太平洋西岸，扼太平洋西航道之中，跟美國的遠東防衛銜接，戰略地位極為重要，美國不會棄之不顧，若得美援，臺灣防守將萬無一失；臺灣四面環海，呈封閉形，境內鐵路、公路四通八達，農村都已開發。因此，中國國民黨若將黨、政、軍、財、文中心遷臺，再帶來較多的資金和人才，必將建成穩固、強盛的臺灣基地。這個方案經過蔣介石同意後，於1948年底開始實施，將黨、政、軍、財、文中心遷到臺灣。948年12月29日，國民黨行政院長孫科發布命令，正式任命蔣介石的親信陳誠為臺灣省政府主席。1949年1月21日，蔣介石宣布下野，由李宗仁任代總統。蔣介石雖然名義上下野，但仍以國民黨中央總裁的身份在幕後實際掌控黨政軍大權，一面繼續指揮國民黨軍隊與解放軍作最後的抵抗，一面策劃、指揮向臺灣搶運物資。

　　而招商局總經理徐學禹在1948年7月，也召開處級以上人員會議，擬訂了一份撤往臺灣的計劃：

　　1.原來在長江行駛的大型江輪以及可以出海的拖輪、鐵駁、修理船、倉庫船等，全部撤往臺灣。

　　2.海輪照常在海外行駛，必要時全部集中去臺灣，接受臺灣的調配。

3.浦東修船廠的全部機器、工具、器材、物料連同全體職工都撤往臺灣，與臺灣造船廠合併。

4.建造中的「伯先」號客貨輪在完工後開往臺灣，如屆時尚未完工，則由拖輪將其拖往臺灣。

5.各處、部、室的卷宗、檔案、帳冊等整理裝箱，準備運往臺灣。

隨後，招商局採取一系列措施籌備遷臺。12月，產業部奉命調派該部事務組主任汪憲文、企劃組副主任陸去病、工程師嚴家昌等5人先行去臺，籌辦總公司遷臺有關事宜。產業部奉命將大批重要文件以及家具財產等裝運臺灣。此外，該部還負責承擔在臺北尋購房產及聯繫業務事宜。由於事務繁重，難以兼顧，後由綜核部派人赴臺協助。

為適應招商局遷臺，國民政府還改組招商局管理機構。1949年3月，董事長劉鴻生辭職，交通部改聘徐學禹為董事長，胡時淵為總經理。新舊總經理辦理移交手續，交接的清冊包括歷年檔案、帳冊以及綜核部的地產文契等，其中裝運臺灣的帳冊有1937年至1948年的總分類帳及明細帳冊共237本。4月9日，胡時淵以「發展華南業務」為由，加派產業部經理組副主任譚懿為駐臺代表，另派公務員兩人前往協助辦理公務。4月16日，又派產業部營繕組工程師姚宏青赴臺籌劃建築工程，招商局遷臺的各種準備工作基本就緒。1949年4月21日，中國人民解放軍百萬雄師橫渡長江；4月23日，南京解放，宣告國民黨在中國大陸的徹底覆滅。按照國民政府行政院的要求，強令招商局開始隨國民黨軍隊、機關一起遷往臺灣。4月30日，董事會正式決定在臺灣成立總管理處，並制定了《成立總管理處後本公司業務處理暫行辦法》。徐學禹往來於上海、香港和臺灣之間，積極部署招商局遷臺工作，「凡屬可遷移之軍公物資」，以及「其餘船隻，遵照政府命令，全部撤離上海」。但部分船隻因為在上海修理而無法拖動，或者因為在長江上應差而無法撤出，「元培」輪、中101、中102、中104、中107、中111、中114、中116、華201、華202、華204、華205、華207、華208、華209、華211、華212、民306、民311、民313、民318、民319、江順、江華、江漢、江慶、江濟、江泰、江安、江新、江陵等，留置

大陸。而小輪機船拖駁，因為是「各埠之輔助工具，噸位過小，無從撤離」，小拖輪僅遷臺國良、國富、金山、飛臺、飛隆，共5艘；機船駁船僅遷臺招商93號和利106號。

另外，「宣懷」輪早在1948年11月11日東北撤退時在營口碼頭因裝載彈藥不慎爆炸，船隻全毀。「鄭和」輪在1949年4月22日南京解放時留置大陸，後被國民黨飛機轟炸沉沒。「海甬」輪在長江中游沉沒，「江亞」輪在銅沙沉沒。中110號和華203號分別在1949年1月31日和3月10日移交海軍，民317在1949年5月4日租予海軍，民314艇和「建甲」輪則被海軍徵用。因此，招商局遷臺的船隻應為92艘，244695總噸，具體如下表。隨同船隻遷臺的招商局員工有，岸上人員721人，船上人員為4635人，總數為5356人，大約占當時全局員工人數的1／3。

表2　招商局1949年遷臺船舶統計表

類型	船名	數量	噸數
自由輪	海天、海地、海玄、海黃、海宇、海宙、海辰、海宿、海列、海張	10	72230
大湖型	海蘇、海皖、海鄂、海川、海滇、海桂、海遼、海吉、海贛、海湘、海康、海黔、海粵、海隴	14	38465
近海型	海菲、海廈	2	9381
格萊型	自忠、登禹、麟閣	3	8705
N3型	黃興、蔡鍔、執信、延間、漢民、鐵橋、其美、鄧鏗、仲愷、培德、林森、教仁、成功、鴻章、廷樞、繼光	16	29955
B型	海漚、海平、海穗、海漢、海杭、海津	6	8106
特快輪	錫麟、秋瑾、元培	2	2952
LST	中103、中105、中106、中108、中109、中112、中113、中115、中117、中118、萬富、萬國、萬利、萬民	14	46578
LSM	華206、華210	2	1732
遠洋拖輪	民301、民302、民305、民308、民309、民310、民312、民315、民316、民320	10	5799
江輪	江靜、江平、江寧、江順、江華、江和	6	17278
小拖輪	國良、國富、金山、飛台、飛隆	5	638
機船駁船	招商93、利106	2	2876
總計		92	244695

資料來源：招商局輪船股份有限公司（臺灣）企業管理室資料課編印：《招商局輪船股份有限公司資料彙編（第一種）》，招商局輪船股份有限公司（臺灣），1955年，第1～6頁。

招商局在遷臺的過程中，還積極參與國民政府機關、人員及物資的遷臺工作。為避免故宮博物院和中央博物院的文物遭戰火波及，杭立武、朱家驊、王世杰、傅斯年、李濟等提議將故宮博物院的文物運臺，隨後中央圖書館、中央研究院歷史語言研究所、外交部、北平圖書館也提議將圖書、文物及重要檔案等一同運臺。1948年12月21日，在南京下關將第一批文物772箱裝上海軍的運輸艦「中鼎號」，12月26日到基隆。第二批文物則由招商局的「海滬」輪載運，包括故宮博物院1680箱、中央博物院486箱、中央圖書館462箱、中央研究院歷史語言研究所856箱、北平圖書館18箱，合計3502箱，1949年1月6日開船，1月9日到基隆。第三批文物是由海軍的運輸艦「崑崙艦」載運1248箱，1月30日開船，2月22日才到基隆。招商局承運的第二批3502箱為三批文物中最大的一批，占總5522箱的63.5%。招商局除了預定的計劃外，「同時尚須供應軍差」，諸如：「鐵橋」輪承運經濟部「水利署重要檔案及貴重器材850箱，農林署重要檔案及貴重公物273箱」從廣州抵基隆；廣州空軍發動機製造廠於1949年6月間租用「海漢」輪和「繼光」輪裝儀器材運赴基隆；「海康」輪和華字206艇於1949年6月1日抵達定海，裝載空軍汽油、炸彈及空軍地面警衛第四團運抵基隆。949年3、4月間，招商局派遣大小船15艘疏運軍公物資，計65416總噸。5月派遣大小船34艘疏運軍公物資，計77652總噸。6至10月，廣州疏運軍公物資約20000噸，軍差用船大小船26艘，計69179總噸。此外，青島、天津、廈門、福州、南京諸役均召船隻多艘參加，而最後離港者亦常為招商局船隻，至於經常擔任軍運船隻平均達20艘，約50000總噸。由於招商局參與遷臺工作許多涉及軍公機密，而缺乏詳細的記載，但招商局承擔著繁重的軍運任務，「以軍公運輸為主。所有航行船隻，十之八九調充軍運」。

三、臺灣招商局船舶情況

1949年6月1日，招商局總管理處（本文以下簡稱臺灣招商局）在臺北正式成立。總管理處設總經理一人，副總經理三人，由韋煥章代總經理，俞大綱、陳德坤

和曹省之代副總經理。並分設業務組、運務組、財務組、總務組,業務組負責辦理核定運價、決定航線、支配船隻、接洽大宗貨運及租賃船隻等事項,運務組負責辦理船隻登記、修理、救護、船員調配考核、電臺通訊及其他有關船務事務,財務組負責辦理會計、審核、出納及產業等事項,總務組負責辦理文書、庶務、人事及供應等事項。臺灣招商局為了增進工作效率,加強運輸效能,將臺灣分公司裁撤,並將基隆、高雄兩辦事處改為基隆分公司及高雄分公司。而定海地位日顯重要,為適應需要,決定設立定海分公司,「調前寧波分公司經理周受殷為該部公司經理,尅日籌備成立」。

臺灣招商局遷臺初期,原有北洋及長江航線,全部放棄,剩餘的南洋航線,也僅有福州、廈門、汕頭、廣州、香港、海南島等港口,「時局繼續惡化」,「貿易幾至完全停頓,已無業務可言」。當時船隻,「除擔任軍事運輸外,併負維持交通之責,客貨業務幾等於零」。在僅有的航線中,「臺穗交通,漸臻重要」,「舉辦基隆至廣州定期航線」,指定「秋瑾」輪、「錫麟」輪和「鐵橋」輪等,常川行駛。而閩臺之間的航線,「特開闢基廈汕定期航線」,由「海漢」輪,「每月航行基廈汕、汕廈基,計往返四次,已於七月六日起開始航行」。徐學禹分析遷臺後的形勢,指出今後的業務「只有向國外發展」,要「參加國際競爭」。鑑於「臺韓關係日見密切」,為適應需要,拓展國外業務起見,「在南韓漢城設立代理處,並調派東京分公司經理陳士金君為駐韓代表」。這樣,臺灣招商局的分支機構包括:基隆分公司、高雄分公司、定海分公司、廈門分公司、汕頭分公司、廣州分公司、海口分公司、榆林分公司、香港分公司、東京分公司、神戶辦事處以及漢城代表處。

招商局雖然遷臺船舶92艘,但隨著形勢的發展,也在發生變化。大致分如下幾種情況:

1.起義回到大陸。「海遼」輪於1949年9月19日在奉軍差由香港駛往汕頭載運國民黨軍隊增援舟山的途中,船長方枕流率船員宣布起義,為防國民黨海軍攔截及空軍飛機轟炸,特繞經臺灣東岸經琉球,韓國濟州島而於28日到達大連。「蔡鍔」輪、「海康」輪、「海廈」輪、「登禹」輪、「鄧鏗」輪、「林森」輪、「教仁」輪、「成功」輪、「鴻章」輪、「海漢」輪、中106、民302、民312於1950年1月

16日在香港起義，回歸大陸。

　　2.移交、租予軍方或被徵用。鐵駁招商93號於1949年6月在定海被海軍徵用；民316和民310分別於1950年1月22日和4月1日移交海軍；「錫麟」輪、「秋瑾」輪於1950年5月26日租予海軍，分別改名為「高安」輪和「德安」輪；「萬富」輪於1950年4月6日在基隆移交國防部，中115於1950年4月10日在淡水移交國防部，均作金門碼頭；1949年9月13日在高雄接收日本歸還輪小貨輪增利號，改名為「海臺」號，於1950年6月16日在基隆交國防部，也用作金門碼頭。

　　3.出售或撥臺航增資。中118於1950年1月25日售予臺灣民航空運隊改為「江流」號修理船；「海穗」輪於1950年1月16日售予臺灣銀行；「海川」輪、「海贛」輪、「海湘」輪和「海滬」輪於1950年7月1日售予臺灣銀行；「海杭」輪於1950年9月19日撥臺灣航業公司增資，改名「嘉義」號，「海平」輪和「海津」輪於1950年9月20日撥臺灣航業公司增資，分別改名為「花蓮」號和「豐原」號。

　　4.海損事件及其他。「江建」輪於1949年10月21日在金門沉沒；「江和」輪於1950年2月25日觸礁；中112於1950年4月30日在榆林港沉沒；「廷樞」輪於1950年11月13日在金門沉沒；1950年10月17日在高雄接收由行政院善後事業保管會撥來的「美齡」號和「樂怡」號，分別改名為「萬眾」號和「萬有」號，但「萬眾」號於11月29日即在菲律賓擱淺損毀。另外，「海列」輪1949年9月6日因走私案在日本被盟軍總部扣押，盟軍總部於1950年3月8日決定沒收充公。

1950年底臺灣招商局船舶統計表

類型	船名	數量	噸數
自由輪	海天、海地、海玄、海宇、海宙、海辰、海宿、海張	8	57784
大湖型	海蘇、海皖、海鄂、海滇、海桂、海吉、海湘、海粵、海隴	9	25233
近海型	海菲	1	6202
格萊型	自忠、麟閣	2	5810
N3型	黃興、執信、延間、漢民、鐵橋、其美、仲愷、培德、繼光	9	16844
LST	中103、中105、中108、中109、中113、中117、萬國、萬利、萬民、萬有	10	33270
LSM	華206、華210	2	1732
遠洋拖輪	民301、民305、民308、民309、民315、民320	6	3414
江輪	江靜、江平、江寧、江隆、	4	13678
小拖輪	國良、國富、金山、飛台、飛隆	5	638
機船駁船	利106	1	2000
總計		57	166605

資料來源：招商局輪船股份有限公司（臺灣）企業管理室資料課編印：《招商局輪船股份有限公司資料彙編（第一種）》，招商局輪船股份有限公司（臺灣），1955年，第1～6頁。

遷臺後的招商局，從事軍公運輸仍是其主要任務之一。僅1950年1至8月，共派遣152艘船舶，運輸451030噸。尤其是海南島戰役和舟山群島戰役，國民黨軍隊戰敗，「海湘」輪、「海穗」輪、「海宇」輪、「海粵」輪、「秋瑾」輪、「鐵橋」輪、「繼光」輪、中103、中108、中109、中117等11輪擔任了從海南島撤退到臺灣的運輸任務；「海地」輪、「海宇」輪、「海宙」輪、「海川」輪、「海菲」輪、「海贛」輪、「海粵」輪、「海湘」輪、「黃興」輪、「秋瑾」輪、「錫麟」輪、「其美」輪、「鐵橋」輪、「萬國」輪、「國良」輪、民320、中103、民301、中105等19輪擔任了從舟山群島撤退到臺灣的運輸任務。

1950年，英國和印度相繼承認中華人民共和國。繼「海遼」輪起義之後，1950年1月15日，香港招商局的13艘海輪宣告起義。同年，4、5月間，海南、舟山又相繼撤退。這些對臺灣招商局打擊很大，局董監事會旋亦改組，前董事長徐學禹復職連任，交通部並改聘俞飛鵬、陸翰芹、包可永、韋煥章等為董監事，韋煥章仍兼任總經理。公司業務，「為慎重計，對於香港以西之航線，暫時停止，致力於臺日線之發展」，先為不定期航行，後將航線延伸至菲律賓、韓國。

招商局在遷臺前，共有大小船隻470艘，總計417194噸；在國內外的分公司、辦事處、代理處共計43處，遍布長江、南洋、北洋及海外；招商局的碼頭和倉庫遍及江海沿線各分公司，碼頭合計68座，長度達30472英呎；倉庫合計261座，容量達1113417噸；948年9月招商局員工人數達到15665人，其中工人11645人；航線遍布長江沿線、南洋、北洋及東南亞各地，還開闢印度、古巴、阿根廷等地遠洋航線。招商局遷臺後，截止1950年底，共有船隻57艘，總計166605噸，為遷臺前的40%；臺灣招商局的分支機構則縮小為：基隆分公司、高雄分公司、東京分公司、神戶辦事處以及漢城代表處，相應碼頭、倉庫、員工及航線亦隨之縮減，1950年員工總計3505人，工人2472人，航線則以近洋和臺日航線為主。隨著形勢的變化，招商局在臺灣已經失去往日的輝煌。

結語

　　招商局從創立之初就與政府保持著密切的關係，在歷史的時空轉換過程中，招商局作為一個企業，在晚清、民國都留下了深深的歷史足跡。1949年，隨著形勢的變化，招商局將大部分船隻遷往臺灣，並承擔了國民政府機關、人員及物資的遷臺工作。遷臺後，船舶數量、分支機構、碼頭、員工以及航線縮減，臺灣招商局實力驟減，從一個角度也反映了國民黨當局遷臺初期的式微。

連橫的鄭成功研究及其對臺灣民族運動的影響

鄧孔昭

　　生活在日本殖民統治下的連橫對推動鄭成功的研究有著十分重要的貢獻。他是最早開始研究鄭成功的史學家，也是最早高度評價鄭成功收復臺灣、建設臺灣歷史功績的史學家。連橫在《臺灣通史》中，除了在卷二「建國紀」和卷二十九「列傳一」中專門記載鄭成功和明鄭有關人物的事跡外，在全書其他各卷中，也有大量的篇幅記載鄭成功的事跡。《臺灣通史》之外，連橫的其他著作，如《雅堂文集》、《雅言》、《劍花室詩集》、《臺灣詩乘》中也有許多與鄭成功有關的內容。同時，連橫還把一些記載鄭成功的史籍編輯出版，先後有：黃宗羲的《賜姓始末》、鄭亦鄒的《鄭成功傳》、夏琳的《閩海紀要》等。連橫的鄭成功研究，是他宣揚民族精神、保存民族傳統和文化工作的重要組成部分，對當時臺灣社會的民族運動也有一定的影響。連橫所宣揚的鄭成功驅逐荷人、「而臺灣復始為我族有」的英雄業績，在一定程度上鼓舞了臺灣民眾反抗日本殖民統治的士氣。

一

　　鄭成功作為一位在十七世紀中葉打敗荷蘭殖民者、收復臺灣的民族英雄，由於他生前抗清的關係，在清朝統治的二百多年的時間裡，他是封建統治者和御用文人眼中的「逆賊」和「海寇」。雖然在臺灣鄭成功得到民眾的崇敬和懷念，清同治十三年（1874）在臺南建立了延平郡王祠供民眾奉祀，但在連橫寫作《臺灣通史》之前，舊方志和一些公開印行的史書都是站在清朝統治者的立場來看待鄭成功的。1903年1月，一些留學日本的中國人在東京出版了一本名為《浙江潮》的雜誌（月

刊）。《浙江潮》從第2期起，開始連載匪石撰寫的《中國愛國者鄭成功傳》。「匪石姓陳，是鎮江人。……匪石著的鄭成功傳……內容大都採自日本人的著作，史料價值並不甚高，只是用作鼓吹民族主義的一種宣傳品而已」。正像《臺灣文獻叢刊》的編者所言，作為革命黨人的匪石，他所撰寫的《鄭成功傳》，雖然在辛亥革命之前即已肯定鄭成功為「愛國者」，但這本書確實不能算是研究的著作。真正對鄭成功的研究，以及建立在研究基礎之上的對鄭成功的使人信服的評價，只有從連橫開始。

1920年至1921年間，分上、中、下3冊先後出版的《臺灣通史》是連橫一生最主要的史學著作，而在《臺灣通史》中，有關鄭成功和明鄭臺灣史的研究又是主要的內容。除了卷二「建國紀」和卷二十九「列傳一」是專門記載鄭成功和明鄭有關人物的事跡外，在全書其他各卷中，也有大量的篇幅記載鄭成功在臺開創之功的內容。下面，就此作一個簡單的介紹。

在卷一「開闢紀」中，連橫較為詳細地記載了鄭成功驅逐荷蘭殖民者、收復臺灣的過程，並且說，荷蘭人「率殘兵千人而去，而臺灣復為中國有矣。……荷蘭據有臺灣凡三十八年，而為成功所逐，於是鄭成功至威名震乎寰宇」。臺灣，「我民族生斯長斯，聚族於斯，……延平入處，建號東都，經立，改名東寧，是則我民族所肇造，而保守勿替者。然則我臺人當溯其本，右啟後人，以毋忘筚路藍縷之功也」。

卷二「建國紀」是專門記載鄭成功的生平以及鄭氏三代在臺灣的經營活動的。所謂「建國紀」，記載的是鄭氏政權在明朝中央政府覆亡之後，在閩、粵，尤其在臺灣堅持明朝正朔，繼續與清王朝對抗的歷史。所以，「建國紀」的最後一句話是「自成功至克塽，凡三世，三十有八年，而明朔亡」。連橫曾對「建國紀」的安排做過一個很清楚的解釋，他說，「余居承天，延平郡王之東都也。緬懷忠義，冀鼓英風，憑弔山河，慨然隕淚。洎長讀書，旁及志乘，而記載延平，辭多誣衊，余甚恨之！弱冠以來，發誓著述，遂成臺灣通史三十六卷，尊延平於本紀，稱曰建國，所以存正朔於滄溟，振天聲於大漢也」。從這些文字中，我們不難看出，連橫所說的鄭成功在臺灣「建國」，建的就是明朝的「中國」，也就是明朝在臺灣的延續。

在卷五「疆域志」中，連橫介紹了鄭成功在臺灣設立一府二縣的情況。

在卷六「職官志」中，連橫高度評價了鄭氏在臺灣的經營和治理。他說，鄭成功驅逐荷人，「而臺灣復始為我族有也。夫臺灣固我族開闢之土，延平既至，析疆行政，撫育元元。而我顛沛流離之民，乃得憑藉威靈，安生樂業，此天之默相黃冑，而故留此海外乾坤，以存明朔也。……延平立法嚴，而愛民如子，勸之以忠，勵之以勇，使之以義，綏之以和。閩、粵之民，聞風而至，拓地遠及兩鄙，臺灣之人，以是大集」。

在卷七「戶役志」中，連橫介紹了鄭成功和鄭經時期臺灣移民的情況，並給予了高度的評價，他說「其時航海而至者十數萬人，是皆赴忠蹈義之徒」。

在卷八「田賦志」中，連橫介紹了鄭氏在臺灣的官田、文武官田、營盤田等土地制度。

在卷九「度支志」中，連橫對鄭氏的財政制度的評價幾乎到了美化的程度。他說，「延平建宅，萬眾偕來，蓄銳待時，百事俱舉。養兵之數，多至七十有二鎮，……而延平乃布屯田之制，自耕自贍，不取於民。咨議參軍陳永華又整飭之，內興土宜，而外張貿易，販洋之利，歲率數十萬元，故無竭蹶之患。及經西伐，軍費浩繁，……然猶不斂之民，而以王家所儲者用之。蓋以鄭氏志圖恢復，傾家紓難，固非有自私自利之心也。文武勛舊皆有官田，諸王湯沐之奉，亦別有所給，而土田初辟，徵賦甚輕，故民皆樂業，先公而後私。跡其所以治國治民者，猶有西周遺法」。

在卷十「典禮志」中，連橫介紹了鄭成功及其子孫堅持明朝正朔的事實，指出：「鄭氏之時，朔望必朝，每有封拜，輒朝服北向，望永曆帝座疏而焚之，君雖不在不敢忘也」。

在卷十一「教育志」中，連橫介紹了鄭氏時期臺灣教育制度和考試制度的建立，對中華傳統文化在臺灣的奠基和傳播給予高度評價。他指出：鄭氏時期「命各社設學校，延中土通儒以教子弟，凡民八歲入小學，課以經史文章。天興、萬年二

州三年一試,州試有名者移府,府試有名者移院,各試策論,取進者入太學。月課一次,給廩膳。三年大試,拔其尤者補六科內都事。……教之、育之,臺人自是始奮學。當是時,太僕寺卿沈光文居羅漢門,亦以漢文教授番黎。而避難搢紳,多屬鴻博之士,懷挾圖書,奔集幕府,橫經講學,誦法先王,洋洋乎,濟濟乎,盛於一時矣」。

在卷十二「刑法志」中,連橫頌揚了鄭成功及其繼承者的法制精神。連橫說「延平郡王鄭成功既克臺灣,養銳待時,與民休息,而立法嚴,犯者無赦。……及克臺後,任賢使能,詢民疾苦,民亦守法奉公,上下輯睦,奸宄不生,而訟獄息矣。經立,遵用成法,民樂其業,閩、粵之人,至者日多,盡力農工,相安無事」。

在卷十三「軍備志」中,連橫介紹了鄭氏軍隊的一些情況,對鄭氏軍隊的善戰,尤其是水師的強大給予了高度的評價。

在卷十四「外交志」中,連橫介紹了鄭氏與日本的交往以及與呂宋西班牙人的交涉情況,並且寫道,「臺灣當鄭氏之時,彈丸孤島,頡頏中原,玉帛周旋,蔚為上國。東通日本,西儷荷蘭,北結三藩,南徠呂宋。蕩蕩乎,泱泱乎,直軼春秋之鄭矣」。

在卷十七「關征志」中,連橫寫道,「夫自延平入臺以來,與民休息,而永華又咻噢之,道之以政,閑之以誼,教之以務,使之以和,漸之以忠,厲之以勇,勸之以利,嚴之以刑,民於是乎可任也。二十年間,臺灣大有,取其有餘,以供國用,民亦樂輸不怠,善乎德化之入人深也」。

在卷二十一「鄉治志」中,連橫對鄭氏時期臺灣基層社會的治理也給予了高度的評價,他說「臺灣當鄭氏之時,草昧初啟,萬庶偕來,廣土眾民,蔚為上國,此則鄉治之效也。……經立,委政勇衛陳永華,改東都為東寧,分都中為四坊,曰東安,曰西定,曰寧南,曰鎮北。坊置簽首,理民事。制鄙為三十四里,置總理,里有社,十戶為牌。牌有長;十牌為甲,甲有首;十甲為保,保有長,理戶籍之事。

凡人民之遷徙職業婚嫁生死，均報於總理。仲春之月，總理彙報於官，考其善惡，信其賞罰。勸農工，禁淫賭，計丁庸，嚴盜賊，而又訓之以詩書，申之以禮義，範之以刑法，勵之以忠敬，故民皆有勇知方」。

在卷二十四「藝文志」中，連橫對鄭成功存世的文稿評價很高，他說：「吾聞延平郡王入臺之後，頗事吟詠，中遭兵燹，稿失不傳。其傳者北征之檄，報父之書，激昂悲壯，熱血滿腔，讀之猶為起舞，此則宇宙之文也」。

在卷二十五「商務志」中，連橫介紹了鄭氏時期臺灣東西洋貿易的情況，並對鄭氏的通商政策給予高度的評價。

在卷二十七「農業志」中，連橫介紹了鄭氏之時臺灣農業發展和水利興修的情況，並對當時農業發展的成就頁給予充分的肯定。

卷二十九「列傳一」是一些與鄭氏有關人物的傳記。連橫對他們有很深的感情和很高的評價。例如，寫到陳永華時，他說「永華以王佐之才，當艱危之局，其行事若諸葛武侯」。寫到林圮、林鳳等人時，他說「吾過曾文溪，……其旁平疇萬畝，禾麥芃芃，皆我族所資以衣食長子孫者。苟非鄭氏開創之功，則猶是豺狼之域也」。

二

除了《臺灣通史》之外，連橫的其他著作中還有許多與鄭成功有關的內容。

在《雅堂文集》中，《〈賜姓始末〉書後》、《跋〈延平郡王書〉》、《告延平郡王文》、《臺南鄭氏家廟安座告文（代書）》、《延平祠記》、《鄭氏故物》、《劉國軒碑》、《前何莊》、《鄭氏故宮》、《承天舊署》、《桔柣門》、《國姓港》、《陳蔡二姬墓》、《兩公子墓》、《監國墓》、《東寧總制府》、《鄭氏家廟》、《夢蝶園》、《陳氏園》等短文都是與鄭成功有關的。其中，在

《告延平郡王文》中,連橫將辛亥革命勝利、中華民國建立的喜訊告訴鄭成功,並且寫道,「我中華民族乃逐滿人而建民國。此雖革命諸士斷脰流血,前僕後繼,克以告成,而我王在天之靈,潛輔默相,故能振天聲於大漢也」。

在《雅言》中,也有十數篇與鄭成功有關的短文。其中,連橫寫道,「延平郡王肇造東都,保存明朔精忠大義,震曜坤輿。臺人敬之如神,建廟奉祀,尊之為『開臺聖王』,或稱『國姓公』,未敢以名之也」。「延平郡王為臺烈祖,威稜所被,遠及遐荒。故臺之地名,每冠『國姓』二字,昭其德也。……蓋凡鄭氏兵力所至之地,皆稱『國姓』。日月也由我而光明、山川也由我而亭毒、草木也由我而發皇,偉人之功大矣哉」。

在《劍花室詩集》中,也有許多首詩是專門歌頌鄭成功的,如《春日謁延平郡王祠》、《延平王祠古梅歌》、《鹿泉》、《題荷人約降鄭師圖》、《正月十六日謁延平王祠率成》、《詠史(鄭成功)》等。其中許多詩句對鄭成功給予十分高的評價,如:「諸葛存漢岳驅戎,繼其武者唯我延平真英雄」(《延平王祠古梅歌》)。「殖民略地日觀兵,夾板威風撼四溟。莫說東方男子少,赤嵌城下拜延平」(《題荷人約降鄭師圖》)。「英雄自有回天力,忠孝原由血性成。慨我懸弧當此日,梅花香裡拜延平」(《正月十六日謁延平王祠率成》)。「拒清存漢族,闢地逐荷蘭。弔古生餘恨,東寧落日寒」(《詠史(鄭成功)》)。

在《臺灣詩乘》中,連橫收錄了鄭成功以及沈光文、張煌言、徐孚遠、盧若騰、諸葛璐、錢謙益等一些與鄭成功有關人物的詩篇,並且寫道:「延平郡王辟東都,保持明朔,忠義之氣萬古長存」。

除了自己著述之外,連橫還把一些有關鄭成功的史料編輯出版,先後有:黃宗羲的《賜姓始末》、鄭亦鄒的《鄭成功傳》、夏琳的《閩海紀要》等。他在「《閩海紀要》序」中寫道,「筆削之間,搜求故籍,其載延平者,則有黃宗羲氏之賜姓始末、鄭亦鄒氏之鄭成功傳、江日昇氏之臺灣外記、鷺門夢 氏之海上見聞錄,皆實錄也。今乃復得閩海紀要,讀之狂喜,……且足補吾通史之缺。因繕副本,付之梓人。而延平之精忠大義,東都之締造經營,謀臣猛將,耆舊名流之功勳,文采炳

炳琅琅，並傳天壤，豈非一大快事哉」。可見，連橫對發現和保存有關鄭成功史料的重視。

除了著述之外，連橫還直接向民眾宣講鄭成功的事跡。

1915年，他在臺南辦夜校，除了講「中國史、西洋史、中外歷史之比較」之外，「亦嘗專講鄭延平事」。

1923年9月，臺灣文化協會臺北支部舉辦「臺灣通史講習會」，特聘連橫為講師。「講習前段，述明鄭復臺及清人經營之經過」。

1924年8月，臺灣文化協會在臺中霧峰舉辦「夏季講習會」，請連橫講授「臺灣通史」。他講授臺灣通史，自然會大講鄭成功之事。

1929年7月，臺北大稻埕如水社開辦夏季夜間大學，聘連橫為講師，講授臺灣歷史。

1930年8月，臺北大稻埕如水社再辦夏季夜間大學，仍請連橫講授臺灣歷史。

1930年11月1日，連橫在臺南公會堂作「鄭氏時代之文化」的演講。

1930年11月20-29日，連橫應《三六九小報》社的邀請，在臺南講授「臺灣三百年史」。

三

連橫對鄭成功的研究和對民族精神的宣揚，使原本對鄭成功就有深厚情感的臺灣民眾對鄭成功有了更加深入的瞭解和認識，這對當時臺灣社會的民族運動產生了積極的影響。一些民族運動的社會團體和他們的領導人從鄭成功身上受到了鼓舞。

1921年10月，蔣渭水、林獻堂等人創立了臺灣文化協會。連橫和臺灣文化協會之間有許多聯繫，他為臺灣文化協會舉辦的各種講習會講授了臺灣歷史、詩學、佛經、食力論、東西科學的比較等專題，文協領導人蔣渭水和林獻堂等人對鄭成功的尊崇，應當就有連橫的影響。

　　蔣渭水在臺灣文化協會第1號會報上發表《臨床講義》一文，其中對鄭成功治理下的臺灣給予了高度的評價，對清朝統治下和日本殖民統治下的臺灣社會十分不滿。他寫道：

　　「患者：臺灣

　　一、姓名：臺灣島。

　　……

　　一、遺傳：明顯地具有黃帝、周公、孔子、孟子等血統。

　　一、素質：為上述聖賢後裔，素質強健，天資聰穎。

　　一、既往症：幼年時（即鄭成功時代），身體頗為強壯，頭腦明晰，意志堅強，品性高尚，身手矯健。自入清朝，因受政策毒害，身體逐漸衰弱，意志薄弱，品性卑劣，節操低下。轉居日本帝國後，接受不完全的治療，稍見恢復，唯因慢性中毒長達二百年之久，不易霍然而愈。

　　一、現症：道德頹廢，人心澆漓，物慾旺盛，精神生活貧瘠，風俗醜陋，迷信深固，頑迷不悟，罔顧衛生，智慮淺薄，不知永久大計，只圖眼前小利，墮落怠情，腐敗，卑屈，怠慢，虛榮，寡廉鮮恥，四肢倦怠，惰氣滿滿，意氣消沉，了無生氣」。

　　蔣渭水的這種頌揚鄭成功、排斥清王朝的漢民族情操與連橫在《臺灣通史》中的表現如出一轍。以醫生為職業的他應當從《臺灣通史》中得到了啟發。做出這樣

的判斷,不僅是因為蔣渭水對鄭成功治理下的臺灣的評價與連橫相同,而且還因為蔣渭水曾把連橫引為「知己」。蔣渭水在因為「治警事件」入獄之時,連橫曾給獄中的蔣渭水寄書。據蔣渭水的《入獄日記》記載,1923年12月29日,「晚餐的時候獄吏送到一書,細看乃是基督抹殺論,故幸德秋水先生所著的。這很奇怪的,那裡有這書飛來的呢?我們家裡和讀報社都沒有這個書,開卷一讀才發現第一頁的面上,寫『渭水兄覽雅堂寄贈』,才知道是連先生的好意。……連先生可算我們知己了。我們被拘在練習所的時候,連先生固為常為我們的文化協會講演,所以也被召喚到那處訊問一番,幸得免受拘留,隨即放還。若是平常的人驚得膽都破了,三十六計以走為先,斷絕關係為先務哩,怎麼敢再寄來奇怪的書到獄裡呢?怎麼不驚被官僚注意呢?也可以知道連先生不是平凡的人物了」。

林獻堂和連橫之間也有許多的聯繫,林獻堂的《灌園先生日記》中記載了許多他們之間交往的例子。作為臺灣民族運動的主要領導者,林獻堂對鄭成功的推崇和連橫十分一致。《灌園先生日記》記載:1930年11月3日,林獻堂到臺南安平參觀,「車到安平,先觀荷蘭人所築之熱蘭遮古城。次登炮臺,遙望鹿耳門,想鄭氏雄師由此而進,奪回我漢民族所開闢之疆土,何其壯也,使人無限感慨」。這次參觀之後,林獻堂還寫下了《鄭成功逐荷蘭人》詩一首:「鹿耳潮高戰艦航,荷人指日拜戎行。暫因草創分雙縣,未有偏安守一疆。救國丹心終不泯,破家宿志亦何傷?七鯤此日來憑弔,不見騎鯨獨望洋」。鄭成功「奪回我漢民族所開闢之疆土」的豐功偉績,以及「救國丹心終不泯,破家宿志亦何傷」的情懷,顯然對林獻堂產生很大的影響。

鄭成功驅逐荷人、收復故土的壯舉還鼓舞了在大陸參加抗戰的臺灣義勇隊的將士們。1943年3月1日,在大陸參加抗戰的臺灣義勇隊第三巡迴工作組路過福建晉江安海時,特地轉往南安石井祭奠民族英雄鄭成功。工作組組長張士德代表臺灣義勇隊總隊長李友邦主祭。祭文中有:「繼公何人,誰來追蹤。東都遺範,臺兒服膺,克復故土,驅倭東瀛」的句子。說明臺灣義勇隊的將士們決心以鄭成功為榜樣,完成光復臺灣的壯舉。

連橫對鄭成功的研究和宣揚,使更多的臺灣民眾瞭解了鄭成功的民族精神和豐

功偉績，對於當時臺灣民眾民族意識的覺醒和民族精神的發揚光大無疑是有幫助的，它是日據時期臺灣文化運動一個不可缺少的組成部分，也對當時臺灣的社會運動產生了積極的影響。1944年1月至1946年2月在臺灣工作的日本記者伊藤金次郎曾經說過：「新生臺灣之民族自覺運動，目的在於由日本統治時代的精神奴化獲得解放，所以，請出數千年前的老祖宗黃帝或許有過於雲霧縹緲之感，但引用近世民族英雄鄭成功，應該適合於啟發下一代的國民才對」。這句話，可以成為連橫研究和宣揚鄭成功對臺灣民族運動影響的一個註腳。

大陸臺灣史研究的歷史與現狀分析——以《臺灣研究集刊》歷史類論文

（1983-2007）為中心

陳忠純

　　1983年創刊的《臺灣研究集刊》（以下簡稱《集刊》），是大陸創辦最早的專門研究臺灣問題的學術刊物，至今已出版過百期。25年來，《集刊》始終秉持以學術性為重的原則，致力於推動相關研究的發展，逐漸確立了在臺灣研究方面的影響與地位，是目前唯一一份CSSCI期刊目錄收錄的專門臺灣研究刊物，代表著現今大陸臺灣研究的最新、最高學術水準，所刊文章被國內外同行重視，不少文章被轉載。據統計，1994年至2000年期間，該刊有109篇論文被人大複印資料全文轉載，僅2000年就被轉載18篇，該年轉載率達32%。《集刊》所發表的歷史類論文歷來為海峽兩岸學界同行所重視。在相關學術史回顧文章中，《集刊》的論文是重點參考文獻之一。2003年《近代史研究》刊登的《1949年以來中國大陸的臺灣近代史研究綜述》一文，就大量引用了出自《集刊》的文獻。該文列有16個專題，其中11個專題引用了《集刊》的文章，如「日籍臺民問題」所列6篇文章，有5篇出自《集刊》（餘1篇引自廈大《中國社會經濟史研究》，充分顯示福建學者在此領域的領先地位）；「日據時期臺灣的教育」專題所列5篇大陸文章中，3篇出自《集刊》；「日本的殖民統治」專題，總共7篇文章有4篇出自《集刊》；「國家認同問題」專題所引用2篇有1篇出自《集刊》。可見，《集刊》歷史類文章在相關研究中占有的重要地位。總結回顧《集刊》25年來所發表的歷史類論文，一方面可以瞭解同時期大陸臺灣史研究走過的歷程，從中探究大陸臺灣史研究的內容與特點；另一方面也有助於我們分析大陸臺灣史研究的優點及存在問題。

一、概說

　　自1983至2007年，總共98期《集刊》刊登的1446篇文章中，歷史類論文有306篇，占總數的21.16%。若從歷年的歷史類論文比重變化來看，《集刊》初創時期，歷史類論文比例較高，自1990年代以來，由於臺灣研究領域的擴大，各學科的研究都得到拓展，且對現實問題較為偏重，歷史類文章的比重總體上有所下降。

　　但作為臺灣研究的基本學科，臺灣史類文章仍是《集刊》的主要組成部分。近年來，歷史類文章的比重還有所回升。1996至2007年的歷史類論文所占比重為19.97%，是《集刊》三大類文章來源之一。（見表一）

表一：各類論文的篇數及所占比重（1996—2007年）

類別	經濟	政治	歷史	文學	法律	宗教	文化教育	其他
1996年	16	15	10	6	7	1	2	
1997年	17	12	8	6	4	4	1	1
1998年	17	13	9	9			3	2
1999年	22	10	9	8	5		3	2
2000年	26	7	9	7	5			2

續表

類別	經濟	政治	歷史	文學	法律	宗教	文化教育	其他
2001年	21	12	15	8	3		1	
2002年	12	16	12	10	3			7
2003年	21	14	12	6	1			
2004年	15	10	14	13	5			5
2005年	18	8	9	10	4		4	1
2006年	6	16	16	7	4		1	
2007年	14	15	11	8	3		2	
合計	205	148	134	98	44	5	17	20
占總數百分比	30.55%	22.06%	19.97%	14.61%	6.56%	0.75%	2.53%	2.98%

就時間分布而言,除了通述臺灣歷史及特點的文章外,歷史類論文主要集中在明鄭、清代和日據三個時期,荷據時代和戰後史領域的論文偏少。就各時期論文數量變化而言,在1990年代後晚清(1840年以後)、日據以及戰後臺灣歷史的研究論文增長較快,而晚清以前的論文數量比重有明顯的下降。

《集刊》的歷史類論文的重心逐漸轉到晚清、日據以及戰後臺灣歷史的研究領域,一方面是由於近年相關歷史時段新出史料日益充沛,給研究者提供了較大的空間與條件。而臺灣自解嚴後,相關史料得以公開,日據及戰後臺灣史研究日益興盛,也帶動了大陸地區的相關研究。另一方面,明鄭與清代臺灣史研究歷經多年的積累,成果豐厚,出現階段性的「瓶頸」問題。在沒有新的方法與史料出現前,難以取得新的突破,這迫使學者避難趨易,轉移陣地。

此外,歷史類論文涉及的領域也逐年擴大。若從研究領域來看,則政治史、經濟史、社會史的論文比重較多,其他如思想史、文化史等論文較少。

二、歷年來臺灣史各時期歷史類論文的情況

(一)通史與概述

通史類的歷史論文,涉及如何宏觀地認識和把握臺灣史的相關問題,《集刊》相關論文大致有10篇左右。比如如何認識臺灣歷史的特殊性問題,這是從事臺灣史研究必須予以注意的問題。早在1986年,陳孔立便專門就臺灣歷史的特殊性作了闡述,指出學界在臺灣史研究上存在兩種錯誤的傾向:或只強調臺灣歷史與大陸歷史的一致性,忽略其特殊性;或片面強調臺灣歷史的特殊性,而抹殺臺灣歷史與大陸歷史的共同性。這兩種認識就學術層面而言,都是不符合歷史實際的。陳孔立在《試論臺灣歷史的特殊性》一文中,舉出臺灣歷史特殊性的一些具體例子,批判了兩種似是而非的認識。他還認為大陸幅員遼闊,要合理地比較臺灣與大陸的歷史,應選取與之比較相近的福建作為參照對象。同時,要注意就不同的時期進行比較,

因為三四百年的時間中，臺灣經歷過不同的社會形態，與大陸的關係也經歷不同的時期。有些歷史特點僅存在於某個特定的時期，將其都看成是臺灣史的特殊性，就不一定準確。陳孔立的另一篇論文《臺灣歷史的集體記憶與民眾的複雜心態》則關注了特殊的社會歷史背景對臺灣民眾認識臺灣史，及由此形成的「集體記憶」的影響。在這種「集體記憶」中，臺灣民眾對臺灣歷史的認識往往相當矛盾、模糊不清，並因此造成其比較複雜的心態，而這些複雜的心態不會輕易改變，也並非都是「臺獨」的反映，這是必須予以慎重對待的。

通史類論文中，談文化問題的比較多。陳孔立的《臺灣文化與中華文化關係的歷史探討》（與吳志德合著，1992年第1期）、《中國傳統文化與臺灣社會變遷》（1992年第4期）論及臺灣文化與中華文化的共同性、臺灣文化自身的特殊性、中國傳統文化與臺灣社會變遷的關係以及中華文化和臺灣文化與世界文化的關係。也有探討臺灣的民間宗教信仰問題，如朱天順《閩臺民間天公信仰》（1993年第1期）、《閩臺兩地的王爺信仰》（1993年第3期）、顏章炮《臺灣民間若干神祇由來辨誤》（1995年第2期）等。

（二）荷據史與明鄭史研究

限於史料和語言，大陸學者對荷據時期臺灣史的研究至今仍較為薄弱。至2007年止，《集刊》僅有2篇專門研究荷據史的文章，分別是陳小沖的《十七世紀日荷在臺衝突中的政治因素》（1997年第2期）和李金明的《十七世紀初荷蘭在澎湖、臺灣的貿易》（1999年第2期）。另外，鄧孔昭的《1662-1683年清荷關係探討》（1983年第2期）一文則是考察荷蘭人被逐出臺灣後，與清廷合作征討鄭氏的歷史。

明鄭和清代臺灣歷史研究是《集刊》頭十年歷史類論文的重點內容。1982年正值鄭成功收復臺灣320週年，廈門大學召開鄭成功學術研討會，推動了鄭成功與臺灣研究的熱潮。次年創刊的《集刊》刊發了一系列有關康熙統一及治理臺灣的文章，如林仁川、陳支平的《試論康熙年間大陸與臺灣統一的經濟必然性》（1983年第2期），陳在正的《愛新覺羅·玄燁對中華民族的一大貢獻》（1983年第2期），

陳孔立的《康熙二十二年：臺灣的歷史地位》（1983年第2期），陳碧笙的《清鄭之間的和談》（1983年第2期），吳玫的《論姚啟聖的招撫活動》（1983年第2期），楊錦麟的《康熙戰略決策的形成及其特點一例》（1983年第2期），鄧孔昭等的《論姚啟聖》（1984年第1期）等。這些論文討論了清鄭雙方矛盾的性質問題，清統一臺灣的原因、歷史意義以及相關歷史人物的功過、臺灣統一後的地位、棄留臺灣之爭、康熙時期清對臺的政策措施及影響等問題。1987年，廈門大學又召開了一次鄭成功研究國際學術研討會，《集刊》刊載了其中的一部分文章。如陳孔立的《鄭氏官兵降清事件述論》（1987年第4期），陳碧笙的《鄭成功三次戰略大轉移》（1987年第4期），鄧孔昭的《鄭成功對鄭芝龍的批判與繼承》（1987年第4期），陳在正的《海壇崇武海戰與鄭經棄金廈退守臺灣》（1988年第1期）等。

經過學者的多年努力，明鄭研究已是一個相對成熟深入的領域，但學者不畏艱難，利用新出版的史料，從新的角度，繼續推動相關研究的發展。90年代出現施琅研究熱，帶動相關研究的回潮。例如，鄧孔昭的《李光地、施琅、姚啟聖與清初統一臺灣》（1993年第1期）、《論清政府與臺灣鄭氏集團的談判和「援朝鮮例」問題》（1997年第1期），陳在正的《論施琅以戰逼和統一臺灣的決策》（1996年第4期），施偉青的《關於施琅復出前夕的若干問題》（1997年第3期）等。其中，鄧孔昭發表的《論清政府與臺灣鄭氏集團的談判和「援朝鮮例」問題》等四篇文章，或挖掘新問題，或舊題新論，進一步充實了明鄭史研究。陳洋利用最近翻印出版的《梅氏日記》及其他新發掘的文物史料，對鄭成功的名諱、容貌以及順治是否斃命於鄭軍之手等問題進行深入的辨析。

（三）清代臺灣史研究

清代臺灣史研究以1840年鴉片戰爭為界，可分為前後兩個階段。清前期研究的一大熱點是臺灣社會動亂問題，包括農民起義、遊民暴動、分類械鬥、土漢衝突等，這也是《集刊》所刊論文重點關注的問題。清代前期臺灣「民變」事件迭出，民間械鬥不斷，素有「三年一小反，五年一大反」之說。民眾集體反抗官府的暴動、起義時有發生。規模較大的起義往往牽動了社會各個階層，是史學界瞭解臺灣社會動員、階級關係、民族關係乃至政治運作等各種問題的重要窗口，自然引起研

究者的重視。清代臺灣的社會動亂性質不一,有的是單純的民間械鬥,有的則是民眾反抗官府的人民起義,要具體事件具體分析。陳孔立對「分類械鬥」與農民起義進行區分,認為「分類械鬥」作為一個特定歷史名詞,專指臺灣移民社會的特殊社會現象,是種不帶政治色彩的、按祖籍劃分陣營的民間私鬥,應從移民社會的社會結構中分析械鬥產生的原因。實際上,起義與械鬥也往往糾結在一起,起義對臺灣民間械鬥都有著深刻的影響。《集刊》有不少文章涉及當時規模與影響較大的朱一貴起義、林爽文起義、張丙起義等事件。如陳孔立的《清代林爽文起義的性質問題》(1984年第4期)等。此外,《集刊》還翻譯刊發了美籍學者許文雄的文章,該文探討了民間組織與民間械鬥和民眾起義的關係,認為民間組織增加了動亂的次數並擴大了規模,但也加速了起義的失敗。

在清政府治臺前期的政策與制度方面,相關的研究主要集中於清政府在臺灣開發問題上的態度與措施。鄧孔昭認為在「牡丹社事件」前的200年間,儘管清政府的政策主導偏於消極,但各級官員卻不乏主張積極開發臺灣者。可以說,積極與消極兩種態度貫於始終。在另一論文中,鄧孔昭糾正了有關臺灣移民史中認為「臺灣編查流寓六部處分則例」為康熙二十二年頒布的說法,指出實際上該「則例」是四個不同時間關於臺灣事例規定的一個綜合。制度研究主要涉及官制與行政組織。巡臺御史制度是臺灣地區較特別的地方官制。李祖基對巡臺御史制度的設立與派遣、職責與作為、巡臺御史與地方官員的關係、清廷對巡臺御史的態度等各方面做了頗為全面的考察,他認為該制度的設立應予以肯定,這也反映了清廷對臺灣地位認識的提高,以及對臺灣的關心和興趣日益加深。臺灣「番政」也是相關研究的重點,周翔鶴對「番政」形成過程作了考察,認為史學界雖據史料構建了「生番在內、漢民在外、熟番隔於其中」的「三層制分布」的「番政」模式,但回到實際的歷史情境中時,情況或會有所不同,應予具體分析。

晚清以後的中國面臨「三千年未有之變局」,開始了由傳統到現代轉變的艱難歷程,臺灣歷史隨之進入新的階段。鴉片戰爭後,基隆、淡水等城被迫開放為通商口岸,清政府也逐漸意識到臺灣在海防上的重要地位。1874年日本侵臺事件以及1885年中法臺灣之戰都是臺灣史上的大事,《集刊》都有文章涉及。陳在正的《1840至1870年間歐美列強覬覦和侵犯臺灣的活動》(1992年第2期)簡述了鴉片

戰爭後30年間，歐美列強歷次侵犯臺灣的史實。陳在正《1874年中日〈北京專條〉辨析》一文，認為在談判中，清政府為了平息事件，主張「遷就求和」，這種嚴重的妥協立場應受到批判，但清政府始終沒有承認日本侵臺的正當性，更談不上是「倒行逆施的賣國外交」。

有關中法臺灣之役的研究，學界爭論的焦點是清軍主帥劉銘傳的功過得失，及其「撤基援滬」是否得當。戚其章把「撤基援滬」一事，與當時整個臺北戰局的發展聯繫起來考察，認為「撤基援滬」是劉銘傳「堅保滬防，擁護臺北府城，固全根本」的戰略思想的具體體現。可以說，沒有劉銘傳撤基援滬之舉，就不會有滬尾大捷。陳在正則概述了中法戰爭前後的臺灣海防變遷，指出臺灣海防日益受到重視並得以加強，這促進了臺灣的近代化改革，而改革的成就進一步增強海防力量，這是當時臺灣史的一個突出特點。吳玫統計了大陸對臺灣的各項援助，點明臺灣抗法鬥爭與大陸的密切關係。張孫彪、王民從外交的角度敘述和評價了當時清政府援引「國際法」維護國家權益的努力。

臺灣建省是晚清臺灣史研究的熱點問題。1985年是臺灣建省100週年和臺灣光復40週年，史學界對臺灣建省相關歷史研究的興趣大增。就建省原因而言，一般認為加強海防是建省的出發點，《集刊》相關文章大多支持並論證這一觀點。陳在正透過回顧、分析清政府因日本侵臺事件而引發的關於海防問題的大討論，認為清政府加強海防的需要促成了之後的臺灣建省。楊彥杰認為，中法戰爭之後，清政府對臺灣在海防上的重要性有了新的認識，基於此，決定在臺灣獨立建省，作為籌劃海防的一個重要措施。但清政府的積極態度沒能持續，在建省取得初步成效時，沒有繼續有力支持，反而「多方掣肘」，致使各項事業相繼下馬，建省局面全面萎縮。劉銘傳在建省過程中的活動是此問題研究的重點。陳碧笙的《從臺灣建省背景看劉銘傳改革的成敗》認為臺灣省既是應國防需要而建，之後的一切興革就要以海防的整頓和建設為中心。就此而言，劉銘傳所提「設防」、「練兵」、「撫番」、「清賦」等方針是完全符合當時實際形勢的。鄧孔昭則強調「務實」是劉銘傳建省方案的突出特點，這種先打經濟基礎後建城垣衙署的務實方案有助於臺灣在社會發展和經濟開發尚不夠充分、財政極端困難的條件下，實現平穩過渡。《集刊》還具體關注臺灣建省的財政問題。如鄧孔昭的《臺灣建省初期的福建協餉》一文指出，福建

協餉對於保證臺灣建省初期財政正常運轉、各項建設事業順利進行起了良好的作用。

《集刊》現有關於乙未抗日保臺運動專門研究不多，所刊文章多是研究相關的人事問題。李祖基透過引證相關史料，否定了丘逢甲「未戰先走」的說法，指出不論是從時間抑或從空間上，都沒有史料能否定丘逢甲參與乙未抗日保臺活動的事實。文章進而強調，丘逢甲雖未戰踐行其「桑梓之地，義與存亡」的諾言，但他在運動中的表現和貢獻是所有臺紳中最突出的，若僅因最終選擇內渡就評判他與唐景崧只是「五十步與百步之別」，則失之公允。

晚清臺灣近代化問題也是《集刊》論文關注的焦點之一。臺灣的近代化歷程幾與外敵的入侵同步，也與幾任治臺官員有直接關係。鄧孔昭在《憂患意識與臺灣近代化——兼論沈葆楨、丁日昌、劉銘傳等人對臺灣的經營》一文中，認為外敵侵臺使清政府在治臺問題上產生憂患意識，加強了清政府對臺灣的經營意識和開發意識，使臺灣的近代化建設在指導思想上有一股較強的推動力，並與憂患意識密切相關。陳在正認為沈葆楨在任欽差大臣期間，透過整飭軍備、改革政制以及實施「開山撫番」、倡辦近代工業等具體措施，實際開啟了臺灣的近代化進程，成為臺灣近代化的倡導者，丁日昌、劉銘傳繼其事業，使臺灣成為洋務運動的先進省份。鄧孔昭的《試論臺灣第二任巡撫邵友濂》（1985年第3期）、張振文的《左宗棠與臺灣》（1999年第2期）等文章，探討了治臺官員對臺灣近代化的貢獻。

何平立、戴鞍鋼的《論劉銘傳與基隆煤礦交外商承辦之設想》（1987年第3期）、周翔鶴《1880-1937臺灣與日本小工業和家庭手工業的比較研究》（1996年第3期）、李祖基的《清代臺灣地方的開發與島上對外交通》（2002年第2期）、蔣宗偉的《試論清末臺灣鐵路的修建——以經費籌措為中心的探討》（2007年第2期）等論文，也都有涉及臺灣近代化問題的討論。

（四）日據臺灣史研究

《集刊》自創辦初期，便注意豐富日據史研究，1984年第4期專門譯載了國外

學者G.H.卡爾《日本入侵臺灣的初期》一文，介紹了日據初期的臺灣總體情況。隨著相關史料的陸續翻譯和公布，在學者的努力下，至今《集刊》所刊載日據史研究論文已有62篇左右，內容包括臺灣人民的抗日活動、日本的同化政策等各個方面。

臺灣人民反抗日本統治的鬥爭貫穿於日據時期的始末，《集刊》不少論文著力於彰顯臺灣人民的反抗精神和愛國思想。林其泉指出不甘受奴役的臺灣知識分子，或編寫歷史著作、或托志於詩、或創辦報刊、或創作戲劇和電影等，透過各種形式，保存祖國文化、地方資料，在思想文化領域堅持反抗日本統治。朱雙一透過對連雅堂等臺灣文人民族主義思想的考察，認為日據初期臺灣的文化民族主義與當時大陸的文化民族主義，有著相同或相似的主題、表現形態和話語形式，是整個中國文化民族主義運動的一環。陳小沖對日據時期的臺灣話文運動作了考察，強調其中並無絲毫「反抗中國文化」的痕跡，恰恰相反，該運動中以「中國的臺灣人」來從事中國白話文框架內的臺灣語言文化運動的主旨卻十分清楚。因此，就本質而言，該運動是臺灣人民抵制日本殖民同化政策、拯救臺灣地區中華文化及閩南語這一中國地方語言文化的民族文化自救運動。

武裝抗日鬥爭是研究日據初期的熱點問題。陳小沖《日據初期臺灣人民抗日武裝鬥爭中的「歸順」問題初探》一文認為，日據初期曾出現過的大批武裝抗日集團歸順日本殖民者的現象，史料證明，這類歸順大多不是真歸順，抗日集團只是以此獲得短暫的喘息時間。但日本殖民當局以此作為鎮壓臺民反抗鬥爭的一種策略，利用招降作誘餌，使臺民放鬆警惕，進而集中力量討伐南部。這種鎮壓加招降的兩面手法，最終造成臺灣人民初期武裝抗日鬥爭的失敗。陳小沖還注意到日據初期臺民武裝抗日鬥爭與大陸的聯繫。而日本殖民者所謂的「對岸經營」活動，其實主要是基於穩固在臺灣統治的現實角度來制定相關政策的。

臺灣民族運動是日據史研究的另一熱點問題。陳小沖對民族運動中的臺灣議會設置請願運動的目標、群眾基礎以及臺灣文化協會的分裂原因等幾個問題提出自己的觀點：首先，認為議會請願運動的目標應是「臺灣自治」而非爭取「民族自決」或「臺灣獨立」；其次，議會請願運動有較廣泛的群眾基礎；最後，文化協會的分裂不是因為一兩人間的權力矛盾激化，而是內部溫和與激進路線的鬥爭結果。王曉

波也分析了臺灣民族運動兩條路線的鬥爭,認為臺灣民眾因經濟地位、知識經歷和思想意識的不同而產生不同派別,進而發展出不同路線間的鬥爭。

有關日本殖民當局的同化政策也引起學者的關注。陳小沖有多篇論文探討日據時期的「皇民化」及同化政策。早在1987年,陳小沖便在《集刊》上發表了《1937-1945年臺灣皇民化運動述論》,從總體上對「皇民化」運動作了概述與評析,認為所謂「皇民化」運動,實質是一場對殖民地人民的頗具廣度和深度的強制同化運動,以斬斷中華文化臍帶,灌輸日本皇國精神為核心,企圖把臺灣人民同化為日本皇民。陳小沖認為,日本在臺灣實行的同化政策包括了語言、思想以及日常生活的同化三個方面,企圖將臺灣人民改造成「畸形的日本人」。該政策有一個從漸進同化到激進同化的發展過程,但遭到臺灣人民的強烈抗拒,最終以失敗告終。周翔鶴研究了學校教育和社會教育與同化政策的關係,指出各種教育機構在同化政策實施中的作用相當大,深刻影響了日據時期臺灣社會的思想文化。

日據史的研究除了以上所提,還包括有關日據時期的社會、經濟、教育、交通等各個層面,以及對大陸日籍臺民、臺胞與抗日戰爭等問題。這說明了《集刊》推動日據史研究的初衷得以實現,反映了《集刊》乃至整個大陸臺灣史學界對日據歷史的重視以及研究的全面與深入。

(五)戰後臺灣史研究

戰後臺灣史研究是近年新興的領域。《集刊》所刊戰後史論文基本上都是90年代後發表的,涉及範圍以光復初期為主。早期的戰後史研究侷限在「二·二八」等少數事件上,如鄧孔昭的《試論臺灣二·二八事件中的民主與地方自治要求》(1987年第2期)。近年來,由於現實政治影響,「二·二八」的研究再度受到重視,陳孔立在《二·二八事件中的本省人與外省人》一文中力圖澄清一些因政治目的而被掩蓋或歪曲的事實。他指出,在事件期間,無論本省人還是外省人,都是國民黨政府的受害者,而本省人和外省人之間也存在複雜的關係。作為省籍關係的主導面,一般老百姓和平相處,互相幫忙。外省人的受害者是國民黨政府的替罪羔羊,國民黨理應向受難的外省人道歉。鄧孔昭的《從電文往來看「二·二八事件」

中的陳儀和蔣介石》（2006年第4期）和王玉國的《淺析陳儀對二‧二八事件的危機處理》（2007年第2期）則主要關注事件過程以及善後當中領導人物的表現及其責任。在分析「二‧二八事件」時，臺灣地區實行的行政長官公署制被人認為是造成事件的因素之一。鄧孔昭對該制度的得失作了分析。他認為，行政長官公署制是國民政府和大陸臺籍人士基於臺灣的特殊環境提出的一套行政體制。該體制在實行臺幣特殊化政策，在抵制大陸官僚資本對臺灣的掠奪等問題上，起了積極的作用。但這種行政體制已被臺民厭惡，也沒能造成陳儀所希望得到的事權統一、提高行政效率的作用，最終只能以失敗收場。陳儀反倒被攻擊為「獨裁者」。

除了對事件的研究，還有不少研究關注戰後歷史對現今臺灣人的現實影響。如陳孔立的《1945年以來的集體記憶與臺灣民眾的複雜心態》（2003年第4期）。而李祖基《臺灣光復初期的經濟問題》（1998年第4期）、鄧孔昭《光復初期（1945-1949年）的臺灣社會與文學》（2003年第4期）、程朝雲《光復初期臺灣農會與合作社分合問題》（2006年第2期）等文章，則顯示戰後史研究日趨全面與深入。

三、歷年來社會史與經濟史類論文的情況

社會史與經濟史是臺灣史研究的特色與重點。1980年代以來，臺灣社會史與經濟史研究日益得到重視，並且取得相當的成果。《集刊》的歷史類論文中，社會史（58篇）與經濟史（51篇）方面的研究論文總數量超過三分之一，比例相當高。臺灣社會史研究主要涉及清代臺灣社會組織、結構的變遷，族群和族群關係，宗族和家族以及移民社會特徵等諸多方面的問題；日據史研究也有部分涉及殖民地社會問題的論文。

清代臺灣社會一個重要的變化是從移民社會向定居社會的轉型。移民社會的特點是理解臺灣諸多歷史現象的一個重要途徑。陳孔立在《清代臺灣移民社會的特點——以〈問俗錄〉為中心的研究》一文中，總結臺灣移民社會的基本特點是：（一）居民主要是閩粵籍移民；（二）居民以不同祖籍的關係進行組合；（三）社

會處在組合過程之中,社會秩序混亂,豪強稱雄,文化落後。遊民是清代臺灣較為嚴重的社會問題。陳孔立認為對於臺灣來說,遊民問題是一個突出的、特殊的問題,在乾隆至道光年間,臺灣社會遊民數量很多,嚴重威脅社會安定。當臺灣社會由移民社會轉型為定居社會後,遊民問題才逐步成為一般的社會問題。李祖基的《清代臺灣邊疆移墾社會之特點與媽祖信仰》(1990年第2、3期合刊)一文則從移民社會特點的角度分析臺灣地區媽祖信仰興盛的原因。相似的視角有鄧孔昭《臺灣漳籍移民與開漳聖王崇拜》(1992年第2期)。

在評析臺灣移民社會轉型問題上,定居社會在何時確立,學者觀點不一。周翔鶴提出以移民對現居地的認同心態作為定居社會確立的標準,而選擇墓葬地點是這種心態的集中反映。據此,他認為早在乾嘉之際定居社會就已逐步確立。周翔鶴的另一文《從水利事業看清代宜蘭的社會領導階層與家族興起》(1998年第1期)從實證的角度,分析了宜蘭地區一些典型的結首和士紳在興修水利事業中的領導作用與其家族興起之間的關係。

關於日據時期的社會狀況,汪毅夫的《從臺南石姓某家的戶籍謄本看日據時期臺灣社會的若干情況》(1998年第4期)一文,以日據時期臺南石姓某戶人家的戶籍謄本作為個案分析,考察了當時的族群分類、「查某嫺」收養、婚姻狀況、社會職業、吸食鴉片、是否改用日本姓名、纏足等社會問題,以求反映當時臺灣社會的狀況。在《臺灣游記裡的臺灣社會舊影——讀日據時期的三種臺灣游記》(2000年第2期)一文中,汪毅夫針對日記中所反映的日據社會情況作了分析。汪毅夫另一文《臺灣內渡文人與清末民初社會變遷和社會問題——以臺灣進士許南英、丘逢甲和汪春源為例》(2006年第1期)則講述許南英等內渡文人勉力維護大陸「新政」、改良社會的事跡。唐次妹對日據時期的「市區改正」作了探討,認為經過一系列改造,臺灣城鎮原有的中國式發展模式被中斷,城鎮內部結構及其形態發生重大變化,具有日本及歐美近代城市的特點,適應了近代經濟產業的發展要求,促進城鎮經濟的較快發展。但這一改造的目的在於將臺灣城鎮(市街)改造成為適應殖民統治和經濟掠奪需要的大小中心據點。

《集刊》還有不少文章透過挖掘地方志、碑刻、譜牒、民間文書等史料,論證

閩臺間的鄉族移民關係。如林嘉書的《南靖縣向臺灣移民的譜牒文獻調查研究》（1988年第4期），陳在正的《同安兌山李氏宗族的發展及向臺灣移民》（1995年第3、4期合刊），汪毅夫的《明清鄉約制度與閩臺鄉土社會——〈閩臺區域社會研究〉之一節》（2001年第3期），陳支平的《從碑刻、民間文書等資料看福建與臺灣的鄉族關係》（2004年第1期）等。

《集刊》有關臺灣民族史的論文大致有11篇左右，涉及漢「番」關係、清代「番政」問題、原住民的漢化和社會發展問題等。主要論文有陳國強的《康熙時期臺灣高山族社會的發展》（1983年第2期）、《劉銘傳與高山族》（1986年第4期），陳碧笙的《清代漢族與平埔諸族之間的矛盾和融合》（1985年第4期），潘雲東的《清代臺灣平埔族漢化原因試探》（1988年第3期）等。

《集刊》所刊載的經濟史文章也大多集中在清代經濟史。其中，清代經濟政策與賦稅、土地開墾與租佃制度、商業貿易與交通、外國資本與臺灣經濟的關係以及經濟格局的變遷等方面是研究的重點。

明鄭時期的經濟問題，主要有陳孔立的《早期臺灣人口與耕地的重新估算——兼論鄭氏時代對開發的貢獻》（1988年第3期）、鄧孔昭的《鄭氏文武官田租稅考》（1986年第1期）、《明鄭時期臺灣海峽海上交通問題的探討》（2001年第4期）等文章。關於清初臺灣經濟的性質與特徵，主要有楊國楨的《清初臺灣農業區域的形成》（1983年第2期），黃福才、吳錦生的《清初臺灣商品經濟與資本主義萌芽》（1983年第2期），黃福才的《試論清初臺灣封建經濟的特徵》（1984年第4期），鄭澤清的《清代臺灣經濟的開發和發展》（1984年第4期）等論文。

清代臺灣的經濟政策與賦稅問題頗受關注，顏章炮對清初的農業政策提出批評，認為其一方面鼓勵墾荒，興修水利以促進農業經濟發展；一方面卻實行封禁山區，禁墾「番地」，限制農業勞動入入臺，重科田賦。積極與消極政策並存，互相抵消，影響農業經濟的發展。林岡的《關於「開山撫番」政策的評價問題》（1985年第2期）、吳玫的《劉銘傳在臺灣建省後的財政措施》（1985年第3期）、周翔鶴的《19世紀後期臺灣的山地社會與「開山撫番」》（2006年第1期）等文章對清代

臺灣各時期的經濟政策分別做了研究。李祖基的《清代前期臺灣的田園賦則》（1991年第2期）與《道光二十三年臺灣田賦改折考》（1993年第1期）、鄧利娟的《十九世紀下半期臺灣海關稅收分析》（1985年第4期）等文章則對清代臺灣的賦稅問題作了探討。

在土地開墾與租佃制度方面，周翔鶴透過對清代臺灣契約形式——「給墾字」等文書的系列考察，分析清代臺灣的小農問題，如《清代臺灣給墾字研究》（1988年第2期）、《清代臺灣土地開發史上墾首、業主、佃首等名稱的地理分布》（1991年第1期）、《從契約文書看清代臺灣竹塹社的土著地權問題》（2003年第2期）、《關於「墾首」及「墾首制」研究的訂正與補充》（2006年第4期）等。租佃問題的研究有楊國楨的《清代臺灣大租述論》（1984年第1期）、陳碧笙的《清代臺灣大租的性質和作用——駁所謂「莊園說」》（1987年第3期）等文章。《集刊》有關清代臺灣的商業貿易和交通問題的文章不多，主要有李祖基的《論外國商業資本對臺灣貿易的控制（1860-1894）》（1985年第3期）和《清代臺灣的開發與島上對外交通》（2002年第2期），鄭振滿的《清代臺灣的合股經營》（1987年第3期）等。

有關清代臺灣經濟地理的變化，經濟重心北移是一個較為重要的問題。臺灣學者一般認為經濟重心北移始於嘉慶以後，王長雲提出的北移開始時間要早於此。他認為作為臺灣經濟支柱的臺米的生產和販銷中心早在乾隆年間開始北移，到道光年間便已基本完成，這在很大程度上意味著臺灣經濟中心的北移。李祖基則認為王文的觀點缺乏事實依據，片面強調米穀產銷的作用，完全忽略了蔗糖產銷在臺灣經濟中的地位，而蔗糖產銷在臺灣經濟中地位重大，在討論經濟重心問題時，不可避開。他認為臺灣島的經濟重心北移，應在同治以後光緒初期的10年之間。

有關日據時期經濟史領域的文章，主要有周翔鶴的《日據時期臺灣改良糖廍研究》（1995年第2期）等。還有陳小沖的《日據時期的大陸赴臺勞工》（2000年第1期）、陳支平的《從契約文書看日據時期臺北蘆洲的土地賦稅關係》（2002年第2期）等。戰後經濟史領域的文章主要有段承璞的《戰後臺灣經濟發展分期問題芻議》（1985年第4期）、李祖基的《臺灣光復初期的經濟問題》（1998年第4期）

等。

　　除了以上提到的臺灣經濟史方面的論文外，其他有關臺灣開發史的文章也不少。如陳國強的《臺灣噶瑪蘭的開發與姚瑩的貢獻——紀念姚瑩（1785—1855）誕辰二百週年》（1984年第4期）、楊彥杰的《清末臺灣東部山地的開發——以同光之際的招墾為例》（1996年第2期）、林仁川的《光復前臺灣農業水資源的開發與利用》（2000年第4期）等。

四、歷年來史籍、人物研究以及文化史、教育史類論文的情況

　　史籍研究有益於推進相關史學研究的積累和學科建設，意義頗重。《集刊》刊發的有關史籍研究的論文有26篇左右，涉及了有關臺灣史領域的史著、檔案等文獻的研究，主要有鄧孔昭的《〈臺灣通史〉建國紀辨誤》（1988年第2期）、《陳編〈劉壯肅公奏議〉的若干問題》（1995年第3、4期合刊），李祖基的《周嬰〈東番記〉研究》（2003年第1期），汪毅夫的《〈漳郡會館錄〉發微》（2003年第3期），陳小沖的《張燮〈霏雲居續集〉涉臺史料鉤沉》（2006年第1期）等。

　　《集刊》所涉及的人物研究大致有66篇左右，主要有：鄭成功（11篇）、康熙（8篇）、姚啟聖（4篇）、施琅（8篇）、左宗棠（1篇）、劉銘傳（11篇）、邵友濂（1篇）、林則徐（1篇）、丘逢甲（1篇）、連橫（2篇）、陳儀（3篇）、林森（1）等。主要集中於鄭成功、康熙、施琅、劉銘傳等人，而對臺灣本地人物的研究不多，尤其對士紳大族的研究尚付闕如。

　　此外，《集刊》歷史類論文還涉及少量的文化史類（有26篇）和教育史類（6篇）領域的論文。

五、《集刊》歷史類論文的特點及其不足

綜合25年來《集刊》歷史類論文，大致可以歸納出以下幾個特點：

1.臺灣史研究面較廣、有重點、有深度，在臺灣研究中占有重要地位。

不論就縱向的時期分布而言，抑或橫向的各個研究領域，都有相關論文涉及。既有宏觀的把握，也有微觀的研究。就時期而言，現有研究主要集中於清代臺灣史、日據史；就領域而言，涉及政治史、社會史、經濟史的論文較多，重點突出。在某些問題上，研究已比較深入，成果豐厚，這些都反映了既有臺灣史研究已取得相當的進步。

2.就研究的視角而言，《集刊》的歷史類論文既重視大陸與臺灣兩岸的歷史淵源和互動，彰顯兩岸的歷史淵源，也注意研究臺灣本土社會的歷史發展脈絡，真正深入地進入臺灣「本土史」，這有利於立體深刻地認識臺灣史。

3.臺灣史研究的學術性強，且不失現實性。《集刊》自創刊起便強調以學術性為重，歷史類文章很好地反映了這點。相關歷史研究的學術綜述重視《集刊》的文章便可證明這點。《集刊》曾刊發一些商榷性論文，很能說明該刊的學術品位。如李祖基的《論清代臺灣經濟重心的北移——與王長雲同志商榷》（1987年第2期），周翔鶴的《清代臺灣土地開墾、經濟組織與社會經濟形態——評曹樹基〈清代臺灣拓墾過程中的股份制經營〉一文》（2000年第3期）與曹樹基的《也談清代臺灣土地開墾、經濟組織與社會經濟形態——對周翔鶴相關批評的答覆》（2001年第1期）。在強調學術性同時，歷史類論文也未脫離現實需要。現實是史學的生命力來源之一，而歷史也在時刻影響著現實。這些論文對於澄清為現實政治或人為所干擾的史實，引導人們正確認識臺灣史，造成了十分重要的作用。

就《集刊》歷史類論文來看，現有大陸臺灣史研究還存在一些不足之處。首先，史學研究方法有待拓展。相對於臺灣本土的臺灣史研究，《集刊》歷史類論文的研究方法較為單調，視野不夠開闊，不利於研究領域的拓展與史料的挖掘利用，有礙於進一步地開展兩岸學術對話和交流，容易造成兩岸學者「自說自話」。其次，現有研究中，荷據和戰後史的研究相對薄弱，思想文化史研究成果偏少，這也

反映了大陸臺灣史研究的侷限。近年來，有關荷據和戰後史的史料，較以往有所增加，為相關研究提供了條件，有待學者挖掘。最後，人物研究方面，《集刊》所涉及的人物研究對象較少，且集中於與大陸有關的人士。而對臺灣本土人士，尤其是日據以後的人物及家族，涉及極少，這是今後應予重視的。

國家圖書館出版品預行編目(CIP)資料

臺灣研究新跨越.歷史研究 / 李祖基 主編. -- 第一版.
-- 臺北市 : 崧燁文化, 2019.01
　面 ;　公分

ISBN 978-957-681-753-3(平裝)

1.臺灣史 2.臺灣研究

733.21　　　　107023359

書　名：臺灣研究新跨越・歷史研究
作　者：李祖基　主編
發行人：黃振庭
出版者：崧燁文化事業有限公司
發行者：崧燁文化事業有限公司
E-mail：sonbookservice@gmail.com
粉絲頁　　　　　網　址：
地　址：台北市中正區重慶南路一段六十一號八樓815室
8F.-815, No.61, Sec. 1, Chongqing S. Rd., Zhongzheng
Dist., Taipei City 100, Taiwan (R.O.C.)
電　話：(02)2370-3310　傳　真：(02) 2370-3210
總經銷：紅螞蟻圖書有限公司
地　址：台北市內湖區舊宗路二段121巷19號
電　話：02-2795-3656　　傳真：02-2795-4100　網址：
印　刷：京峯彩色印刷有限公司（京峰數位）

　　本書版權為九州出版社所有授權崧博出版事業股份有限公司獨家發行電子書繁體字版。若有其他相關權利及授權需求請與本公司聯繫。

定價：500 元
發行日期：2019 年 01 月第一版
◎ 本書以POD印製發行